CCG | 中国与全球化智库 | 丛书

CCG主席　龙永图　陈启宗

CCG副主席（按姓氏音序排列）
曹德旺　韩小红　李　山　李彦宏　刘永好　莫天全
沈南鹏　田溯宁　汪潮涌　王　石　王广发　王辉耀
王俊峰　徐小平　俞敏洪　张　磊　张红力　张懿宸
宗庆后

CCG理事长　王辉耀

CCG常务理事（按姓氏音序排列）
陈　宁　陈　爽　陈新华　高燕定　高振东　戈　峻
郭　盛　何　梅　焦　涌　李　雷　李　铭　李　文
李　一　梁志祥　林　耀　路　东　陆侨治　陆兴东
毛大庆　潘　军　孙立哲　陶景洲　王　丽　王　强
王柏年　王伯庆　王伟东　王伟峰　吴云前　徐　涛
严望佳　易　珉　游忠惠　袁锦程　张剑炜　张黎刚
张亚勤　赵　斌　赵柏松　郑群怡　周成刚　朱　敏
宗馥莉　邹亨瑞

CCG智库文库丛书

那些年，
我们怎样创业

苗绿 王辉耀◎主编

中央编译出版社
Central Compilation & Translation Press

序 言
PREFACE

这是一个需要创新创业的时代,也是一个创新创业最好的时代。

李克强总理在2014年首次提出"大众创业,万众创新"的概念,并表示要破除束缚,掀起"大众创业、草根创业的新浪潮"。之后,在政府的鼓励和支持下,中国社会逐渐形成"大众创业,万众创新"的新态势。同时,我们正身处新一轮的产业变革当中,互联网和智能化技术让创新创业面临着前所未有的机遇和无尽的可能。产业升级、结构调整对新技术的需求也在不断地呼吁创新创业局面的开启。

2014年,一项针对13个国家的年轻人做的意向调查显示,受访的中国年轻人中"考虑将来创业"的比例为40%。与年轻人的创业热情成正比的是社会创业环境的优化。统计数据显示,截至2015年3月,全国科技企业孵化器超过1600家,大学科技园115家,在孵企业8万多家。其中,北京市有各类孵化机构150多家,国家级孵化机构50家,入驻企业超过9000家;活跃的创业投资机构超600家,居全国首位。2014年,北京地区共发生629起投资,同比增长69.1%,涉及投资金额413.46亿元,同比增长296.9%;天使投资案例316起,增长338%,占全国的41%,天使投资金额16.75亿元,占全国50%。

社会大众的创业热情可见一斑。然而,创业的成功率却不尽如人意,数据显示我国创业的成功率仅为5%。软银亚洲信息基础投资基金CEO阎焱从自身的投资经验出发,认为:"创业成功率无论在中国还是美国,大概不超过1%。今天我们看到的创业公司大概95%以上在几年以后会死掉。"优客工厂创始人毛大庆认为:"国际上认为创业的成功率是10%左右,我看在美国要小于10%,在中国也就是5%左右。"2015年,有研究发现目前国内青年首次创业的成功率不足10%。

如何理性地选择创业人生,正确地选择创业方向,恰当地管理运营,让创业理想变为成功现实?长期以来,中国与全球化智库(CCG)孜孜探究答案。自2008年成立起,中国与全球化智库就专注于人才国际化、创新创业和企业国际化研究领域,先后出版"国际人才蓝皮书"系列、"海归推动中国"丛书等,既从宏观层面又从微观案例层面进行分析,积累了大量研究成果。2015年9月,CCG还专门举办了中国创业教育研讨会,分析国内创业状况,研讨国内创业教育发展方向。在当前的"双创"形势下,CCG继续发挥智库的研究专长,分析创业案例,总结创业精英们的成功之道,希望对年轻的创业者们有所帮助。

本书收录的40位代表性创业家分别出生于20世纪40、50、60、70年代,他们站在改革开放和深化改革的潮头,抓住时代机遇成就了各自的传奇。40位创业者按照其创业时间大体可以分为两组:一组是20世纪80年代到90年代初,改革开放初期,乘着改革的春风,"下海"弄潮。这时期的创业者选择的创业领域多半是实业和地产,如曹德旺创办福耀玻璃、宗庆后创办娃哈哈、王健林创办万达;此外,这一时期还有抓住机遇,走在时代前列,涉足民营教育领域的创业者,如俞敏洪创办新东方。大致说来,这一时期的创业者多以本土发展起来的企业家为主。第二组是20世纪90年代末、21世纪初期,经过十几年改革开放,中国在经济社会各方面取得了长足发展,一批留学人员从中看到回国后大有可为,毅然回国开创新纪元。这一时期的创业者选择的创业领域多半是互联网和资本投资,如李彦宏创立百度、张朝阳创立搜狐、沈南鹏创办红杉资本、徐小平创办真格基金、张磊创办高瓴资本等;这一时期的创业者大多具有海外留学经验,兼具中西方的优势,在中外经济、文化交流方面做出很大的贡献。

在目前的创业环境下,照搬经验肯定不行。此书的编写目的也不是为年轻创业者们提供一本"真经",而是用前人的经历告诉他们什么是真实的创业,帮他们领悟创业之道。

创业者首先需要具备高情商，需要通晓团队员工、竞争对手，以及用户的心理与需求。人才是企业发展的核心动力，南宋心学大家陆九渊说"人同此心，心同此理"，站在员工的立场上思考他们的诉求才能聚得拢、凝得住人。"知己知彼，百战不殆"是兵家要诀，商战亦是如此。信息时代，用户口味日益"刁钻"，能抓住用户痛点才是王道，毕竟产品不是为了自我满足，而是要满足消费者。所以马化腾可以允许"适度浪费"来打造一款完美匹配用户需求的产品。

创业者亦需有高瞻远瞩的大格局，未卜先知一直是人都期望得到的"超能力"，我们总是对未知抱有一种恐惧。创业者更需要在未发之时就抢得先机，与时俱进是不够的，需要比时代快半步，这样才能提前布局。所以王广发在地产之后涉足教育，在教育之中又侧重国际教育，强调要"不断地充电，不断地产生正能量，不断地开拓思维模式，不断地思考高端顶层规划设计"。高瞻远瞩总与高处不胜寒相依相偎，这时候，创业者需要勇敢地相信自己，安然地在大多数中做小众，这便需要气魄与定力。

创业者还要必备等待时间验证的耐心。一天有24小时，一小时有60分钟，一分钟有60秒，这是恒定的时间定律，不多不少不快不慢亘古绵长一直如此。大格局的部署不是一朝一夕就能见成效的，尤其是快时代半步的布局，那需要足够的时间灌溉才能结出果实。所以，王健林在进军商业地产遭遇诉讼风暴之时决定"等"5年，最终他成功了。

回顾40位成功创业家当年怎样创业，是为了更好地读出今天的年轻人要怎样创业。

面对新一代80、90的创业者，很多人质疑他们年龄太小，尚没有足够的经验，不适合创业。其实，在本书收录的40位创业者中，20世纪40年代出生的有8位，创业时75%的人年龄在40~50岁；20世纪50年代出生的有10位，创业时80%的人年龄在30~40岁；20世纪60年代出生的有16位，创业时70%的人年龄在30~35岁，18%的人年龄在30岁以下；20世纪70年代出生的有6位，创业时80%以上的人年龄在20~30岁。

  这组数据在一定程度上反映了一个趋势：创业者正在趋于年轻化。这大概与创业领域与高新技术、互联网结合越来越密切有关。信息时代的千变万化，需要年轻的头脑来厘清和掌控。年龄不是问题，只要你能掌控得住，大可放手一试。

  是为序。

中国与全球化智库创始人

王辉耀 苗 绿

2015 年 11 月

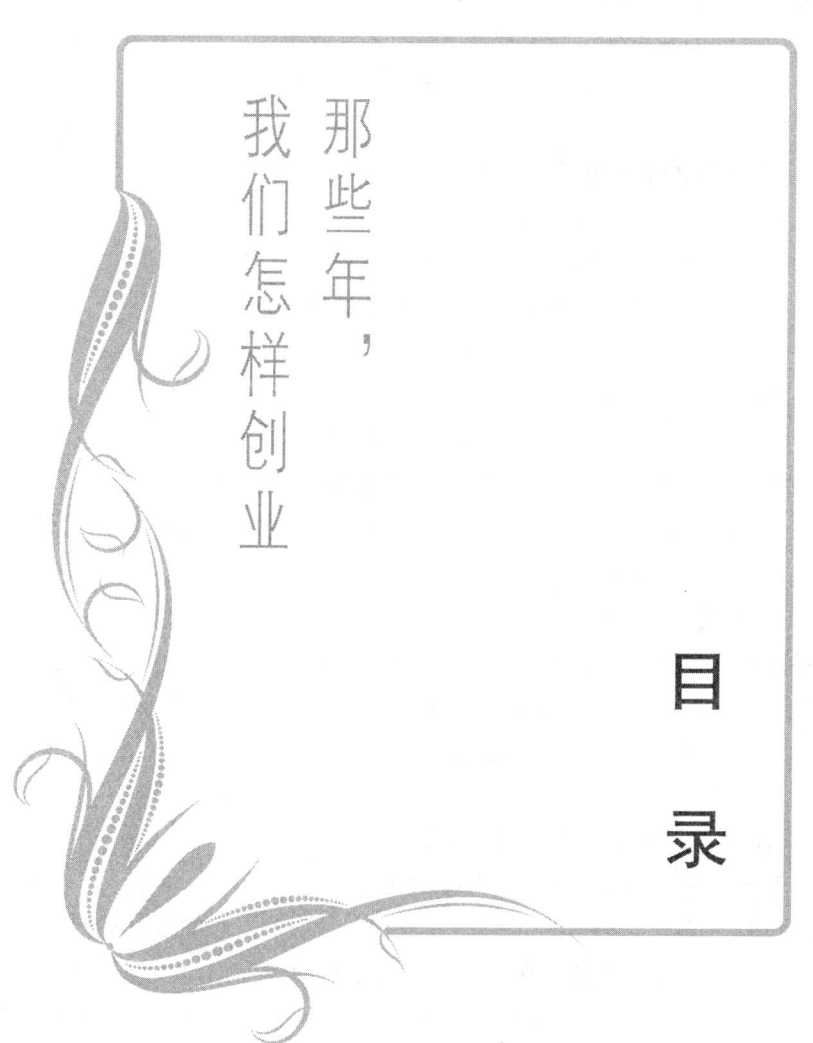

那些年，我们怎样创业

目录

曹德旺　临渊履薄，心若菩提
创业前奏曲　少年的顿悟 //02　"忘我"脱困 //03

创业进行时　临危受任，缘定玻璃 //05　日本能做的，为什么我就不能做 //06

　　　　　　　被逼出来的富豪 //08　福耀全球 //09

陈启宗　用乌龟的心态做兔子的事情
创业前奏曲　读书"不务正业" //12

创业进行时　兵行"险招"，转战内地 //13　没有熊市，何来英雄 //14

　　　　　　　别忘了昨天的眼泪 //15　财富不传承 //16

邓中翰　情定"中国芯"
创业前奏曲　挑战的价值 //18　人生当壮阔 //19

创业进行时　放弃巅峰 //20　搭建"充满友谊的团队" //20

　　　　　　　专注，很专注地去做一件事 //21　何谓"中国创造"？ //22

丁　磊　网易是寂寞的
创业前奏曲　不离不弃计算机 //24　天生创业者 //25

创业进行时　网易与163 //25　泡沫破灭的日子 //26　"工匠精神"做游戏 //27

　　　　　　　创新与保守如何完美统一？ //28

冯　仑　做企业与经营人生一脉相通
创业前奏曲　一下海南 //30　在南德相遇 //31

创业进行时　成立即要"关门" //31　逆势而上 //32　野蛮生长 //33

　　　　　　　多灾多难的1996 //33　产品转型 //34　将转型进行到底 //35

郭广昌　真正的动力源自内心
创业前奏曲　读书改变命运 //37

创业进行时　第一个100万 //38　第一个1000万 //39　第一个1亿 //39

　　　　　　　多元也可以很专业 //40　打开资金渠道 //41

　　　　　　　中国动力嫁接全球资源 //41　向巴菲特学习 //42

目录 | CONTENT

韩小红　持续创新健康管理
　　创业前奏曲　医药世家 //44
　　创业进行时　扔掉"胶皮饭碗" //45　　创业第一步 //46　　顾客在哪里？//46
　　　　　　　　扛过"坎儿" //47　　济世图远 //48　　大医精神 //48

雷　军　顺势而为
　　创业前奏曲　小试牛刀 //51　　第一桶金 //52　　再战告捷 //53
　　创业进行时　冲动的"三色"青春 //53　　诱惑来自金山 //53
　　　　　　　　"盘古"当头棒喝 //54　　我的梦，又在何方？//55
　　　　　　　　小米：为发烧而生 //55

李　山　我的追梦与前行
　　创业前奏曲　学建筑还是学经济 //57　　做大官与做大事 //58
　　　　　　　　进入高盛 //59　　承诺归国 //59　　出师不利 //60
　　创业进行时　曲线报国 //60　　中银岁月 //61　　三山遇挫 //62　　涛石再起 //63

李彦宏　百度在路上
　　创业前奏曲　顽皮少年"改邪归正" //65　　读书、工作、寻找方向 //65
　　创业进行时　众里寻他千百度 //67　　互联网寒冬突降 //67　　守得云开 //67
　　　　　　　　少数派的坚持 //68　　对决 Google//68　　与资本博弈 //69
　　　　　　　　互联网"狼性之说" //70　　移动端大战 //71
　　　　　　　　开拓新业务 //71　　投资"璞玉" //72

梁稳根　屡败屡战，抓紧梦想
　　创业前奏曲　少年立志 //73　　桃园四结义 //74
　　创业进行时　失败接踵而来 //75　　痛定思痛 //75　　三一诞生 //75
　　　　　　　　第一个专利 //76　　到国外开拓疆土 //77
　　　　　　　　中国股改第一股 //77　　缔造世界级企业 //78

刘强东　活出自己，只争第一

　　创业前奏曲　　创业初念 //80　　15岁的冒险 //81　　选准第二专业 //81

　　创业进行时　　人性的善恶 //82　　原来败在"此处" //82　　再出发 //83

　　　　　　　　　塞翁失马焉知非福 //83　　做"任性"的少数派 //84

刘永好　快半步，永不过时

　　创业前奏曲　　从知青到讲师 //86　　初试音响之路 //87

　　创业进行时　　选准切入点 //87　　直面折戟 //88　　希望诞生 //89

　　　　　　　　　现实倒逼转型 //89　　合与分 //90　　跨界"接地气" //91

　　　　　　　　　希望"四化" //91

柳传志　给块云彩就下雨

　　创业前奏曲　　曾经梦想很小 //93

　　创业进行时　　不惑之年"被"创业 //94　　两次教训 //95　　创新孕育联想 //95

　　　　　　　　　发展制造业 //96　　变成事业的主人 //96　　打造第一品牌 //97

　　　　　　　　　布局交接 //97　　退隐、出山、再退隐 //98　　投资未来 //98

鲁冠球　一切都是干出来的

　　创业前奏曲　　辍学与下岗 //100

　　创业进行时　　倾家荡产"败家子" //101　　倾情农机厂 //101

　　　　　　　　　转型与客户策略 //102　　钱潮＝QC＝质量控制 //103

　　　　　　　　　进军国际市场 //103　　成立万向集团 //104　　我要造汽车 //104

马化腾　琢磨产品，步步为"赢"

　　创业前奏曲　　技术牛人 //106　　泡网和"马站" //107

　　创业进行时　　QQ，源于一场失败的诉讼 //107　　腾讯，险些卖掉 //108

　　　　　　　　　爆炸式发展 //109　　微信，自己打自己 //109　　做减法 //110

目录 | CONTENT

莫天全　从无到有，从小到大，从有到无
- 创业前奏曲　一路学霸 //112　一本书带来的人生转折 //113
- 创业进行时　搜房诞生 //114　找钱，找钱，找钱 //115　抛硬币做决定 //115
　　　　　　从"百城战略"到纳斯达克 //116　一点股份不留 //117

潘石屹　放低自己，心中无敌
- 创业前奏曲　贫穷如影相随 //119　辞职下海 //120　南漂岁月 //120
- 创业进行时　淘到第一桶金 //121　泡沫！赶紧撤！//121
　　　　　　自立门户 //122　另类营销 //122　SOHO 中国 //123
　　　　　　SOHO 3Q //124　宽和回首 //125

任正非　低调的华为领头狼
- 创业前奏曲　低调生活的磨砺 //127
- 创业进行时　博弈风险 //128　农村包围城市 //129　进军国际 //129
　　　　　　塑造"狼性"文化 //130　"华为肯定不上市" //131
　　　　　　平衡收入与利润 //132　布局互联网 //132

沈南鹏　创业者背后的创业者
- 创业前奏曲　"数学家"的抉择 //134　投行"八年抗战" //135
- 创业进行时　携程，偶然诞生 //136　如家，再创神话 //137
　　　　　　红杉，扎根中国 //137　投资：精挑"赛道"与"赛车手" //138

孙立哲　用冲刺的速度跑长跑
- 创业前奏曲　荣辱只在一瞬间 //141　从医梦想：努力与放弃 //142
- 创业进行时　从温饱到发展事业 //143　归国、失败、患癌症 //143
　　　　　　再回国，找准创业方向 //144　成功有"大道" //145
　　　　　　当一个"不干活"的董事长 //146

田溯宁　永不止步的好奇心
　　创业前奏曲　读书、"放羊"、与草为伴 //148　驶上"信息高速公路" //149
　　创业进行时　亚信，一波三折起步 //149　中国互联网建筑师 //150
　　　　　　　　为国家创业 //152　"宽带先生"再启航 //153

王伯庆　我的麦可思故事
　　创业前奏曲　遭遇双重打击 //155　读书、出国、做科研 //156
　　创业前奏曲　问题就是机遇 //156　52岁尚未晚 //157
　　　　　　　　1、2、3，开步走 //157　三年等来第一桶金 //158
　　　　　　　　数据改变教育 //158　做好社会大脑 //159

汪潮涌　心胸如海，扬帆远航
　　创业前奏曲　神童初长成 //162　生命顺势而成潮涌 //163
　　创业进行时　信中利掌门人 //164　投资中的弹指神通 //165
　　　　　　　　投资"中国之队" //165

王广发　水到渠成的艺术
　　创业前奏曲　少年：与时代共舞 //168
　　创业进行时　方向与抉择 //169　经营：有艰辛但没困难 //169
　　　　　　　　转型：高瞻远瞩，居安思危 //170
　　　　　　　　工作：每天休息5小时 //171
　　　　　　　　责任：一心推动国家、社会发展 //172

王健林　做跟别人不一样的事
　　创业前奏曲　部队中成长 //175
　　创业进行时　旧城改造初试水 //176　万达诞生 //177　足球打造知名度 //177
　　　　　　　　转型商业地产 //178　摸索三种地产模式 //178　进军电影业 //179
　　　　　　　　布局文化产业 //179

目 录 CONTENT

王俊峰 智慧"取舍"与尽心尽力
创业前奏曲 "随便"结缘法律 //181 律师不只是打官司 //182
创业进行时 取舍之艰 //183 以优势突围 //184
　　　　　　边留学，边创业 //184 担当更大的责任 //185

王 石 多重人生协奏曲
创业前奏曲 蠢蠢欲动的商业梦 //188
创业进行时 差点成了"饲料大王" //189 曾经"唯利是图" //190
　　　　　　万科诞生 //190 把蛋糕做大 //191 高于25%的利润不做 //191
　　　　　　居有万科 //191 "放养"万科 //192
　　　　　　"+互联网"与绿色建筑 //192 再攀高峰 //193

王 卫 带着信仰飞奔
创业前奏曲 拉杆箱里的商机 //195
创业进行时 顺丰起步 //196 野蛮成长 //197 进行"拆迁式"改革 //197
　　　　　　低潮中大跨步 //198 确立经营思路 //198
　　　　　　谁是"最可爱的人" //198 带着信仰飞奔 //199

熊晓鸽 飞翔、追寻、圆梦
创业前奏曲 从工人到研究生 //201 弃文从商 //202
创业进行时 邂逅麦戈文 //203 再找来1000万美元 //203
　　　　　　破冰前行 //204 投资的要义 //205 向新梦想起飞 //206

徐小平 执着地寻求生活的意义
创业前奏曲 一波三折成长路 //209 邂逅未来合伙人 //209
　　　　　　品尝"美国的滋味" //210 兴趣与生存 //211
创业进行时 加盟新东方 //211 创办真格基金 //212

严望佳　创造价值成就别人
　　创业前奏曲　　爱上不爱的计算机 //215
　　创业进行时　　东方升起"启明星辰" //216　　打造网络"万能锁" //217
　　　　　　　　　互联网女神的书生意气 //218

俞敏洪　到底怎样才能成功
　　创业前奏曲　　捡砖头的哲理 //221　　逼上梁山"落草为寇" //223
　　创业进行时　　招生之艰 //223　　从竞争到竞合 //224
　　　　　　　　　升级"草台班子" //225　　股份制改造 //225
　　　　　　　　　做"最富有的老师" //226

张朝阳　见别人所不能见
　　创业前奏曲　　物理学家的梦 //228　　燃起的创业火焰 //229
　　创业进行时　　搜乎？搜狐！ //230　　狐狸变巨人 //230　　再造搜狐 //231

张　磊　践行"伟大格局观"
　　创业前奏曲　　天生创业家 //233　　转折，从耶鲁开始 //234
　　创业进行时　　折戟中华创业网 //235　　创办高瓴资本 //235
　　　　　　　　　投资哲学：守正用奇 //236
　　　　　　　　　寻找具有"伟大格局观的坚定实践者" //237

张瑞敏　海尔30年，再创业
　　创业前奏曲　　成才只争朝夕 //240
　　创业进行时　　不准随地大小便 //241　　转产冰箱 //241
　　　　　　　　　砸出来"质量第一" //242　　向外国人说"不" //242
　　　　　　　　　多元化与吃"休克鱼" //243　　走出国门，与狼共舞 //243
　　　　　　　　　互联网＋海尔 //244

目 录

周鸿祎　拿出挑战巨头的勇气
　　创业前奏曲　　创业"拿来主义"//247
　　创业进行时　　"3721"一鸣惊人//249　　短暂牵手雅虎//249
　　　　　　　　　奇虎360横空出世//250　　再次创业瞄准手机//251

朱　敏　人生应当慢慢成功
　　创业前奏曲　　插队做了厂长//253　　差点做了房地产商//254
　　　　　　　　　曲折学习路//254　　斯坦福生存课//255
　　创业进行时　　灵光乍现//255　　合伙人很重要//256
　　　　　　　　　IC＝印度（India）与中国（China）//257
　　　　　　　　　做VC，培育中国企业//258

宗庆后　奋斗的人生不分早晚
　　创业前奏曲　　困苦生活的磨砺//260
　　创业进行时　　"喝了娃哈哈，吃饭就是香"//261　　并购：小鱼吃大鱼//262
　　　　　　　　　"霸王"与"大家长"//263　　蜘蛛网一般的"联销体"//264
　　　　　　　　　"老宗"遇到"小宗"//264　　有爱暖萌的"娃哈哈"//265

邹亨瑞　运气也是一种实力
　　创业前奏曲　　无心插柳柳成荫//267
　　创业进行时　　根据需求调整业务//268　　培养国际化团队//269
　　　　　　　　　跟最强者合作//270　　认可知识的价值//271

参考文献 //274
后记 //291

曹德旺 陈启宗 邓中翰
丁 磊 冯 仑 郭广昌
韩小红 雷 军 李 山
李彦宏 梁稳根 刘强东
刘永好 柳传志 鲁冠球
马化腾 莫天全 潘石屹
任正非 沈南鹏 孙立哲
田溯宁 王伯庆 汪潮涌
王广发 王健林 王俊峰
王 石 王 卫 熊晓鸽
徐小平 严望佳 俞敏洪
张朝阳 张 磊 张瑞敏
周鸿祎 朱 敏 宗庆后
邹亨瑞

1946年5月生，福建省福清市高山镇人。
1987年成立福耀玻璃集团，目前是世界最大的汽车玻璃供应商，成为宾利、奔驰、宝马、路虎、奥迪等品牌重要的全球配套供应商。
2001年至2005年，曹德旺带领福耀团队相继打赢了加拿大、美国两个反倾销案，成为第一家状告美国商务部并赢得胜利的中国企业。
2009年，曹德旺荣获"安永全球企业家大奖"，该奖项被誉为"企业界奥斯卡"，他是首位华人获得者。
曹德旺是佛教徒，截至2015年年中累积捐款逾70亿元。
2010年，他成立河仁慈善基金会，基金规模35.49亿元，是中国目前资产规模最大的公益慈善基金会。

福耀玻璃集团创始人、董事长

曹德旺
临渊履薄，心若菩提

对很多年轻人来说，比起一众光鲜高调的明星企业家们，曹德旺的名字显得陌生，他形容憨厚、为人低调，实在看不出有何特殊之处，但他惊人的财富、巨额的捐款，绝对会让你惊呼原来大隐隐于市。再了解其人其事，又会惊讶这个初中都没毕业的人如此有文化，他说的"做事要用心"、"踏实做好自己的本业"、"小胜靠智，大胜靠德"，看似平淡无奇，又实为大道至简。曹德旺也曾自比金庸笔下的石破天（《侠客行》里的人物），人傻，经常做傻事，没有花架子，但最终往往逢凶化吉。

创业前奏曲

少年的顿悟

1946年，曹德旺出生于上海，父亲曹河仁从商，是上海永安百货公司的股东之一。1947年，国民党政权风雨飘摇，上海人心大乱，纷纷外迁。曹河仁夫妇带着年幼子女乘坐客轮回到福建老家——福清高山镇[1]。返乡途中，装载曹家财物的机动铁壳船在海上遭遇风暴，沉没了。

1　曹德旺父亲曹河仁是旅日归侨，福建福清高山镇曹盾村人；母亲陈惠珍是高山镇洋门村人。

自记事起，曹德旺的生活就饱含艰辛：母亲种田，父亲重返上海谋生但并不如意。他和兄弟姐妹时常吃不饱，饥饿难忍时，母亲便会组织他们在院子里围坐吹口琴、唱歌，苦中作乐。

1959年，曹德旺14岁，上初中一年级，因得罪了教导主任而辍学。1960年，15岁的他进入福清薛港农场工作，负责数大人挖好的树坑。有一天，父亲骑着自行车来找他，要他回家一起做生意，从此开启了他的从商生涯。那是一个"革命"的年代，不允许自由买卖商品，抓到会以"投机倒把"论处，轻者没收，重者收押，游街示众。父亲计划贩卖烟丝补贴家用，用自行车当运输工具，从福州买香烟运到高山卖，赚取差价。曹德旺15岁，看似十二三岁，应该不会有人怀疑他，检查他的包。

每次进货30多斤，100多公里，来回3天。前两次父亲带着曹德旺做，从第三次起他们形成分工：曹德旺负责进货，父亲负责销售。有一个冬日下午，曹德旺头天受了风寒，腹泻严重，好不容易骑车翻越山岭投靠父亲的朋友，便躺倒了。父母这厢在镇口望眼欲穿。次日一早，天蒙蒙亮，父亲徒步找来，他尚在昏睡之中。

后来，父亲改做水果生意。无论冬夏，曹德旺每天凌晨2点起床，骑车到福清县城，凌晨批发好水果，囫囵吃点东西再载着300多斤重的水果往回骑，下午3点抵达高山，同父亲卖完后往往是晚上7点半以后。一天下来，大概赚3块钱。在后来的岁月中，曹德旺时常回忆起17岁的自己正睡得香，却被母亲含泪推醒喊去进货："德旺，起床了！"

水果生意做了三四年，父亲又回头做起烟丝生意。不到一年，父亲被当地工商局抓了现行，烟丝被收缴，自行车也被推走了。

和父亲一起做生意的几年磨练，让曹德旺想了很多。父亲烟摊被收缴，更激发了他外出闯天下的决心。在18岁的少年眼中，已然形成自己的商业判断：父亲虽然聪明，也会做生意，但做的都是小本生意。所做的事，政府不认可不支持，根本没有前途可言，我还年轻，不能重走父亲的老路。

"忘我"脱困

"文革"后期的1968年，曹德旺结婚了，娶了舅舅同村的姑娘陈凤英。他成家独立出去后，首先要做的，就是做政府允许做的事，而且要学做会赚钱的生意。

当时很多人种白木耳卖，政府也不反对。曹德旺把妻子的嫁妆卖了，又借钱凑够几百元，投入种植。由于种白木耳的人太多了，在福建本地卖不上价。少年时随父亲销售烟丝和水果积攒下的经验起了作用，他迅速坐火车到江西，卖掉后扣除成本，不亏也不赚。

怎样才能赚钱？他思考后发现在福建的村里收购，运到江西卖，可以赚取差价。此后，他开始了一次又一次福州至江西的往返旅程。最后一次，他进了3000元白木耳，又赊了一些货，提着大大的包裹在江西下火车，拎着包吃力地朝前挪步。车站民兵看到他，以"投机倒把"为名扣了他的货，送进附近的收购站。曹德旺辩解说这是公社集体的东西，对方要他开证明来，再给他货钱。

曹德旺返回高山，公社干部不愿意开证明。他挨个登门向赊给他货的村民解释，容我筹措，有了钱，一定一分不少地给付。

疲惫地回到家中，一个大队干部正在等着他，告知他欠06工地十个义务工，如果不去交30元。30元？一分钱都没有，上哪儿去寻30元？曹德旺选择了去工地。

当时是立春过后，天气渐暖。到工地的第三天，发生了一件大事：民工营房失火，从下午三四点烧到晚上6点。两百人一下子乱了阵脚：吵闹着要赔偿的、想开工没有板车的、板车坏了无处修理的……

经历了白木耳被扣、来工地被烧等事，曹德旺突然感觉这似天在亡我，既然我要亡了，就帮他们渡过这个难关吧！他在路边搭了个简易修车棚，找人写上"高山修理所"五字，开始了修车生涯，免费修车，28天，他没有离开过修车棚一步。吃的喝的，都是路过的民工捎来。

有一天，营长、教导员盘点物资和赔偿金时，反复核对名单，发现少了一人，遂问通讯员："曹德旺跑去哪里了，为什么没来领？"当他站到教导员面前时，人与乞丐无异。教导员惊呆了，问清他来工地的来龙去脉，把剩下的赔偿款包括粮票、救济物等都给了营里"最后一个没有领到赔偿的人"，又替他出面从公社开出证明，索回被江西鹰潭火车站强扣的货款。

不吵不闹，得到一大笔赔偿。忘我工作，犹得神助索回了货款。当还清菇农的钱，曹德旺的心情是怎样一个雀跃？

创业进行时

临危受任，缘定玻璃

曹德旺真正"发家"是结缘玻璃。

1976年春天，明溪下了几天瓢泼大雨。他和朋友老吴和小林一起品茶、喝酒间得出结论：可以办一个玻璃厂。

当时，办工厂都是国家的事，他一个农业人口，想办工厂，谈何容易？他先找公社企业办去谈，设想把平板玻璃钢化、打磨后制作成水表玻璃出售，赚取增值利润。同年10月，公社批复：同意成立高山异型玻璃厂筹建处。此前在莆田大洋农场做过果苗技术员、在琯头山兜农场做过销售员的曹德旺很快融入筹建工厂的角色，从此他彻底地和农业挥手告别，走上了工业的道路。

高山异型玻璃厂是乡镇企业。1976年到1979年，奠基、动工、打桩、起梁、封顶、买设备、安设备。1979年试生产、投产，开始需要大量的平板玻璃。从被厂里任命为采购员的那一天起，曹德旺大部分时间就泡在福州，解决工厂拿不到计划内指标的难题。在福州泡汤[1]，他认识了福州城内的采购科长们，搭建起完整的采购网。

"文革"结束后，中国迎来春天。这是科学的春天，文艺的春天。曹德旺像饥饿已久的人面对食物一样，狼吞虎咽，大咬大嚼，学习知识。福州水表厂会计科陈科长推荐他读会计学——"会计工作是厂长的参谋和助手，要做到比有对象，学有榜样，赶有目标，帮有措施……"这段话深深地印刻在他的脑海里。此后两年，他系统地学完会计学知识，具备看报表即知企业生产经营状况的能力。回顾起这段经历，曹德旺觉得也许是冥冥之中，上天通过陈科长开示自己。

1977年到1982年，高山异型玻璃厂6年间换了6任厂长，公社投资的十几万几乎打了水漂。1983年初，如果工厂继续亏损下去，结局只有关门倒闭。

元旦过后，公社领导建议曹德旺承包工厂。中央文件刚刚出台，鼓励

---

1 温泉与福州人的生活息息相关。福州人从小泡温泉，哪怕是盛夏季节，照样一泡到底。

承包。最终达成的协议是：曹德旺与其他 4 人[1]联合承包，完成承包任务后，超额返利的部分，其他 4 人各占 10%，曹德旺占 60%。因长期从事推销产品的工作，曹德旺对于合同的重要性深有感悟，因此，凡能想到的、该说明的都写入了合同中，从而避免了后面的纷争。之后，曹德旺对工厂的管理进行了一系列改革——首次在工厂推广管理会计制度，树立会计的权威性，并对工资结构实施改革，打破"大锅饭"体制，极大地调动了新老员工的生产热情。

1983 年当年，高山异型玻璃厂首次实现盈利，赚了 22 万，扣除上交政府的 6 万，还剩 16 万。曹德旺分到 6 万多元，并被评为福州市劳动模范，当选为福清县政协常委和福州市工商联副主委。

1984 年春节过后，镇政府[2]领导希望曹德旺继续承包。但曹德旺认为承包制不是解决企业危机的彻底方法，只治标，不治本，容易使承包者进行掠夺式经营，追求短期效益，无视企业的存活及持续发展。

在探讨建立长效机制的过程中，双方达成合资意向。原先的 4 名合伙人坚持把 1983 年赚的钱分到手即退出。曹德旺愿意合资，但手中钱不够。镇政府同意做担保人支持他向银行贷款，南平政府[3]向他伸出援手出借 3 万。此后，又有其他合资人加入，曹德旺是合资方个人股东中占比最大的股东。

回顾这段经历，他从中悟到了儒家的仁义礼智信的真谛："信是一种信念，也是一种信任，不仅对自己要自信，对他人也要有信任，这叫互信。如果一个人什么都不信，那肯定一事无成。正因为有对政府政策坚定不移的信心，正因为对自己的能力有自信，和相互之间的信任，才有了今天的福耀。"

日本能做的，为什么我就不能做

涉足汽车玻璃，出于一次偶然。

1984 年 6 月，曹德旺到南平出差，南平协作办派了部汽车送他去武夷山游玩。游玩间，他给母亲买了根竹根做的拐杖。拿着拐杖上车时，司机

---

1 高山异型玻璃厂技术员翁祖礼，兄弟厂高山仪表厂的林常胡、林传官、林文振。
2 1983 年县里根据中央文件，将原高山公社改名为高山镇。
3 当采购员时，曹德旺帮助南平政府解决了许多困难。

吴锋提醒道："老曹，上车时小心一点，车玻璃不要给我碰了。万一破了，你可赔不起。"

曹德旺很惊异，自己就是做玻璃的，还能赔不起？后来一打听：马自达汽车，换一块前挡玻璃，6000元；若急，8000元。太离谱了。日本就这么欺负中国人吗？

当年，汽车玻璃若破了，换起来很麻烦，因为没有国产的，进口的玻璃很贵，且等待的时间也要很长。于是，公路上跑的大大小小的汽车，车窗玻璃破了往往就用胶纸贴着，前挡也好，后挡也好，边窗也好，应付着用。不好看不说，安全首先是一个大问题。

为什么没有人做汽车玻璃？没有人做，我来做。我要为中国做一片自己的汽车玻璃，让所有的中国人都能用得上，用得开心，用得安心。曹德旺发誓。回过头看，做企业，目标很重要。只有方向正确了，企业才能走得远。

在上海耀华玻璃厂的帮助下，高山异型玻璃厂上了汽车玻璃，并花了1万多元开了5天产品鉴定会。汽车玻璃不同于普通玻璃，车是跑在路上的房子，人在里面，安全自然最重要，安全性能必须通过检测。很快，高山生产出汽车玻璃的消息传开了。

至1986年年底，高山玻璃厂产值596万元，利税101万元。

1987年春，县委书记陈元春参观高山厂，问："你做得很好，有没有考虑把它做得更大？"

"这个产业刚刚开始，如果县里能够支持，把工厂搬到宏路去，这个工厂能做得很大。"曹德旺诚恳地请求。

1987年5月29日，中外合资福建耀华玻璃工业有限公司注册成立。1987年7月，在福清宏路镇动工兴建厂房。1988年5月，第一期工程投产。随之遇到合资企业、私营企业招聘工程师难的问题。曹德旺一趟一趟地跑省人事局，拜访局长、处长，谈改革，谈需求，谈人事档案的规定影响了雨后春笋般涌现的许多合资、独资企业。随后，省人事局率先成立全国第一个人才交流市场，即今天的中国海峡人才市场。

1989年春节，公司拥有了一百多名员工，曹德旺亲自参加并主持了福耀历史上的第一次尾牙宴[1]。尾牙的传统从那时起一直延续下来，成为福耀

---

[1] 年末宴请公司同仁，以犒慰平日辛苦。

文化一个重要的组成部分。

老子云："域中有四大（道天地人），人居其一。"曹德旺认为，企业是人做的，人是企业中最关键的要素，企业成功的核心之一就是坚持人本主义文化。

被逼出来的富豪

福耀做大做强之后，1991年春节过后，福建省体制改革委员会和人民银行来了一个工作组，专程前来讨论福耀上市的事宜。1991年6月22日，闽发证券发行福耀股票，第一批1600万股，每股1.5元，发了2400万元。两三个月后，有流言开始传播：福耀股票不能上市，曹德旺圈了钱想跑到国外去。那些持有福耀股票的人，不少打电话来要求退股。曹德旺只好要妹妹曹华帮忙筹钱，从外面高息借款，按照市价每股2.5元买回，不知不觉地收了400万股。

欠了一屁股的债，曹德旺心里承受着巨大的压力又不能说。想办法让股票上市，一则为自己解套，二则也要为当初购买股票的股东们着想。1993年6月10日福耀玻璃（600660）上市首日，收盘40.05元，创下福建首批上市公司股票的天价。这下子，曹德旺不仅还清了所有债务，竟然有近2亿元的进账。因此，曹德旺曾经开玩笑说，自己这个富豪，是被"别人逼出来的"。

股票获准在上交所交易后，曹德旺也被获准移民香港。1993年7月23日他持单程证入香港，因为需在港办回乡证等，在香港住了两个月，相当于强制休息了两个月，所以他有足够的时间思考未来。

当时，福耀涉足房地产、IT、玻璃、贸易、装饰，有很多公司，只差赚不到钱。将来的发展是混业经营还是专业经营？艾尔·赖兹（Al Ries）的《聚焦法规》（FOCUS）启发了曹德旺：企业经营跟聚焦是一样的道理，多元化是经济落后的一种产物，而专业化是现代化的一个特征。曹德旺已然清醒，决定选择制造汽车玻璃作为主业，并为之奋斗终身。

1994年，曹德旺在美国参观了福特博物馆，在那里看到美国经济发展的脉络，获得很多启示：100年前的美国在做什么？卡耐基钢铁。PPG玻璃。佳殿玻璃。现在它们仍发展得很好。为什么？它们都是传统工业，是基本建设所必需。在国家产业转型期，传统产业总是排头兵。福耀该做什么，已然明晰。玻璃。他还发现董事长不一定是大股东来当，应由有号召力的人来当。独立董事，人格首先是独立的，必须是在社会上有影响力的人来当。新的产品一旦被市场认可，发展速度会像流星一样快。

从1985年涉足汽车玻璃，到1995年，曹德旺已将科学管理方法运用到企业实践中去，成效卓著。

1994年7月，福建省万达汽车玻璃工业有限公司在福清注册成立，以助力福耀在1996年前实现产能翻倍计划。

1995年，组建福耀玻璃工业集团股份有限公司。

2000年9月，福耀集团长春有限公司注册成立，为在中国建立全国性跨省区生产网络迈出第一步。截止2015年，福耀在吉林双辽、上海、重庆、北京、广东广州、湖北荆门、河南郑州、内蒙通辽、海南文昌等地均建立了现代化的生产基地，形成全国的产销网络体系。今天的福耀在15个省有企业，工厂占地面积超过6平方公里。

福耀是曹德旺亲手组建的，是从非常小的企业发展过来的。它，就像曹德旺本人一样，秉持着勤劳、学习、朴实、创新的价值观，一步步长大。

福耀全球

曹德旺是一个具备国际视野的人。1987年11月，他首次带队出国，去芬兰泰姆格拉斯公司接受培训。去之前，省外办给他们上了一堂外事纪律课。当时，走出国门不光开了眼界，还可以省下国家每天补助的90美元，攒下来买个"大件"电器回来。曹德旺建议这次出国费用集中管理，吃完用完，若有剩下，全部上交。用他的话说："一个人要有人格，一个国家同样需要有国格！没有人格，没有国格，带多少东西回国都没用！"

这次培训兼考察回来，他脑子里挥之不去"HTPS每40秒钟流出一片边窗玻璃，转而变成几百元钱"的画面。1988年6月，他正式向芬兰方报价，以108万美元买下HTPS设备，成为全球的第一个买家。

1989年5月，福耀开始向香港配件市场出口汽车玻璃。至1993年，福耀玻璃已经在香港市场占有了一席之地。

1994年，加拿大的TCG公司代理销售福耀玻璃，进价为25~30美元/平方，批发给二级经销店的价格为50~60美元/平方。看着很能赚钱。

1994年下半年，福耀在美国的南卡罗莱纳州购地，设立福耀安全用汽车玻璃批发中心（GGI），1995年建成仓库，1996年投入使用。可一年下来，GGI亏损。曹德旺飞往美国进行专题调研，聘请了当地的市调专家，发现玻璃从中国运到美国，从码头到仓库，拆卸、分包、装运、卸载，每一个环节都有人工费用、运输费用发生。体量大、网点多才能赚钱，做独立经销商，分摊人工、运费等，显然会亏损。结论是"改分销模式为直销模式"。GGI被关闭。

2002年8月，加拿大贸易法庭裁定，福耀玻璃在加拿大的销售不构成倾销，福耀赢得了中国入世后第一起反倾销案，载入中国商业史册。

2006年至2008年，福耀在德国、韩国、日本及美国成立子公司，为这些市场的配套客户提供销售及客户支援服务。

2011年6月，在时任主席胡锦涛和时任俄罗斯总统梅德韦杰夫的支持下，福耀签署在俄罗斯建立汽车玻璃生产项目。2013年9月，生产基地一期建成。

2014年7月，福耀从PPG收购了位于美国伊利诺伊州的浮法玻璃生产基地。

截止2015年，福耀在9个国家——美国、日本、韩国、澳大利亚、俄罗斯、德国等均设立了子公司和商务机构。福耀的国际合作史已26年，玻璃装在宾利、宝马、奔驰、奥迪、大众、丰田、本田等全球著名的汽车品牌上，是名副其实的全球最大的汽车玻璃供应商。

谈起中国企业赴海外投资，曹德旺说："改革开放告诉我们一个不争的事实，企业必须坚持走出去才能够做大做强。"可真正想"走出去"，第一要树立风险意识，没有弄清风险，千万别动。第二要有责任意识，分清小事和大事，出去赚不赚钱是小事，大事是不能把国家的声誉搞坏。第三要有使命意识，有机会接触外面，要能者尽能、智者尽智，担当起改变国家现状、调结构促转型等责任。

经验告诉曹德旺，走出去投资，应本着一颗有爱的心——爱对方的国家和人民，本色做事，以特色来定位，凭角色做人，努力让大多数人喜欢我们。

走出去，福耀的每一步都很谨慎，前期以小资本去做，通过销售打开市场，打开品牌知名度，再设厂，从而在国际市场上稳打稳扎。

"上善若水，大成靠德"，用来形容曹德旺最贴切不过，他是少有的将修身养性和建功立业结合起来的企业家。成功只是他人生哲学和智慧的一个副产品，探讨创业成功的原因，曹德旺是真正的大道至简。

他给自传取名为《心若菩提》，并解释"心若菩提"就是外表非常强大，内心却充满仁慈和仁爱，这才是最强大的人。这也是曹德旺的行事理念，当初带有民族义愤色彩选择生产汽车玻璃，以及打赢了美国反倾销案的事例，都体现出他的强硬和不服输；另一方面，他个人累计捐款逾70亿元，又彰显出他的慈悲心。

曹德旺将儒家思想"成功五字真经"作为自己的座右铭：仁、义、礼、智、勇。仁是仁慈善良，是健康包容的心态；义，是道义责任，是敢于承受勇于担当的胸襟气度；礼，是礼仪，是做人的分寸和对人对事应有的尊重；智，是智慧、眼界和看事情要有穿透力和前瞻性；勇，是敢于挑战未来、挑战自身极限的勇气。事实上，这五字真经里，包含了敢于承担、高瞻远瞩、勇于挑战的企业家精神。

对曹德旺来说，"佛教是我的灵魂"，这尤其影响了他豁达好施的财富观。对他来说，"财富只是我在马路边捡到的东西，按照佛教提倡的精神，跟大家共享一下"，"人活一世，就是为了给他人带来幸福"。

· 大佬创业谈 ·

创业需要真正对自己有足够的了解，对市场有了解，还应有足够的勇气，敢于承担这个责任和挑战自我。我在创业初期，20多年里面，没有礼拜天，每天工作到晚上12点，一天工作16个小时，就是这样过来的。

1949 年生于广东顺德县；毕业于美国南加州大学，获工商管理硕士学位。

1991 年接管父业，主政恒隆集团。

1992 年，正式投资内地，登陆上海，参与上海虹口区与徐家汇区的物业发展。

1997 年，带领恒隆集团避开亚洲金融危机。

2014 年，与其弟陈乐宗共同发起的晨兴基金会向美国哈佛大学捐赠 3.5 亿美元，是该校建校以来收到的最大的单笔捐赠。

恒隆集团董事长

陈启宗
用乌龟的心态做兔子的事情

陈启宗是香港地产界的传奇人物，两次"踩点"投资将恒隆地产从低谷带向高峰；讲话直率且深刻，颇有鲁迅遗风。他还热衷公益慈善事业，3.5 亿美金捐助哈佛，以一己之力修复故宫建福宫花园等，不一而足。

陈启宗不仅是一位成功的企业家，更是一位杰出的社会企业家，他用自己的行为树立了当代企业家的典范，彰显了独一无二的人格魅力。

创业前奏曲

读书"不务正业"

1949 年，陈启宗生于广东顺德，父亲陈曾熙 1960 年创立恒隆集团，并于 1972 年在香港上市。

陈启宗升入中学之时，身边家境优越、成绩优异的孩子都被送到英文中学读书，父亲却将他送进中文中学。陈曾熙做此决定，是想让儿子自小便能体认社会的全貌，了解民间的生态结构，以培养他坚韧的品格。

中学毕业后，陈启宗赴美国继续深造。在美读书期间，他颇有些"不务正业"，不一门心思读书，而是抽空就去看橄榄球比赛，参加聚会，去教会做义工。

对于陈启宗的"不务正业",陈曾熙曾非常担心,怕他玩儿野了,回来后会继续地"不务正业"下去。两代人在理念、价值观上的冲突在所难免。陈启宗权衡之后,没有回香港接手恒隆。"我父亲是个性很强的人,我也是。我知道回来跟他做生意,一定会有冲突,宁可保持父子关系。我在美国待了十几年,从来没有想过回来,直到他生病去世了,我才回来。"

创业进行时

兵行"险招",转战内地

1986 年,陈曾熙去世,叔叔陈曾焘接掌恒隆集团,陈启宗也进入集团担任董事。这一年,陈启宗还与弟弟陈乐宗一起创办了晨兴创投公司,投资初创和成长型科技公司。晨兴投资的公司已有多家在纳斯达克上市。"风险投资不会没有风险,十投不可能十赢,但十投八赢,就是胜利。"这是陈启宗的投资哲学。

1991 年,陈曾焘退任,陈启宗接任恒隆集团主席,并将出租型物业调整为恒隆发展策略的重点。

陈启宗接手之时,恒隆集团还没有从两次投资失败的阴影中走出来。在香港地产的黄金二十年里,恒隆地产却接连走错了两步。第一步是 20 世纪 70 年代,恒隆行事过于保守,在本应大肆扩张拿地之时故步不前,畏手畏脚。第二步是 20 世纪 80 年代,恒隆又过于急躁,迫于上一次过于保守的压力开始大肆冒进,疯狂出手拿地,却不料被 1983 和 1984 年的大跌打得元气大伤,集团经营也陷入进退维谷的境地。陈启宗接手的就是这样一个没落中的大企业。

他接手之后,看准时机,踩准市场发展走向,两步就让恒隆起死回生,发展壮大起来。第一步是 1992 年,跨出香港,进军大陆市场。陈启宗将进军大陆的第一站选在上海。"当时我发现,第一,广州有太多的港商在那里,太热。一块地可以同时卖给三个人,然后慢慢再看谁出的价格高,总之很乱;北京那时太冷,你来就来,不来就算了;上海则是刚好,别人以为我是说天气刚好,其实我不是这个意思,是社会的风气,是政府的态度。"

1992年，进军国内市场的元年，陈启宗毫不犹豫地拿下徐家汇和虹口区等四块五公顷的土地。之后，恒隆广场和港汇广场也先后建成。

1993年，陈启宗再下一城，拿下静安区波特曼香格里拉酒店以东的三公顷土地。

2004年，恒隆集团在上海的项目已经成为集团最牛气的利润增长点。

2006年，恒隆集团收入的30%来自上海的项目。

现在来看，陈启宗是走对了，但当时确实有些冒险。对于已经略显羸弱的恒隆集团，进军之处就大手笔投入，实在有些"心惊肉跳"。陈启宗却很淡然："我们刚到上海的时候，那里根本没有甲等写字楼，一栋也没有。我们去盖四栋甲等写字楼，最小的一栋是六万三千平方米，最大的一栋是九万平方米，胆子很大。但我们认定一件事，就是中国的发展会越来越好，上海的发展也会越来越好。所以现在事后回头看，我们是比较幸运的。""全世界最快速增长的一个市场就在我们旁边。中国内地市场快速地增长，那是百年一遇。上次人类历史看到这样的事是19世纪末、20世纪初的美国。我们要是不能从中得益处，不能怪任何人，只能怪自己。国家对香港人是礼遇有加，什么CEPA[1]……真是好处都给你。有人问我，你对香港的看法，对香港前景怎么看，我说没有理由不好。"

没有熊市，何来英雄

陈启宗高明的第二步是避开了席卷而来的亚洲金融危机。"1994年3月以后，我们差不多就没有买过地，升得太高，它会掉下来。"受金融危机影响，香港地产暴跌，许多地产大亨一夜之间负债累累。陈启宗成功地避开这场经济浩劫，不仅从1994年开始没拿地，还在1997年地产业的巅峰时期出售了多项物业，回报颇丰。

亚洲经济危机让很多人担忧香港经济的未来，陈启宗却信心满满。"外国人以为香港1997年以后经济没有以往那么好，是回归的问题，那是不理解情况的人在乱说话。回归对香港经济是正面的影响，不是负面的影响。当时就有个决定，金融危机是不是永远不能翻身？我们不这么认为，所以

---

[1] 内地与香港关于建立更紧密经贸关系的安排。

1999 年、2000 年，我就大举买地。那几年，根本没有人跟我们竞争。"经济危机的余威尚在，陈启宗就开启了大手笔拿地模式。他在 1998 年买下的土地到目前为止还是恒隆单个项目中最赚钱的，如"君临天下"一个项目就为恒隆赚到 200 亿港元。

2000~2004 年，房地产商争相竞购之时，陈启宗沉默了。

2005~2006 年，沉寂四年的陈启宗看中了二线城市的商业地产，在济南、沈阳等城市大干了两年，买下许多土地。随后又在市场热起来之后归于沉寂。

这段沉寂让他积蓄了足够的力量和资本得以在 2008 年金融海啸后抄底房地产。

陈启宗说："没有熊市，何来英雄？英雄就是别人都死掉，你活下来。只有在熊市来临时，才能买到便宜的土地。这样下来，才会成功。做生意要心如止水，安静得像睡着了，但内心是灵敏的。该动的时候，要动若脱兔，重拳出击。"

别忘了昨天的眼泪

2010 年，陈启宗主政的恒隆又迎来一次发展策略转型。这一次，他表示恒隆将转型做内地商业地产。"香港开发商做住宅在内地没有优势，我们要向内地开发商学习。但我们学不了万科，他们一年挣的钱没有几个香港开发商可以挣到。""我们要做内地开发商学习不了的东西，所以我做商场。"

此后，恒隆地产在沈阳、济南、无锡等城市相继建成多家恒隆广场。目前，恒隆在内地开拓的恒隆广场项目已有 6 个。然而，在这些城市开张的恒隆广场并没能续写上海的辉煌。

2014 年，恒隆的年报公布显示，内地商业地产的租金收入依然还是"仰仗"上海。很多人据此认为恒隆商业地产的模式无法在内地二三线城市成功复制。陈启宗却说："其实好多人不知道或者忘记了，我们上海两个项目头五年六年也是很困难，不过现在过去了，比较繁荣了，大家就看到今天的风光而忘记了昨天的眼泪。"

2015 年 9 月，恒隆集团中期财报中陈启宗的致股东函在朋友圈广为流传，面对"黄金时代结束"的论调，他认为："如果说中国经济处于一定的调整期，这个我承认。但要说中国实体经济的黄金时代已结束，这是痴人说梦。中国经济真正的黄金时代还没有开始呢。""13亿人每天要吃三顿饭，像我这样的人也要吃两顿，人要穿衣服、开车子、住房子，怎么会不好呢？经济总是会上上下下有循环的，人性就是这样，人组成的社会也是这样有循环。"

陈启宗就是有这种"众人皆醉我独醒"的"清醒"，勇敢地在大多数中做着小众，别人闹得火热时耐得住冷清，别人喧嚣过后敢于第一个伸手。轻重缓急就如信手拈来，看似毫不费力，实则修炼良多。也许就如他常说的那句话："做人不能太聪明，要准备吃一些苦，花一些功夫用乌龟的心态做兔子的事业。"

财富不传承

情怀说起来是件挺虚的事儿，写个诗做个文都可以说是情怀。陈启宗或者说陈氏家族却将这件很虚的事儿做得很实。

1986年，父亲陈曾熙去世时，留下遗嘱将其高达40多亿元港币的财富成立陈曾熙基金会，而没有留给妻子和儿子们。

1997年，叔叔陈曾焘与其夫人许启明创建思源基金会，支持大陆的教育和医疗。

对于财富的"传承"，陈氏家族有着自己的见解，那就是家族财富不传承。"有钱的儿子不成材，没钱的儿子成材。先父去世时我们三兄弟没有拿到一分钱。我儿子从小我就教育他，他不会从爸爸这里拿到一分钱，将来也是。"陈启宗也曾表示："钱不留给后代，都用于做公益、做慈善，除了养我妈妈以外。""把钱留给孩子是最傻的事情，给孩子道德认知和教育机会就够了。"

1997年，陈启宗与弟弟陈乐宗发起成立晨兴基金会捐助教育。捐助过的学校包括哈佛大学、麻省理工学院、南加州大学、加州大学洛杉矶分校、约翰·霍普金斯大学等，还在中国科学院捐赠了晨兴数学楼。

此外，陈启宗还与数学家丘成桐教授共同设立了"晨兴数学奖"，为达到世界水平的、45岁以下的华裔数学家提供奖励。

2014年，晨兴基金会向美国哈佛大学捐赠3.5亿美元，用于资助哈佛大学公共卫生学院进行人类医学难题研究。这是哈佛自1636年建校以来收到的金额最大的一笔单笔捐赠。

陈启宗做捐赠一向低调，很少对外界宣布捐助金额。若被问及，他也只是回答："钱是最不值钱的，怎么都往钱那里想？"因为他认为，"没财富不行，但财富绝对不是最重要的"。

做地产踩得准时机，懂得"月满则亏"的哲理，而且运用得很艺术。在他这里，乌龟和兔子都是不完满的，而是要"用乌龟的心态做兔子的事情"，收放自如也张弛有度。财富传承坚持大爱心态，"父母之爱子则为之计深远"，所以他为孩子提供"道德认知和教育机会"，提供"管理机会"，却不会给他们提供金钱。回馈社会，低调行事，这大抵就是所谓"低调的奢华"。

· **大佬创业谈** ·

做生意要心如止水，安静得像睡着了，但内心是灵敏的。该动的时候，要动若脱兔，重拳出击。

那些年，我们怎样创业
Elite Entrepreneurs

1968年生于江苏南京。
1992赴美国加州大学伯克利分校读书，取得电子工程学博士、经济管理学硕士、物理学硕士三个学位，是加州伯克利大学首位横跨理、工、商三门学科的毕业生。
1997年，在硅谷创办Pimix公司，研制高端平行数码成像技术，2000年创造了每秒成像8万次的世界纪录并保持至今。
1999年，放弃市值已达1.5亿美元的Pimix公司，回国创办中星微电子公司。
2001年，"星光一号"研发成功并实现产业化，这是中国首枚具有自主知识产权的百万门级超大规模的数字多媒体芯片。
2005年11月15日，中星微登陆纳斯达克，成为第一家凭借核心技术在纳斯达克上市的中国芯片设计公司。

中星微集团创始人、中国科协副主席

邓中翰

情定"中国芯"

"古今成大事者，不唯有超世之才，亦必有坚忍不拔之志。"这是苏轼的千古名句。邓中翰很巧地兼而有之。这位加州大学伯克利分校建校130多年来首位横跨理、工、商三学科的毕业生，让很多人在定位他时感到困惑，不知道他到底应该算是技术型人才、管理型人才，还是商业型人才，因为他实在太像"全才"了。

除了有才，"坚忍不拔之志"更是邓中翰的"天赋"之一——正是靠着一股子专注的"钻"劲儿，他才能让"中国芯"从无到有、从有到走向世界。

创业前奏曲

挑战的价值

1968年，邓中翰生于江苏南京。少年时，他便表现出过人的天赋，1987年考入中国科技大学，就读于地球与空间物理系。

大三时，邓中翰找到曾对北京人头盖骨作出国际公认明确断代的黄培华教授，提出要做科研。黄教授没有多说什么，给了他一叠厚厚的英文资料，让他看完后提想法。邓中翰回去后，篮球、游戏都"戒了"，寒假也窝在学校不回家，利用图书馆的资源，翻词典，查资料。一个月后，他"啃"完了资料，给出了自己的看法。黄教授被打动了，破格让这个本科生加入研究小组。

八个月后，邓中翰用量子力学解释了空间射线对地球矿产物质的晶体结构产生的影响。让他没想到的是，论文竟刊发在核心期刊《科学通报》上，自己也获得共青团中央及中国科协颁发的"全国大学生科技竞赛挑战杯奖"。

邓中翰说："赢得'挑战杯'，使我认识到自己的价值。'挑战'二字从此在我的心中占有非常重要的位置"，"我在人生的每一个阶段，都会回忆这个奖杯，它使我突然意识到，普通学生创造出来的科研成果也会被社会采用。"

后来，他又谈到，获得"全国大学生科技竞赛挑战杯奖"改变了自己的人生，"这是一个懵懂无知的阶段，到相对比较成熟、懂得自己的价值、懂得珍惜时间的重要转折点"。

人生当壮阔

1992年，邓中翰留学美国，进入加州大学伯克利分校攻读物理学。

留学期间，一次跟导师去日本出差让他的人生再次转向。

站在日本东京银座街区，看着来来往往的人群，邓中翰的思维高速运转，思考人群背后的东西。"为什么自己离开中国时，普通人的工资才一百多元，而有些国家会这么发达？为什么有日元、美元，还有人民币？为什么有股市？为什么有产业？穷国、富国、股票、企业、创新……这些在我以前的生活中从来没有考虑的东西突然间全冒了出来。这些东西之间有什么联系，它们又如何支撑着这个世界的运行？"

邓中翰的思维被触动了，他对"社会责任"四字有了更深的理解："不仅要有技术，还要将技术、个人和社会联系起来。作为社会的一份子，我不仅应当从学术上、更应该从宏观的社会角度去思考自己的定位、自己的社会角色"，"就是那时候，我的价值观发生了重大转折"，"我第一次有时间审视校园外的人们都在忙碌什么。我发现经济是整个社会的推动力量"。

当时，他已经在攻读物理学和电子学两个学位，但意识到每天研究的电子工程无法解答自己的疑惑，便决定兼修经济学。考虑到知识结构的复杂程度和精力问题，校方拒绝了他兼修经济学的申请。邓中翰又找到伯克利的传奇校长——田长霖教授，恳切地打动了他，最终得偿所愿。

学习经济学过程中，邓中翰发现世界远非自己当初从技术角度所看到的那么狭窄，那么专业，那么简单。当商业思维和原有的技术思维交织在一起后，邓中翰已经不再是那个只会埋头学习的好学生了。而电子工程系的学习使他能够掌握计算机核心技术的设计和设计管理，这正是后来中星微成立发展的逻辑前提。

创业进行时

放弃巅峰

1997年，在IBM工作一年后，邓中翰赴硅谷创办起Pimix公司，研制高端平行数码成像技术。Pimix在技术上做得非常成功，2000年创造了每秒成像8万次的世界纪录。

1998年，邓中翰的硅谷生活轨迹产生了波澜。中国科协时任主席周光召找到他，抛出一个沉甸甸的问题："中国半导体工业可能要走一条新的道路才行，你想想看，有什么好的办法来做？"面对周老的问题，邓中翰从亲身经历过的硅谷模式出发，提出中国应当尝试一种新模式——采用硅谷式运作的可能。

"你来做这件事，怎么样？"面对周老的邀请，邓中翰陷入两难境地：Pimix公司做得风生水起，回国却要从头来过。艰难抉择中，他想到田长霖教授同意他兼修经济学时说的一段话："如果你真能同时读下3个学位，的确是件非常了不起的事。但有一天你能把所学的知识转变成财富，为中国的发展创造出奇迹，才是我最希望看到的。"

1999年，邓中翰在北京中关村创办了中星微电子。当时他的Pimix公司市值已达1.5亿美元。为了回国创业，他放弃的几乎是一座巅峰。

搭建"充满友谊的团队"

创业初期条件很艰苦，为了节省资金，中星微的办公室里甚至没有暖气，工作人员的手都开裂了，但他们坚信，能过第一个冬天就能经得起考验，就会迎来今后的春天与收获的秋天。"仓库冷，当时北京污染严重，身体不适应'国内病毒'以致经常感冒发烧，喷嚏连连，资金有限，完全牺牲个人时间……但对于做大事情的人来说，这些苦太微不足道了。"回忆起初创时期，邓中翰没有无奈和苦涩，而有一种超乎寻常的乐观和幽默，"如果把困难当作挑战，就能激发我们内心无限的勇气去战胜它"。

避开英特尔、三星这些芯片巨头，该战略让中星微的亮相像斜刺里杀出一匹黑马。邓中翰清楚其中的分量，他不能单打独斗，而是需要一个团队，用一种核心的文化和凝聚力来构筑公司的高起点。

他先找到杨晓东。杨是斯坦福大学的电子工程学博士，在英特尔和惠普都工作过，长期从事 CMOS 大规模集成电路系统研究。跨国公司工作经历让杨晓东发现自己更喜欢高成长性、每天都接受新挑战的环境。所以，当邓中翰邀请他一起在中国做一个技术上绝对领先的公司时，他爽快地答应了。

之后，邓中翰又找到南京师大附中的同学金兆玮，金大学毕业后虽已移民加拿大，但一直与邓保持着密切联系。

初始班子搭起后，三人做了分工：邓中翰是一个知识结构和能力都很全面的人，做事情喜欢全方位考虑，所以主持大局；说话和走路频率都比别人快的杨晓东对技术一往情深，专注于技术研发；金兆玮有着丰富的市场经验，"和再难缠的人都能打交道"，所以抓销售。

邓中翰说，这是"一个充满友谊的团队"，正是这个团队使中星微的星光闪烁在世界的天空。

专注，很专注地去做一件事

有媒体询问邓中翰成功的秘诀是什么，他很概括地回答："专注，很专注地去做一件事。"他的经历告诉我们他是一个多面手，一直在做很多件事，但他无疑又是专注地在做每一件事，对每一件事都有着一股"钻劲"。

2001 年，"星光一号"研发成功并实现了产业化，这是中国首枚具有自主知识产权的百万门级超大规模的数字多媒体芯片。"星光一号"采用单芯片设计，与之前 PC 摄像头使用的多芯片相比，能以更低的能耗驱动摄像头做实时音像处理，将系统的低成本、低能耗和高性能提高到一个新水平。

由于产品的特殊性，他们决定从大的 PC 摄像头生产商入手。但国际大厂商都对"中国有芯片"表示怀疑。所以，中星微的第一步迈得并不容易。

2001 年夏，邓中翰带领团队走进索尼的会客室，此行目的是推销芯片。与索尼方的接待人员见面，介绍完自己来自北京，想出售图像处理芯片后，对方说索尼是该技术的鼻祖，掌握着几百项专利，如果想学，可以参观，如果想卖芯片，不好意思，还有其他会议要开。前后 5 分钟就将邓中翰他们打发了。

作为一家刚起步的小公司，一个团队飞日本的机票、在当地的住宿费等加起来是一笔不小的支出，结果 5 分钟就被打发了。临出索尼大门之前，邓中翰对团队成员说："I will be back！"（我会回来。）回到公司后，他向全公司的人讲述了这段经历，说："我们一定要打进索尼！"

2005 年夏，时隔四年之后，索尼新一代笔记本电脑上的摄像头已经开始运行中星微的"星光 5 号"。当年，"星光"芯片被三星、飞利浦、罗技、创新科技、富士通、联想等国内外知名企业大批量采用，覆盖了欧、美、日、韩以及中国台湾等 16 个国家和地区，占领了全球计算机图像输入芯片市场 60% 以上的份额。

何谓"中国创造"？

"MADE IN CHINA"一直被译为"中国制造"，邓中翰却给予新的诠释——"中国创造"。他说："'MADE IN CHINA'不是'中国制造'。MADE 有新的含义。前面两个字母 MA 指的是 Manufacture（制造），后面两个字母 DE 指的是 Design（设计），所以'MADE IN CHINA'不能简单地被译成'中国制造'，而应被译成'中国制造'加'中国创新'，等于'中国创造'。"

2005 年 11 月 15 日，中星微成为第一家凭借核心技术在纳斯达克上市的中国芯片设计公司。闭市钟声敲响后，邓中翰面对记者针对公司产品自主知识产权问题的提问，大声地宣告：中星微是真正拥有自主知识产权的中国芯片设计公司。他认为："中星微电子成功登陆纳斯达克，依靠的不是中国制造和中国市场，而是中国创造，是拥有自主知识产权的核心技术。"

在美国人的印象里，中国就是制造的代名词，几十年来并没有在芯片领域做出什么业绩，而这些问题背后隐藏的是对中国集成电路，尤其是原始创新与核心技术的不了解与怀疑。中星微电子上市后，中国另一家芯片设计企业珠海炬力也随之上市。但两家公司上市首日股价并没有像百度那样飙升。邓中翰认为这是正常现象，尽管投资者已经开始尝试性投资，但仍持有保留和怀疑态度，需要时间去证明给国外投资者看。这个过程所付出的代价不仅是很多努力，同时也要面对西方社会的质疑和苛刻的眼光，这是先行者走向国际金融市场必须付出的代价。中星微要花很多时间去说服投资者，让他们相信中国经过几十年的改革开放已经积累了很多原始创新技术，不仅尊重知识产权，对知识产权也有很好的保护。中星微电子需要通过核心技术来证明中国芯片产业的实力，使国际投资者认可中国的集成电路产业，认可中国的原始创新能力。他相信这个阶段过去之后，国际投资者对中国芯片行业会有一个正确的认识。

上市对于一个企业的影响是多方面的。邓中翰认为，上市对一个企业的价值不仅是能够融到资金，更重要的是它从此拥有了国际平台和国际认可的品牌，这对于那些在国际上还没拿下的大客户非常重要。与此同时，这个平台更利于吸纳新的技术、新的人才，拥有更多的战略合作机会，在全球的标准制定以及未来产业发展中尤其能起到关键作用。

邓中翰一直给人谦和有礼的印象，在这个躁动的时代，他显得十分低调内敛。"我一直告诫自己，越是在别人把你当回事的时候，越不要太把自己当回事。尤其是在荣誉面前，在一片说好声中，更是如此。"

他与许多中国企业家明显不是同一类型的人，在中星微，人们称呼他"邓博士"，而不是"邓总"，因为他更像一名科学家，一名具备企业家敏锐嗅觉的中国科学家。

· 大佬创业谈 ·

个人的成功不算什么，我们能做成一件事，是因为我们将企业利益与国家利益保持一致，将个人发展与产业腾飞紧密结合。

那些年，我们怎样创业
Elite Entrepreneurs

1971年出生于浙江宁波。

1997年，创办网易公司，推出免费个人主页业务。

1998年，注册163等数字域名，率先推出全中文大容量免费电子邮件服务。

2002年，网易推出《大话西游2》，注册人数超过1.5亿，同时在线人数最高突破126万，成为国内率先成功运营的国产网络游戏。

2007年，丁磊带领网易着手开发有道词典、网易公开课、网易云课程，帮助网易在在线教育领域形成积淀。

2013年，网易发布战略级移动新产品——网易云音乐，截止2015年，其用户数突破1亿，累计产生1.2亿条乐评和2亿次的音乐分享，使网易成功登陆移动互联网领域。

网易公司创始人、CEO

丁磊
网易是寂寞的

过程和结果，哪个更重要？这是个没有标准答案的问题，有人享受沿途的风景，有人满足于最终的得到。

丁磊无疑是一个享受过程的人，随着网易壮大，他的个人财富也在不断增长，他却宠辱不惊。《京华时报》曾评论说，"他是敢于'归零'的勇者"。是的，这是享受过程的人才敢有的气魄。

创业前奏曲

不离不弃计算机

1971年，丁磊出生于浙江宁波。年少时他的成绩并不拔尖，高中后才慢慢上升。高中时，他迷上了计算机，自学了BASIC语言，还学会在苹果电脑上写游戏。

1989年，他考入成都电子科技大学攻读微波通讯。父母认为，"计算机对人体有害，你每天坐在电脑前就像照X光"。于是，丁磊去了微波通讯系，全系仅30人。据同乡说，读这个系不仅难分配，而且分配的地方也不好，多是边远地区。

专业虽不如意，丁磊却没有在不如意中沉默，他经常去计算机系旁听，去图书馆借阅计算机图书。可以说，从高中到后来创业，他一直没有离开过计算机专业领域，他说："喜欢一件事的时候，一定要深入下去，不要浅尝辄止，这是我非常深刻的一个体验。"

大学时期有一件事儿让丁磊印象深刻："我在读大学四年的时候，有一件事情很辛苦，我每年四次往返宁波和成都，都是坐 72 个小时的火车硬座，我读大学时候从来没坐过一趟飞机。我后来在创业时候，回想到当年坐火车那么脏、那么拥挤，这种环境都过来了，创业时候遇到点困难算什么？对我人生的磨砺很大，这点我要感谢我的父母，他们一直不鼓励我坐飞机或者卧铺，他们说：'你长大了，你应该自己去开拓，人生有甜也有苦。'"

天生创业者

1993 年，丁磊大学毕业被分配到宁波电信局。他坦言，"我不喜欢电信局那里的环境，论资排辈很严重，年轻人没有什么机会，同时每天做的工作又是重复和枯燥的，没有一点创新性，没有一点开拓性。"忍受了近两年后，他决定辞职，单位领导答复不能辞职，只能除名。丁磊决心已定，最终被电信局以旷工为由除名。

丁磊去了广州，这是他辞职前就想好的。当时浙江比较保守，不是做 IT 的好环境，广州就不一样了。邓小平南巡讲话后，广州"经济发展很快，而且临近香港，人的思想意识都比内地开放。所以我一个人提个皮箱，辞职以后就跑到广州去了"。

初到广州，为解决吃饭问题，丁磊在一家美国数据库公司 Sybase 找了份编程工作。他一直知道自己不是为了打工辞职出来的，因此工作之余，开始谋划创业事儿。创业，对于只有打工经验的他来说，一下子还真是摸不着头脑，但当时广州那种创业气氛感染着他，也激励着他。

创业进行时

网易与 163

1997 年 5 月，丁磊创办起网易，当时中国互联网用户总计不超过 10 万人。丁磊为公司起名"网易",初衷就是"希望上网变得容易一点"。

网易成立后的首要任务是生存下来,第一项业务是帮人写软件。做了一段时间,丁磊觉得需要找一个好的商业模式。当时团队的电脑硬盘是 9G(在当时最大),基于这一点,他跟同事商量是否做个免费个人主页。于是他们在写软件之外推出免费个人主页业务,想法很简单,影响很深远。丁磊说:"我们当时抱着一个好玩的心态,做免费个人主页,给中国不到 10 万的互联网用户,让大家上传个人主页到我们一台服务器上。结果很莫名其妙的,我的印象中有 2 万多个人,包括国外的人,来申请我们的免费个人主页。结果我们在 CNNIC 的年度最佳网站排名,我们就排到了第一名。"

免费个人主页业务做得声势浩大,但现实利益却很少。丁磊又动起别的心思,打算买一套 Hotmail 系统,在中国做免费邮箱站点。奈何 Hotmail 的出价太高,与丁磊的预算差距太大。他决定自己做,找来小伙伴陈磊华一起研究 Hotmail 的结构。

他们一边搞研发,一边为产品想一个简单易记的域名。163 来自某天凌晨陈磊华的突发奇想。数字发音干脆,而且 163、169 已经被赋予与 Chinanet 和电信局以及 Internet 相关的特定含义,当时上网要拨 163,因此互联网用户都对这三个数字异常熟悉。

163 如预期的那样被用户记住了,这一成功也为网易带来了财源,国中网、263、浙江金华 188 等均出资购买了网易的免费邮箱系统,网易一举获益数百万。

泡沫破灭的日子

公司收益实现了大跨步,丁磊又敏锐地发现网络广告将是一个非常好的收入增长点,于是操刀改版网易。改版后日访问量达 10 万人,带来了可观的广告收入,短短 4 个月内,网易邮箱的广告收入就超过 10 万美元。

1998 年,网易实现利润 400 多万元。

2000 年 6 月,网易在纳斯达克挂牌上市。不巧正赶上互联网泡沫破灭。上市当天,科技股开始崩盘,网易的股价跌破了 15.50 美元的发行价,跌到 15.12 美元。

股价节节下滑,丁磊有种无力感,当时最想把网易卖掉,但没人敢买。

2001年9月,网易因为误报2000年的收入涉嫌财务欺诈,被纳斯达克停牌4个月。

那可能是丁磁最难熬的一段时间:"公司本来是赚钱的,搞上市之后,不但不赚钱,而且老亏钱。我们当时的主要业务是网络广告,而2000年7月以后,全球互联网泡沫破灭,纳指从5000点跌到1500点,市值蒸发了2/3。"

丁磁对未来感到迷茫。"我苦闷的时候不是每天闷在办公室里,而是自己跑下去做市场调查,问了好多人,调查过好多行业,去调查人家怎么赢利。我后来发现了短信业务,一毛钱一条短信,成本只要5分5厘,我非常积极地与移动合作。我说,网易有用户,有邮箱,有免费个人主页,如果我们每月从一个用户身上赚一块钱的话,我们公司就能赢利持平。就这么一个很简单的4分多钱的生意,我们跟移动合作,利用自己巨大的用户资源和移动的接入平台,从广告的阴影中走出来。"

"工匠精神"做游戏

丁磁还做了第二件事——做网络游戏。网页技术含量相对较低,极易被抄袭。由此,要做技术含量高、竞争对手抄袭不了的东西,网络游戏就是选项。

2000年,丁磁希望代理索尼和美国艺电开发出来的图形网络游戏,遭到拒绝。对方认为中国市场充斥着盗版。丁磁的倔劲儿又上来了,决定自主开发游戏:"第一,老美能做出来的东西,我们也一定能够做出来;第二,我们有钱,虽然从来没有做过游戏,但可以出钱买一家做过游戏的公司。"

于是,他在广州找了一家做游戏的小公司,花30万美金买下。这次他是志在必得,将网易最优秀的技术团队调过去参与游戏开发。

2001年1月,网易开发的第一款网络游戏《大话西游》面世,结果失败。原来是工程师在游戏客户端里嵌入IE浏览器,它经常会导致游戏客户端崩溃。

痛定思痛,丁磁认识到游戏客户端稳定的重要性。就问同事能否重开发,答案是肯定的,但需要六个月时间。

2002年6月,《大话西游2》再战网游市场,这次产品稳定没有问题,但用户不够多。丁磊又挑起做营销的担子，找到步步高老总段永平取经。边学边做，真的出了成效，游戏用户从最初 3000 人一路上涨，最高时达到 55 万人。

总结《大话西游 2》的成功之道，丁磊认为有两点：一是定价原则，别的游戏一小时 3 毛钱，丁磊给《大话西游 2》定的是 4 毛钱。同事觉得他定价高，丁磊却认为只要产品做得好，真正的玩家不会在乎这 1 毛钱的差价，可这 1 毛钱却能让公司的利润增加 33%。二是不做短期利益的事情，当大家都在做游戏包月时，丁磊坚决不做，他认为："首先包月会缩短游戏的寿命；此外我们做游戏的目的，是'你玩游戏'而不是'游戏玩你'，包月制度会造成玩家过度沉迷。由于不包月产生的经济压力，我们的玩家相对都比较理性。"

在丁磊忙于网络游戏开发的当口，被纳斯达克停牌的网易股票于 2002 年 1 月 2 日复牌，随后一路上涨，2003 年 10 月涨到 70.27 美元。

股票大涨给了丁磊信心，随后不断推出《梦幻西游》等新游戏。

2008 年，网易与美国暴雪娱乐公司合作，在中国大陆独立运营暴雪旗下的《星际争霸Ⅱ》、《魔兽争霸Ⅲ：混乱之治》、《魔兽争霸Ⅲ：冰封王座》，并为玩家提供多人互动平台。

对于做游戏，丁磊一直强调要有"工匠精神"："一个企业和产品够不够好，时间会给出最好的答案。日本大阪的金刚组公司是全世界最长寿的企业，有 1400 年的历史，欧洲的百年老店也比比皆是。是什么造就了这些长寿企业？是机遇吗？我觉得不全是。机遇可以造就一个强势企业，但不能成就一个长寿企业。一个公司和产品想要长寿，我认为靠的是认真、是热爱、是精益求精的工匠精神。"

创新与保守如何完美统一？

除了游戏，网易也在拓展其他领域业务，在线教育就是很重要的一块。

2007 年，一个程序员想通过搜索技术来做一款词典，解决目前英中辞典中查不到的词。丁磊初始时并没有足够重视，"我当时觉得很无聊，做词典还需要搜索引擎技术吗？随便买两本电子词典一输不就完了吗"？在深入了解创意、明白市场有这种需求后，他着手协调内部资源开发利用搜索技术的词典。有道词典总经理回忆说，丁磊会隔三差五地关心一下产品情况，问一下用户量,却从不问赚了多少钱。直到有道词典用户超过一亿后,丁磊才跟他们谈钱。"丁磊骨子里喜欢小而美的生意,他做很多东西,都不是说先搭多大的架子,而是先考虑做用户喜欢的事情。"

现在广受好评的网易公开课的开发也是如此。2011年,网易开始开设公开课,成为国内第一家开设公开课项目的门户网站。"网易公开课的想法是我们的一个员工想出来的,我觉得不错,就坚信并且给予投入了。"

丁磊对用户体验有着一种近乎执拗的执着,并不断创新来满足用户的各种体验需求。对于创新,丁磊这样认为:"虽然我们从事的是创新的事业,但我们却愿意成为这个行业里的传统守护者。创新是指手段,保守是指价值。立足传统,心平气和,用好的方法讲好的故事,传播传统文化和主流价值观,不博眼球,不哗众取宠。希望能够达成创新和保守这对看似矛盾的概念的完美统一。"

"做任何产品,最后当然都需要挣钱。"以有道词典等为切入口,吸引来资深教育机构等去推在线教育平台,建立起一套利益分享机制,就是水到渠成的事情了。这是丁磊一以贯之的特色和信仰,丁磊认为,产品是企业的基石,自己只需要思考自身的优势和用户的需求,耐心做好产品,关注用户体验,自然而然会有盈利的机会。因此,与阿里与百度的流量模式相比,丁磊始终坚持并专注地做内容供应商,对渠道和平台兴趣索然。

一路走来,丁磊经历过低谷的伤痛,也感受过顶点的阳光。在越来越喧嚣的互联网界,丁磊却显得越来越不急不躁,还提出了移动互联网时期要有"耐心",多注重为用户提供良好的使用体验和有价值的内容,少一些急功近利的短线盈利思维。摒弃浮躁、守住寂寞、耕耘内容,这就是丁磊的经营哲学。

·大佬创业谈·

我在做企业的时候,是个不断学习的过程,从来没有人教过我们怎么运作这个公司。做企业的时候,一些优秀的人才对公司非常重要。我认为虚心求教和咨询很重要。同时,我认为公司人才储备很重要。公司人不是越多越好,而是优秀的人才越多越好,一个出色的人才能顶好几个人。

1959年出生于陕西西安。

1991年，注册成立海南农业高技术联合开发投资公司，并于1993年改制为万通集团。

1999年，推出"新新家园"品牌，建立了中国首个实施注册的高档住宅品牌，开启中国地产品牌建设的"第三条道路"。

2009年，获评"最新潮地产思想家"。

2010年，获评"最具创意地产理想家"。

2011年，获评"最国际的转型地产商"。

万通集团创始人、董事长

冯仑

做企业与经营人生一脉相通

"我总想什么时候给自己办一个葬礼，然后给自己写一份悼词看看，免得别人胡说八道。我还真写过几句话：资本家的工作岗位，无产阶级的社会理想，士大夫的精神享受。我想，我今天依然没有改变。"这是冯仑在接受采访时给自己的一个"盖棺定论"。

"资本家的工作岗位"、"无产阶级的社会理想"、"士大夫的精神享受"，风马牛不相及却又融合得如此妥帖的理想、现实与人生，这便是被誉为"商界思想家"和"学者型"地产开发商的冯仑。

古语有云，"仁不带兵，义不行贾"，冯仑却反其道而行之，在现实中安放好自己的士大夫精神也做成功了企业，这大概就是独特的"冯仑式成功"，不限于企业，也丰富人生。

创业前奏曲

一下海南

冯仑，1959年出生于陕西西安。

1984年，他从中央党校毕业，获得法学硕士学位。当时，他未来仕途一片光明——将理论转化为对策，为政策服务，进而跻身权力中心是绝大多数知识分子的一条仕途之路。冯仑循着这条路,从中央党校到中宣部再到体改委,一路顺顺当当。

1988 年,海南建省,冯仑的人生出现了微妙的转折,他被派去海南筹建海南省体改所(海南改革发展研究院前身),职务是常务副所长,手里有 120 个编制(其中有 40 个是体制内的财政编制),5 万元钱、一辆车、一台电脑和一万台彩电批文。29 岁的冯仑意气风发,打算施展拳脚,他怎么也想不到,这份"荣光"只维持了一年。

在南德相遇

1989 年,海南省体改所突遭解散,常务副所长冯仑丢了饭碗。他回到北京,开始托关系找工作。当时的他"钟情"于体制内的工作,无奈体制内的机构不"钟情"于他。他只好去中国社会调查所干了 3 个月临时工,拿到 72 元工资。

1989 年 9 月,经人介绍,冯仑找到了工作,不是他"醉心"的体制内工作,而是去了当时的风云人物——牟其中的南德公司。牟其中重视人才,看出冯仑的才能,让他当了总办主任。这份工作月薪 200 元,成为冯仑从失意中走出来,开启人生新转折的契机。

到南德一年后,他出色的工作能力得到牟其中的认可,被提拔成第一副手。此时,他的故友王功权来投奔他,很快,王功权又把刘军会、王启富拉了过来。至此,"万通六君子"中的三分之二已经聚齐。

创业进行时

成立即要"关门"

1991 年,在曾经的"失意"之处海南,冯仑决定东山再起。不是冯仑有"在哪里跌倒就要在哪里爬起来"的情结,而是当时的海南正处在大开发前夕,机会多多。冯仑与王功权、王启富、刘军会、易小迪、潘石屹凑了 3 万元钱,注册成立海南农业高技术联合开发投资公司(简称"农高投",是万通公司的前身)。刚成立的"农高投"基本可以算作是个皮包公司,因为他们忙完注册等前期工作之后,公司就只剩下几百块钱了。

"此诚危急存亡之秋",刚成立就面临着如此窘迫的财务状况。为了不在开门不久就关门大吉,冯仑等人开始筹钱。他们面前出现一个机会:海口金融贸易区的"九都别墅"项目。冯仑开启"忽悠"模式,用项目的未来前景成功筹到了500万。这500万借款的条件相当苛刻,除了20%的保底年利率,剩余利润还要跟对方五五分成。"农高投"引入当时还没流行起来的"按揭",通过"按揭"贷款了1300万元。至此,他们筹到1800万元。

冯仑们用"七拼八凑"的1800万元拿下"九都别墅"项目,当时价格是每平米不到3000元。这个项目是个烂尾工程,规划建造的9栋别墅只建成8栋,而且没装修。他们将资金花在别墅的装修和包装上。

1992年,别墅卖出去,还本付息后还赚了300万。这300万元就是他们的第一个雪球,随后用这个"雪球"去继续运作了"莲怡庐"等地产项目,将雪球逐渐滚大。

逆势而上

正当冯仑们的"雪球"滚得不亦乐乎时,却突然遭遇海南房地产市场泡沫。他们决定北上京师寻求发展机会。当时北京的房地产市场中,国企是主导,民营房地产企业尚处于萌芽状态,冯仑等人大胆、变通地运用在海南成功运作项目积累的经验,在北京站稳了脚跟。回顾这段"征战"历程,他说:"现在回过头来看万通走过的路,得出的结论是:创新,唯有创新,才是企业成功的法宝。"

1993年,"农高投"已经具有一定的规模,冯仑等人开始谋划将公司改制成企业集团,也就是现在的万通集团。改制后,万通的主要股东包括"万通六君子"的冯仑、王功权、刘军、王启富、易代昌(易小迪)、潘石屹,以及中国华诚财务公司、海南省证券公司等法人股东。

同年,因为房地产市场发展过热,政府开始运用"看得见的手"来调控房地产市场。大势如此,房地产开发商纷纷采取观望态度,很少有人再启新项目。万通却在此时与大众唱"反调",接手了北京华远房地产公司的"新世界广场"项目。冯仑们并不是傻瓜,敢冒天下之大不韪,而是他们在过热的房地产市场中看到了写字楼市场的空缺。事实证明,其眼光非常独到,开发的万通新世界广场成为京城首个外销的写字楼。

万通没有自己的销售队伍,他们选择与强者联手,与北京利达行房地产咨询公司合作，让他们代理写字楼的销售。强强联手，效果不同凡响，万通新世界广场的销售奇迹就这样缔造出来。

野蛮生长

在北京房地产市场一鸣惊人的万通动起了扩张和多元投资的念头。

1994年，万通涉足地产、商业、金融等领域，范围波及全国，武汉、南宁、西安、沈阳等城市都留下了万通的足迹。为了便于扩张，万通还在同年3月将总部迁往上海。同年10月，万通收购了东北华联16%的法人股，成为东北华联最大的股东。此次收购让万通名噪一时，因为它创造了民营企业收购国企上市公司的第一个成功案例。

1994和1995年的万通发展势头迅猛，在各个领域里寻求机会，最大限度地将鸡蛋放在不同的篮子里，可谓春风得意。紧随其后的1996年，万通却相当艰难，当时其总资产已经高达60亿元，但负债也高达40多亿元。万通当时并不是用自有资金来扩张和投资的，它先采取杠杆收购和连环控股投资武汉国投、华诚财务公司、天安保险、陕西证券和民生银行等金融和证券公司，然后在这些金融和证券机构之间利用拆借的方式筹措资金投资其他行业和领域。这种方式无形中增加了投资成本。当时万通用于投资的资金年利率差不多在20%，这就意味着它的投资毛利率必须超过60%，不然会亏本。后来，冯仑在《野蛮生长》中这样说："越投，口袋里的钱越紧，越紧就越加摧残手中的金融机构和向更多的人与机构高息拆借，结果雪上加霜，饮鸩止渴，公司不堪重负，走到了崩溃的边缘。"

意识到问题的严重性，冯仑等人开始进行调整，万通停止盲目扩张，将扩张和投资的领域集中到房地产上，卖掉了武汉国投、陕西证券、天安保险、华诚财务、东北华联等与房地产不相关的产业，将资产压缩到16亿。

多灾多难的1996

外忧未解，内患再起。万通六君子的分道扬镳成为万通不能承受之重。最初成立"农高投"之时，六人有些梁山聚义的架势，对股本等并没有明确的划分。冯仑的《野蛮生长》是这样描述的："没法说最初的那个钱算股本，后来算股份的时候也没有办法分清楚。别说没法算，那时我们连懂都不懂，又没有《公司法》。大家说事连个依据都没有。所以说，我们这些合伙人一开始合作的基础不是钱，而是大家共同的理想、信念和追求。"

直到1993年，"农高投"改制成万通集团，界定彼此的利益关系才第一次提上日程。冯仑的意见是六个人股权均分，权利相同，决策也是六个人集体决定。一直到1995年之前，万通都在这个框架下有效地运转着，六人的配合非常协调。1995年，随着万通的扩张，六个人开始分散到全国各地，沟通不畅和信息不对称让六人的配合出现了不协调的因素，这就很难在重大决策上达成共识。因为理想而聚在一起的六个人又因为理想而受到考验。对六个人来说，那是一段非常痛苦的经历："1994~1996年，几年里6个人没事就凑在一起讨论究竟应该怎么走，有的人难受得哭了。外人很难想象我们当时痛苦到什么程度。"冯仑如此回忆。

为了解决问题，冯仑去美国求教了著名经济学家周其仁，周其仁给了他两个锦囊："退出机制"和"出价原则"。回来后，冯仑就将"退出机制"和"出价原则"运用在实践中，提出"以江湖方式进入，以商人方式退出"，即走的人将股份出售给没走的人，出售的股份在没走的人中平均分配。

1995年，万通六君子经历了第一次"分家"，王启富、潘石屹和易小迪最先选择转身离开。时隔三年，1998年，刘军也选择"出走"。2003年，王功权的离开让万通最终完成了从六个人到一个人的蜕变——虽痛苦却美丽的华丽转身。

与高层调整同步进行的是公司内部的管理调整，冯仑说："管理是公司的生命。全集团应把管理放在一切工作的首位，先治军后求战，管理一日不成章法，我们就一日不对投资之事妄作他想。"为了"治军"，他花大力气引入了职业经理人机制，培养合格的管理人才。对于万通的一系列管理调整，媒体曾评价说："从1995年到1999年这段时间，万通似乎停滞不前，一直靠吃老本，实际上，它的内功已经基本修炼完成了。这一时期也成了众多民营企业的分水岭，选择了规范化运作的企业大多都存活了下来，而选择继续按照江湖规则行事的公司逐渐销声匿迹。"

产品转型

1993年，万通逆势而上开发写字楼的成功案例刺激了其他房地产开发商。当写字楼开发已经成为房地产商的新宠儿之时，万通又在"最热"的时候选择了转型,这次的方向是高档住宅。冯仑说:"国内的土地制度,国家的住房保障制度,高档住宅巨大的利润空间及良好的抗跌性是万通选择高档住宅的原因。"

1999年,万通推出了其首个高档住宅项目——万泉新新家园,如同万通新世界广场一样,万泉新新家园又创造了一个奇迹,拿下当年北京房地产界最好的销售成绩。"新新家园"也就此成为万通高档住宅的一个品牌,而且它还是中国首个注册的高档住宅品牌。

此后,万通在高档住宅领域接连斩获佳绩。

2001年,台湾"中华建筑金石奖"将大陆地区"优良企业形象"颁发给万通及其开发的万泉新新家园、亚运新新家园、龙山新新家园3个项目。

将转型进行到底

2004年,万通又走到一个战略转型的节点,要从原来资金过分依赖银行的"香港模式"转型为具有高度专业化与分工和发达的不动产金融服务的"美国模式"。冯仑说:"未来中国房地产制度的安排将会接近美国。所以从土地供应及金融创新方面来看,我们选择美国方式事实上是站在未来安排今天的转型。"他还基于一个判断:"全能的开发商容易走向敛财型而不会变成增长型。另外,全能型开发企业治理结构很难做好,财务风险非常大。所以,我们要进行转型,转变成为房屋供应商和服务商。"

转型后的万通,有四部分主要业务:土地经营、住宅建设、商用物业和定制服务。转型之外,万通还实行"跨界",在全国范围内开展战略合作。

2004年,万通与天津泰达达成战略合作,泰达认购了万通成立以来第一次增发的3.08亿股,拥有万通27.8%的股权。泰达的注资则让万通拥有了土地和资金,可以在房地产开发中摆脱对银行的过分依赖。

2007年,信奉"生命在于折腾"的冯仑又开始新的"折腾",这次以新加坡凯德置地为模板,力图将万通"折腾"成"中国最具竞争力的专业房地产投资公司"。

2009年,万通冲出中国迈向世界,与纽约和新泽西港务局签署租约,成为新世贸中心一号楼(自由塔)的"一号租户"。

商场沉浮,冯仑与万通也是起起伏伏。2012~2014年,万通连续3

年营收同比下滑，2015年股票更是停牌长达半年之久。2015年7月，嘉华东方控股（集团）有限公司通过高比例认购，成为万通地产的控股股东。万通的冯仑时代也正式宣告结束。

离开万通的冯仑依然忙碌，著书立说忙得不亦乐乎。思想者总是在前行，脱离了地产，冯仑仍在用他的方式与大众互动，带给我们蜕变与转型的惊喜。他像做企业一样经营他的人生，起承转合，淡出经营多年的万通是人生路上曲折蜿蜒的山重水复，但下一秒可能就碰到不一样的柳暗花明。或许冯仑的另一个时代正等着他自己开启。

· 大佬创业谈 ·

必须要志向非常远大，毅力才会顽强。过去常讲"君子立恒志，小人恒立志"。一个伟大的人一生选择一次，一个平凡的人每天都在选择。记得毛泽东曾经说过："错误到头了，真理就出现了。"所以，有时你不仅要坚持正确的东西，也要敢于坚持自己认为是正确但别人认为是错误的东西。

复星集团创始人、董事长

郭广昌
真正的动力源自内心

1967年出生于浙江省东阳市。
1992年，创立上海广信科技发展有限公司，推广科学化的市场调研方法。
1993年，广信更名为复星，进军房地产领域，赚到第一桶金，并转投生物医药领域。
1998年，复星医药（后改制为复星实业）登陆上海证券交易所。
2004年，复星集团在香港上市。
2015年，名列"2015中国富豪慈善榜"第30位。

最近几年寒门学子屡屡见诸报端，从该不该读大学到心酸历程，一一被拿来讨论与点评。面对如此多的"指导意见"，寒门学子们大概也是一头雾水，不辨东西。其实，路该怎么走并不决定于别人怎么说，而在于你的心里怎么想。郭广昌，这个心中有梦的寒门学子，听凭心的指引成功转型为"中国自己的巴菲特"、"中国商业投资教父"，书写了一段励志传奇。

创业前奏曲

读书改变命运

1967年，郭广昌出生于浙江东阳，父亲是位石匠，母亲是位菜农。他14岁时，父亲在集体工程队工作时被炸伤右手，落下残疾，收入锐减，家庭生活转入贫困。父母将读书神化成唯一的出路，母亲总不忘告诫郭广昌："你一定要争气，我们是穷苦人家，你要好好读书，争取有出息。"

在父母眼里，跳出农门、有份体面的工作就是一种成功。所以，郭广昌初中毕业时，父母劝他报考师范，一来可以减轻家庭负担，二来毕业后也能当老师，夫复何求？他顺从父母的意愿，考取了师范院校。

收到师范院校录取通知书时，郭广昌的心思有了微妙变化，他似乎看到了自己的一生：难道自己真的想做一名乡村教师吗？思虑再三，他决定"逃离"，即使父母反对，他还是决意去读高中。

这份小小的执拗彻底改变了郭广昌的一生。

1985年，他怀着不甘的梦想从东阳抵达上海，进入复旦大学哲学系。

毕业后，他因为表现优异被留在校团委工作。

至此，一个寒门学子跳出农门的故事完美收官。然而，郭广昌的故事却刚刚开始，因为他从不肯委屈自己的"心意"。

创业进行时

第一个100万

1992年，邓小平南巡讲话让中国的发展迈进快车道。下海的热情感染了身在校园的郭广昌，他不甘的内心又开始"躁动"，他要证明自己。

1992年，郭广昌与梁信军一拍即合，注册成立上海广信科技发展有限公司。为了注册公司，他动用了自己准备的留学费用3.8万元，留学计划也随之搁浅。

公司成立后，主要做市场调查业务。在复旦校团委时，郭广昌在统计预测分析中心工作，带着学生做市场调查是家常便饭。创业做市场调查也算是重操旧业。当时，他骑着自行车四处找项目，拉到太阳神、乐凯胶片、天使冰王等客户。

1993年，台湾元祖食品公司刚刚进入上海，发布招标公告，希望与有实力的咨询公司合作，打开上海市场。看到广告，郭广昌激动地告知全公司同事，大家在苦苦寻觅翻身的机会，若能拿下这个招标，公司就能更上一个台阶。

激动过后，郭广昌与同事细致地准备了公司资质等一系列材料并递交给招标方。随后，他们收到资质审查通过的好消息。

竞标材料早已准备好了，剩下的就是等待招标。

招标现场，元祖的负责人对招标目的进行了简要说明，然后给入围公司各20分钟来阐述项目。准备充分的郭广昌在招标会上技高一筹，不仅拿出调查规划，而且对样本采集、调查方法、调查周期进行了详细说明。

准备到如此程度，结果可想而知。郭广昌拿下台湾元祖食品公司的案子，挣到人生中的第一个100万。

第一个1000万

郭广昌开始做市场调查时，这个行业在国内刚起步，全国不超过10家。"创业要选择新的行业，老行业不需要创业而是需要创新，但创业也不能选择太新的东西，领先半步是先锋，领先一步就成先烈了。"但新的总是会变为老的，在调查公司、咨询公司满大街都是时，郭广昌决定转型另觅他途，"当门庭若市时，差不多也就是门可罗雀的时候了"。

1993年6月，广信更名为复星，开始进军房地产领域。转型做房地产之后，郭广昌发现一个做房产销售的机会，当时市郊有一处房地产商的房子销售业绩惨淡，他决定抓住这个机会做房产销售。当时房地产销售方式和手段远没有今天多元化，多是在房地产工地附近挂上广告牌，表示此处有房出售，而且目标多是企业客户。郭广昌另辟蹊径，将目标锁定个人消费者，虽然这没法像针对企业客户那样一下卖出一栋房产，但优点在于范围广。在宣传手段上，他也下了一番功夫，在报纸登消息，做过夹报广告、邮递广告等，甚至跑到出入境管理部门去查潜在"海归"客户的信息，送广告上门。这次，他一路凯歌，赚到人生中的第一个1000万。

第一个1亿

从市场调查到做房产销售，商海环游一圈的郭广昌逐渐找到敏锐感觉，同时积累到第一桶金。

1993年，他将积累的第一桶金悉数转投到看好的生物医药领域，具体说来就是开发基因工程检测产品。这是他深思熟虑的结果，虽然学的是哲学，不懂生物医药技术，但复星"五剑客"中的梁信军、汪群斌、谈剑、范伟都是复旦遗传工程系毕业的，生物医药是他们的"老本行"。

复星与母校的生命科学学院一起做PCR乙型肝炎诊断试剂（一种新型基因诊断产品）。复兴提供诊断检测设备和技术人员，学院提供场地，所得利润两家分。

1995年，凭借PCR，复星赚到第一个1亿元。

多元也可以很专业

1997年，中共第十五次全国代表大会召开，确立了民营经济的地位。郭广昌心里更有底了，决心放开手脚大干一场。

1998年，复星医药上市，成功募集到3.5亿元资金。这次成功上市让商业触角敏锐的郭广昌意识到资本的重要性，开始思考产业与资本的衔接。

2001年，复星投资与豫园商城达成合作意向，签署控股权转让托管协议，复星投资持有豫园商城13.25%的股份，成为其第一大股东。这次合作不仅让复星投资控股了豫园商城也间接控股了童涵春制药厂，因为豫园商城掌握着童涵春制药厂53.33%的股权。

如果说控股豫园商城和童涵春制药厂还算是跟复星的主营业务沾点儿边的话，那么2002年开始，复星则向着更多元的方向发展开去。

2002年，复星涉足零售业。

2003年，复星投资宁波钢铁，成立南钢联，涉足钢铁行业。

2004年，复星投资招金矿业。

多元扩张将复星的业务领域推到医药、房地产、零售、钢铁、矿业、服务业等众多领域，不免引起外界对"多元化陷阱"的质疑，郭广昌的回答却底气十足——"最彻底的多元化，最彻底的专业化"，即"从投资的角度来说，就要彻底的多元化，而做企业经营，就要彻底的专业化"。

实践出真知，在商战里几度风雨的郭广昌绝不只是一个理论家，他说得好，做得更好，用实际成绩给了"多元化陷阱"一个完美的回击。

2001年，复星控股豫园商城，五年后，豫园商城的销售收入和净利润的年复合增长率分别为16.1%和37.4%。2004年，复星注资招金矿业，三年后，其销售收入和净利润的年复合增长率分别为29.4%和49.5%。

郭广昌说："一些人讲来讲去就看出我们很懂财政，很懂资本市场，其实如果离开了复星含辛茹苦地培养这些产业，含辛茹苦地去创造利润，含辛茹苦地一步步提升我们的管理，资本市场会认可你吗？不可能的。""资本好像是水，一个产业就像是鱼，水小了，鱼养不活，而如果是洪水，就会把鱼冲走，复星就是要在产业周期的变动中发现企业的价值。"

打开资金渠道

1998 年复星医药上市募集到的 3.5 亿元确实不少,但对一个投资集团来说是远远不够的。

"复星医药上市之后,我以为资金问题解决了,的确在 2004 年以前做得也很好,但是实际上碰到两个问题:第一,中国资本市场的制度建设是不完善的,融资一次和上市一次的成本几乎是一样的。第二,中国银行体系对投资型企业不支持。在相当长一段时间里,中国银行业不支持并购,2004 年以后,我们痛定思痛,一定要打开资金渠道。"

2007 年,复星国际于香港联交所上市,募集资金 128 亿港元。这是 2007 年香港联交所的第三大 IPO,也是香港史上第六大 IPO。在香港成功上市让复星集团身价倍增,成为当时中国最大民营企业集团,市值 800 多亿。

中国动力嫁接全球资源

资金有了,下一步该怎么走?郭广昌陷入沉思。

随着产业扩张,富有资源整合经验的郭广昌为复星摸索出来的新模式是"中国动力嫁接全球资源"。

他说,"复星全球化的逻辑是'中国动力嫁接全球资源',核心既是"走出去",也是"引进来",复星通过成为海外优秀企业的股东,将中国动力融入被投资企业的业务发展之中,与股东和管理层共同创造更多的价值,从而实现共赢"。"我们有巨大的市场和需求,应当充分利用这个优势,来整合全球最优秀的技术、品牌、市场渠道等各类资源。"他认为:"反向整合全球资源,其中很重要的一块就是整合技术为我所用,这点复星已经尝到了甜头。当我们站在全球的角度去组织资源和市场的时候,就会发觉完全是不一样的一个格局,大格局就出来了,企业可以动用的资源可以说也就上了一个层次。"

确定了发展新模式后,复星并没有大面积地铺开,而是先进行了局部投资试验。

2010 年,复星向法国老牌旅游度假村运营商地中海俱乐部(Club Med)投资 2500 万欧元,占有该公司 7.1% 的股权。复星注资之后,地中海俱乐部在中国开办了其第一家度假村。

2011年，复星大手笔注资 Folli Follie 8458.5 万欧元，占有该公司 9.5% 的股权。

虽然在与世界知名企业的竞争中，复星还有一些不足之处，但其优势在于熟悉中国的市场和需求，可以反向整合资源帮助企业入驻中国，助力其在中国的发展。

向巴菲特学习

郭广昌从不掩饰自己在向巴菲特学习，甚至在多种场合表示希望"将复星做成中国的伯克希尔－哈撒韦"。

资金始终是投资公司的软肋，在自身资本不够的情况下，郭广昌并没有选择用第三方资金，而是像巴菲特一样着力达到以保险为中心的综合金融集团。

2007年，复星参股永安财险。

2011年，复星联手美国保德信金融集团，合资创建复星保德信人寿。

2013年，复星与世界银行集团旗下国际金融公司合作，合资在香港地区创办鼎睿再保险公司。

2014年，复星收购葡储蓄总行下属保险集团，拥有其 80% 的股份。

这几次大动作使复星集团在保险领域完成了财险、寿险、再保险"三驾马车"驱动的投资布局，而且保险业已成为复星集团的核心。"复星现在 3000 亿元左右的资产，有 30%~40% 的资产来自于保险。"

尽管已坐拥百亿美元的身家，郭广昌对于工作的激情却丝毫没有减退。正如他所说，真正的动力源自内心，正是在这样的信念影响下，复星集团一路稳扎稳打，成绩斐然，他也从曾经的寒门学子一跃成为上海滩叱咤风云的富商大贾，带领着复星集团走向一个更广阔的未来。

对于如何保有创业激情，郭广昌说："完全靠钱，真的很难一直保持那种创业的冲动，真正的动力，一定是来自于你内心深处，你真正认为这样做是有价值的。因此，在复星 20 年的时候，我们一定要选择再创业，我们一定要重新开始，我们一定有能力、有信心、有干劲，把复星带上一个新的高度。"

· **大佬创业谈** ·

投资是在跟自己的人性做斗争,这个人性就是贪婪,当别人都非常紧张的时候你可以勇敢一些,当别人都觉得很想买东西的时候你要更慎重一些。

1967年生于辽宁省。
2002年，开设慈铭健康体检机构，是国内首家医检分离的健康体检连锁医疗机构。
2006年，慈铭管理模式输出的第一家店在太原落户，将先进的管理经验和健康理念惠及二、三线城市，慈铭得到社会效益、经济效益的双丰收。
2011年，慈铭奥亚健康管理医院成立，是中国首家高端健康管理医院，让"健康管理"概念首次走入民众视线，唤醒了民众"管理健康"的意识。

慈铭健康体检管理集团创始人、总裁

韩小红

持续创新健康管理

韩小红的头衔很多：原301医院医生、肿瘤内科医师、留德医学博士……最广为人知的，要数慈铭健康体检管理集团总裁这个名号。从辞掉第一份工作开始，她就奔波在"为人民健康服务"的道路上，创新地将重点从"治疗"转向"预防"，用体检表上的一项项数据，记录着人们的健康坐标。

医者不易，创业多艰。非典肆虐的挑战、火灾突降的打击乃至至亲离世的悲痛，都没能将她打倒，反而让她愈挫愈勇；经营的困境、行业的建设、模式的推广也都没能让她知难而退，反倒让她勇敢地肩负起更重的责任。从医生到创业者，这个巨大的跨度背后是一个充满创新点子的头脑和一颗满怀博爱的医者仁心。

创业前奏曲

医药世家

1967年，韩小红出生于辽宁省一个医药世家。爷爷是当地有名的中医大夫，父母也都是当地药学带头人。她受家人熏陶，自幼对医学产生了浓厚的兴趣。在外人看来，她未来注定要成为一名医生，在一线治病救人。她也一直遵循着这样的人生设计，努力成为一名合格的医师。

1990年,她获大连医科大学医学学士学位,后又考入北京医科大学攻读硕士。1997年硕士毕业,进入解放军总医院肿瘤内科,成为一名医师。

韩小红畅想着能用自己所学为病人解除痛苦,重获健康。然而在医院肿瘤科室里,她第一次对自己产生了怀疑。很多病人就医时已经是癌症晚期,医生力难回天,只能尽量减轻病人的痛苦。她暗暗思忖,遇到不能治疗的疾病,为什么不做好预防,让这些疾病消失在萌芽之中呢?如果能把每个人的病历档案存下来,早期发现、早期诊断、早期介入治疗,那该多好。带着这种想法,她开始认真地思考自己能够做出怎样的改变。

1998年,韩小红赴德国访学。在那里,她感受到国外医院人性化的服务与和谐的医患关系。她决定留下来深入地学习,并获得在海德堡攻读博士学位的机会。这一读,就是三年。

创业进行时

扔掉"胶皮饭碗"

2001年6月,即将博士毕业的韩小红收到一份特殊的生日礼物,这是一盘录像带,记录着"北京慈济门诊部"开业的情景。录像中,慈济医疗联合体的创始人,即韩小红的丈夫胡波,邀请她回国出任门诊部经理。

韩小红忙于学业,没有接任这个职位,而是选择了职业经理人来主管。令她没有想到的是,半年后回国时,迎接她的是个亏损严重的企业。

想着自己要改变国民健康现状的梦想,再看看眼前经营不善的门诊部,韩小红有心创业,却面临重重阻力。摆在她面前的是个艰难抉择,一边是301医院令人称羡的工作和优厚待遇,一边是举步维艰的企业和自己的人生理想。

更多的压力来自于家庭,"医生是胶皮饭碗,扔下去它蹦个高,捡起来还不用哈腰,什么时候我这个都是有饭吃的,而且在301这样一个医院里头,那都是人人所瞩目的,所以你要是出来,我不同意"。母亲第一个反对。亲朋好友也纷纷劝阻:"别放着好好的工作,跟着下海瞎折腾!"

反复思考后,韩小红毅然放弃了手中这个来之不易的"胶皮饭碗"。比起安逸的生活,用所学去改变医疗现状更让她心生向往。

受到中医"上医治未病"观念的启发，韩小红希望可以在民众当中推行"防病重于治病"的观念，让很多疾病消失在萌芽之中。在这一过程中，体检便成了最重要的一个环节。

创业第一步

2002年3月，韩小红开始了创业的第一步。她没有去慈济的门诊部坐堂行医，而是在隔壁租下一个800平米的店面，开设了一家慈济健康体检机构。

开业之前，她对中国体检市场做了一个全面调查，结果可想而知。对于体检，人们没有足够的重视，一般的医疗机构又没有足够的条件和相应的设施去组织体检，普通的医疗机构也没有足够的资源去应付。患者如果进行一次体检，需要与就医患者们一起排队，过程冗长繁复，检查报告也需要等待很久才能拿到。

针对这些现状，韩小红做出了一系列创新。体检中心第一天开业时，便让人们大开眼界：宽敞的大厅、宾馆式的装修、热情周到的医护人员，几乎没有人会相信，这居然是一家体检机构。

很快，前来体检的人们就发现，在韩小红的体检中心不但可以在一层楼内完成所有体检项目，而且医护人员在每项检查之后都会热情指导，所有项目完成时间不会超过4个小时，体检报告也会在48个小时完成。空着肚子来体检的患者们还会有一顿贴心的餐点。所有这些，在当时的健康行业几乎前所未闻。

顾客在哪里？

房租押一付一，设备压后付款，到体检中心开业之时，前前后后已经花费了近百万，这对家底并不厚实的韩小红夫妇来说，堪称孤注一掷。

2002年初，中国的专业健康体检是一片空白，形势似乎很有利于新企业发展。但市场营销方面的欠缺还是让体检中心的客流量始终停滞不前。韩小红反复研究后发现，之前一直将重点放在散客上面，导致品牌影响力较小，推广较慢。相比之下，如果能拉到团体客户，不仅可以解体检中心的燃眉之急，更能够给体检中心带来长远益处。

一个偶然的机会，她得知有个律师协会每年都要给8000多名会员做体检，便赶忙和对方约了时间洽谈。当她风风火火地赶到时，却不见对方人影。直率爽利的韩小红等了五分钟，留下一张写着"留德博士"的名片，便离开了。这一个"下马威"反倒激起对方的兴趣。二次见面韩小红直接见到律师协会的领导。新颖便捷的服务和经济实惠的价格让客户很满意，就这样，她敲定了创业以来的"团体第一单"。

扛过"坎儿"

2003年，站稳脚跟的韩小红在亚运村开设了慈济体检的第二家店。沉浸在开店喜悦中的她很快就被突如其来的困难打了个措手不及。

2003年4月，北京"非典"爆发，一时之间人员密集的地方都成了"禁区"，体检中心未能幸免。刚刚开业一个月的新店被迫开始了看似"无限期"的停业。看着崭新的店面和刚培训好的医护人员，韩小红舍不得放弃，她让大家回家休息，工资照发，自己一个人去解决经营危机。

新店的房租和人员工资一个月就有30多万，背负着这种压力，韩小红决定设法突破困局：既然"非典"阻断了经营，那也要让"非典"成为突破阻碍的方式。她率先加班，和潘家园营业部的员工一起按照国家公布的配方配制防御"非典"的中药。效果出乎意料地喜人，药品受到公众欢迎，十几万袋的销量不仅救了急，还挽救了困局中的体检中心。韩小红又扛过一个"坎儿"。

2004年，她经营的第三家分店——积水潭分店正在筹备开业，一场大火，几个月的心血毁于一旦，大厅被完全烧毁，设备被水泡了，仓库里40多万的医疗用品被烧得一干二净。韩小红在废墟中眼眶红了。片刻之后，她恢复冷静，既然灾难已经发生，与其哭天抢地，不如打起精神重建家园。镇定的她对在场的副总下达命令："半个月后，重新开业。"

半个月之后，积水潭分店焕然一新，重新开业。这一次，韩小红又赢了。她说，"我不是一个看到问题就发愁的人，我是一个看到曙光就拼命去做的人"，"我的心就像大海一样，什么都能忍。一切挫折不过都是成长中的阅历"。凭着坚韧的心性和良好的心态，韩小红在与挫折的一次次较量中，逐渐成熟、淡定。

2004年，第四家分店开业了。命运又跟她开了一个玩笑。父亲首次到她的体检中心体检，就查出了癌症晚期。祸不单行，在父亲临终前三个月，韩小红又被诊断出胃癌，万幸是早期。"我没跟家里人讲，瞒着他们自己做了手术，后来父亲还是知道了。最后三个月我和父亲生活在一起，在301的一个病房里一起接受治疗。我想这可能是老天给我的一个机会，在这之前我一直在求学、工作，没有时间去照顾父亲，而这三个月我可以时时刻刻陪着他。"

济世图远

送走父亲，从病痛和伤痛中走出来的韩小红，再一次全身心投入工作状态。她庆幸自己是健康体检的受益者，也深深遗憾父亲没能从中受惠。经历了生死挑战，韩小红对"为人民健康服务"的企业价值观念又有了更深层次的认识，她开始从战略层面去实践自己的企业价值观念，提出"管理模式输出"的想法。

所谓"管理输出"，就是帮助别人开店，从选址到开业的过程中，慈济负责出人力、物力，帮助对方培训人才。最后撤出时，会收取一定费用，对方也可在此之后自立品牌，不必再依托于慈济。

这个想法一萌生，便遭到各方的反对，大家都认为韩小红是给自己树对手，找麻烦。她却不这么认为。在她看来，之所以要扶持别人，就是要通过自身品牌影响力带动整个行业。如果可以将管理输出，那将惠及一批二、三线城市，是社会效益、经济效益双丰收的好事。

2006年，慈济管理模式输出的第一家店在太原开业。

同期，国内专业健康体检行业进入激烈竞争和高速增长时期。面对这些，韩小红说："我很少关注对手，我的整个视觉和角度是站在这个行业的高度上，我希望有更多的同行站出来，让这个产业发展得更快，蛋糕做得更大。"

2007年，"慈济"更名为"慈铭"，并成为中国企业成长百强第二名。

大医精神

2008年，韩小红因为在健康体检行业作出的巨大贡献当选北京市第十一届政协医药卫生界委员。

2011年，慈铭奥亚健康管理医院成立，这是中国首家高端健康管理医院。这一次，慈铭再次引领行业方向，首次让"健康管理"的概念走入民众视线，唤醒民众"管理健康"的意识。在企业飞速发展的同时，韩小红也带领慈铭为慈善事业贡献着自己的力量：为北京万名的哥体检、在大学生和市民当中普及健康知识、积极组织社区义诊、帮助贫困的母亲和抗战的老兵……韩小红用自己独特的方式，向社会传达着更加人性化的医疗关怀。

2013年9月23日，"弘扬'大医精神'抵制不正之风"高峰论坛在北京召开，韩小红被评为"大医精神"的典范代表。

关于"大医精神"，韩小红有自己的独到见解："医者需要有一颗'见彼苦恼，若己有之'的心，有感同身受'大慈恻隐之心'。否则，缺少大爱的土壤，就不会生长出'大医精神'。"

作为健康体检的"第一个吃螃蟹者"，韩小红是国内最早提出专业体检理念并成立连锁医疗机构的人，这个连锁医疗机构也是国内首家按照医检分离模式开展健康体检的医疗机构。经过数年的发展，已经让慈铭体检有了自己的一整套完善的管理和运营模式，慈铭的体检套餐已经成为业界的黄金标准。在这种背景下，韩小红进一步推广疾病预防提前的理念，创造了168个体检模块，体检套餐扩展到近40个。

截止2014年，慈铭体检已经覆盖了中国四十多个城市，每年让近四百万人直接享受到健康便捷的健康管理服务。

互联网时代，韩小红也在积极思考着转型，如何利用互联网和移动互联网来为更多的客户提供更好的服务，她提出"互联网是用来拯救我们的"。她已经有了思路："以预防医学类创新产品加移动端电商打造预防医学新模式，以产品为先导，借助移动互联网连接消费者，通过人与人的社交网络实现产品的推广，为客户带来价值。"

仁者慈心，不争眼前名利；大医精神，唯愿济世图远。

  作为创业者的楷模，韩小红的健康管理模式将她成就为一个商业传奇。但是作为一个医生，她也有自己的专业梦想。经历了创业艰辛和生活的波折之后，如今的韩小红希望建立一家肿瘤医院，努力攻克肿瘤这一医学难题。不仅能尽早检查出肿瘤，更能尽快治好它。对于韩小红来说，新的梦想，就在前方，而更执着的努力，已在路上。

· **大佬创业谈** ·

我的心就像海一样,什么都能忍。一切挫折都不过是成长中的阅历而已。我终身受用不尽的财富就是自己良好的心态,无论碰到多大的困难,我都不会放在心上。

小米科技创始人、董事长兼CEO

雷军
顺势而为

随着年龄渐长，雷军在商业经营中逐渐悟出一个道理——"顺势而为"。他说："顺势而为，看起来不够有情怀，但这是成功的真谛。"

大学创业失败后，雷军进入金山公司，投身于发展迅猛的互联网行业，一干就是十几年；在金山经营管理之余，他转战"天使投资"，从卓越网到凡客诚品，有成功也有失败；临近四十岁，他看准时机，"倒腾"创业，创办起小米科技，成为今天智能产品领域不可忽视的一支劲旅。

雷军曾说，自己不是一个善于在逆境中生存的人。所以做事之前，先会让自己立于不败之地。正因为如此，一路走来，他不张狂，不"任性"，虽然求新求异，却一直踏实顺势。

1969年出生于湖北仙桃。
1992年1月，正式加盟金山软件，带领开发了《剑侠情缘》、《WPS97》和《金山词霸》等明星产品，2000年，出任金山总裁。
2007年10月9日，金山在香港联交所上市。
2010年，创办小米科技，打造顶级智能手机，"发烧"成为小米的产品概念。
2014年，小米以15.6亿元的销售额成功卫冕天猫单店销售第一，占据国产手机品牌的第一把交椅。同时进军印度市场，在海外收获了大批"米粉"。雷军被评为《福布斯》亚洲版2014年度商业人物。

创业前奏曲

小试牛刀

1969年，雷军出生于湖北省仙桃市。用他的话说，自己幼年是一个"根红苗正"的好学生。1987年，他参加高考，身边很多好朋友填报了计算机专业，"为了日后仍有共同语言"，雷军也选了该专业，考进武汉大学计算机系。此时的他，根本想不到从此会和计算机结缘一生。

在大学里，雷军勤奋刻苦，在专业上迅速崭露头角。"读计算机专业，我觉得还是很适合的。所以我下的工夫比其他同学要大，表现出一点小小的天赋，大家觉得我的程序写得很好。"大一时，雷军凭兴趣编出Pascal程序，上大二时，这个程序就被编进大一教材里，用来指导学弟学妹。

雷军之所以在专业上表现优秀，是因为他大部分时间都"泡"在计算机房里。在他看来，计算机专业不是一门理论性很强的学科，"强调的是实践"。大二时，他就决定去武汉的电子一条街上闯一闯。

第一桶金

刚闯进武汉电子一条街的雷军总爱背个大包，里面装满资料和磁盘，四处找别人交流、交换软件。"武大樱园宿舍到电子一条街，距离并不远，但走路需要四五十分钟，自行车成了必须的装备，新自行车招贼，所以最好是辆'破'自行车。"

正是在这条街上，雷军骑着"破"自行车，结识了工程师王全国[1]。"雷军在那条街上，特别活跃。"王全国回忆道，"那时候没有正版软件渠道，没有互联网，根本没有软件流通的正规体系，所以搞软件就像赶集一样，爱好者之间经常聚在一起交流交换。那时我手里的软件最多。我这里成了软件集散地和中转地，雷军和我时常交换软件，就混得特熟。"

早在遇到王全国之前，雷军就对软件表现出极强的兴趣，甚至当过一次"黑客"，解密了求伯君的金山WPS。"这可不是件容易的事情，我几乎有两周没怎么睡觉，终于完成了。在使用过程中，我又在原来的基础上做了一些增强和完善，不少朋友觉得很好用。于是，我解密的WPS版本成了国内最流行的WPS版本了。"

结识王全国之后，两人一起做程序开发。雷军直奔主题，迅速主动，而王全国则从外围入手，寻找诀窍，两人的合作非常顺畅。等到软件开发出来，雷军拿到50元的加班费，赚到写软件的"第一笔报酬"。

---

1 现代金山软件副总裁兼CIO。

再战告捷

开发软件的事情带给雷军启发，他开始思考开发商品化的软件，把自己的技术真正转化为收入。

1990年，他和同学冯志宏一起开发他的第二个商品化软件——免疫90。"这是一个病毒免疫程序，可以让程序免受病毒侵扰，如果染上病毒，该程序可以像抖落身上的灰尘一样把病毒清除。"雷军如是说。

经过一番辛苦，两人的努力换来回报：这款售价260元的软件仅在武汉就卖出几十套，两人都赚了数千块。随后，免疫90被老师推荐去评奖，获得湖北省大学生科技成果一等奖。雷军也在计算机类刊物上发表很多篇关于防病毒的文章，一时间小有名气。

两次成功彻底激发出雷军对互联网行业的热情，加上当时《硅谷之火》风靡校园，雷军决定：自己创业！

创业进行时

冲动的"三色"青春

1990年，18岁的雷军与王全国、李儒雄等人一起创办了三色公司，推出一款金山汉卡的仿品，即"山寨"作品。好景不长，不久市场上出现了更厉害的"山寨大王"，三色陷入困境，最后几个人"沦落"到打麻将赢饭菜票度日的地步。

短短半年时间，三色公司运营不下去了。清点公司资产时，雷军和王全国分到一台286电脑和打印机，李儒雄分到一台386电脑。

这次经历适度打击了雷军对创业的激进，他开始反省，得出结论：就当时的国情和自己的个人情况而言，并不是创业的最佳时机。他开始重新审视自己，去寻找更适合的发展道路。

诱惑来自金山

1992年，雷军大学毕业。择业关口，他再一次陷入取舍中：大公司发展得比较完善，机会相对较少，便没有选择方正、联想等；去外企更加诱惑，他一度想去惠普工作，但想到在那里可能就没办法全心写程序，便放弃了。

举棋不定之际，1991年11月，雷军在一次计算机展览会上见到仰慕已久的求伯君。他十分钟爱求伯君的设计。求伯君对这个"胆敢"破译自己程序的"知音"也早有耳闻。求伯君当天穿了一件黑呢子大衣，英俊洋气，雷军顿觉自己像个乡下孩子，"我当时真是有些被震撼了，我当时觉得那就是成功的象征"。

随后，雷军加入求伯君的金山团队，随他南下珠海，当时的想法是："求伯君因为写程序，在金山成功了，而且是打工成功的。金山如果能够造就一个求伯君，就会造就出第二个、第三个。目前我不想创业，创业我还缺太多的东西，创业需要很多条件的组合。"

"盘古"当头棒喝

雷军在自己热爱的编程工作里沉浸了三年。然而，1995年软件发售却给了他当头一棒——耗费巨大精力做出的盘古组件失利了："我当时没有领好队，很多人都不想再做开发了，就离开了金山，当时那种失败的感觉，只能用'兵败如山倒'形容。我每天都感觉到公司里面的失败气氛，那是一种没法继续干的气氛。"曾经，他以为只要做好技术，便不用发愁企业的未来。

更糟的是，那时金山软件前有微软，后有盗版，虽然很受好评，销售却始终不见起色。到1996年，事态愈发严峻，金山的WPS几乎被盗版和微软全部侵蚀，"公司没钱发工资，我愿意在困难时少拿工资，别人也愿意吗？那时的思路就是多元化，以战养战"。

为了弥补亏空，雷军转而承担多个任务，意外地带来新的转机：大型武侠RPG游戏《剑侠情缘》、广受瞩目的《WPS97》和好评如潮的《金山词霸》等畅销产品，连着在游戏、文字处理系统、工具软件领域成功地制造了3个市场热点。

反思"盘古"的失利后，雷军也放弃了他一生最热爱的角色——程序员，开始向一个市场人员转变。

我的梦，又在何方？

2000 年，雷军出任北京金山软件股份有限公司总裁。此时金山已走出低谷时期。雷军带领团队开发网游、杀毒软件、办公软件，逐渐把金山打造成一个面对普通消费者的互联网公司。于此同时，采取的一系列前瞻性政策也让金山迅速崛起。

2007 年 10 月 9 日，金山在香港联交所上市，开盘价 3.9 港元并受到投资者热捧，股价迅速走高。

此时，雷军身心已萌退意。十多年来，他一直在金山效力，帮金山实现上市梦后，他不禁开始思索——我的梦，又在何方？

经过深思熟虑，雷军决定暂别金山，"曾经的信仰没了，有人信仰了金钱，有人信仰了别的乱七八糟的东西，最后我只能去寻找人生中最鼓舞你的那些东西。我还保持了心里那一点点的东西，我相信真善美"。2007 年 12 月，面对董事长求伯君和董事会成员，雷军说："从 22 岁到 38 岁，我在金山整整疯了 16 年，中间的压力很难表达，就像马拉松一样。"

在金山期间，常有人对他说，"很多不如你的人创业都成功了，你为什么不试一试？"

一下子将金山从生活中剥离出来，雷军很不适应。他开始从事天使投资，并创造了不凡的成绩。可在他心里，那个 18 岁的创业梦想一直萦绕心头，不曾退去。

小米：为发烧而生

2010 年 4 月，雷军和六个伙伴一起，低调地创办起小米科技。7 月，他在微博上晒出自己对 40 岁前商业人生的反思："用手术刀解剖自己，虽然残酷，但真实。三年长考，五点体会：（1）人欲即天理，更现实的人生观；（2）顺势而为，不要做逆天的事情；（3）颠覆创新，用真正的互联网精神重新思考；（4）广结善缘，中国是人情社会；（5）专注，少就是多。"

"再次创业，一定要满足我喜欢、我擅长，而且有足够大的市场机会。"雷军说，他的灵感来源于做天使投资的这几年对移动互联网和电子商务的深入观察，"移动互联网是软硬一体化的体验，我看了移动互联网 5 年时间，琢磨完了，开始研究终端，国内所有的厂商都去看过了，发现所有的终端都不够好"。

出于对苹果公司乔布斯的崇拜，雷军决定研发一款"能让人记住"的手机，于是在"米聊"等智能软件上试过水后，开始领导团队研发 MIUI 操作系统。由于早年在金山时吃过营销的亏，这一次，他为产品下的定义是：专注、极致、口碑和快。每周五，MIUI 团队都会为用户带来新的发布，周日之前收集好用户反馈，周三之前将成百上千份反馈评估论证，找到需要尽快修改完善的功能，一两天时间做完，周五再发布。这种模式让用户和团队一直维持在一个"高热"的状态里。于是，"为发烧而生"成为小米的产品概念。

在发展手机业务之余，雷军还注重与电商的紧密结合。"发烧"般的努力和电商的紧密配合为小米带来了回报，2013 年，根据天猫公布的数据，仅双十一当天，小米就以 5.5 亿的销售额排行全网第一。

如果说 40 岁之前，雷军靠着过人的勤奋换取企业的先机，那么 42 岁之后，他开始逐渐解放自己，投入潮流当中，顺势而行，借势而行，其中最有名的就是他的"飞猪理论"：一个人、一个公司，仅凭勤奋是无法做成大事的，还要借势而行。"就说一头猪在风口，只要风大，台风口，它就能飞起来！"如果说互联网就是台风口，小米则是站在风口的那头"猪"。

当小米在海内外收获大批"米粉"时，雷军鼓励小米团队进行周边研发，一时间，小米手环、小米充电宝、小米空气净化器纷纷诞生。今天，小米已然在互联网浪潮中破浪前行，小米的成功似乎昭示着雷军的顺利转型。从一个兢兢业业的职业经理人到洒脱快意、操着一口"雷氏英语"四处演讲的成功创业者，雷军找到自己可以依托的"势"，也找到了适合自己的发展方式。

· **大佬创业谈** ·

在对的时间点做对的事情。创业不是一蹴而就的，需要三五年的提前量，所以创业者要看到未来三年、五年甚至十年的趋势。想要看三年的趋势，就去看看台湾和日本。想要看五年和十年的趋势，就去看美国。确定好大的方向以后，坚持做下去。比如十五年前大家就都在说移动互联网，可是移动互联网的爆发是在 2010 年。所以如果没有找准时间点，很可能就死在半路上。

三山资本合伙人、国家开发银行首席国际业务顾问

李山
我的追梦与前行

如果说时势造英雄，那么身处改革开放时代的李山，则是被时代选中参与中国金融改革实践的幸运儿。他是国家开发银行首席国际顾问、"千人计划"专家、前中银国际CEO，是中国投资银行领域教父级的领袖人物，曾主导了中国第一个国家投资银行的策划、筹备、整合与转型。

作为一个驰骋全球资本市场的精英，他被认为是"几进几出"、"海内外发展"的优秀海归代表人物之一；作为新兴的投资银行领域的行业领袖，他是业内传奇。理想主义的性格，造就了他特殊的人生轨迹：出国、归国、创业、失败、成功、再失败、再成功……

1963年出生于四川威远。
1997年，任国家投资银行筹备领导小组副组长。
1998年，合伙创建"搜房网"，目前已是全球最大的房地产家居网络平台。
2001年，回国加入中银国际出任CEO，率其成为中国顶尖的投资银行。
2005年，与前高盛全球总裁约翰·桑顿、美国PE专家郑凯文共同创建三山公司。
2010年，成立涛石基金，目前是中国最大的能源基金。
2013年，以国家"千人计划"专家身份成为国际开发银行的首席国际顾问。
2014年，任清华大学国家治理研究院执行院长。

创业前奏曲

学建筑还是学经济

1963年，李山出生于四川威远县一个四面环山的小山村里，母亲是山城重庆人，故给他取名李山。

从小学开始，他的学习成绩就名列前茅，高中毕业填报志愿时，毫不犹豫地报考了清华大学。由于从小热爱绘画，他第一志愿报的是建筑系，但戏剧性的

一幕发生了：当地发洪水，把志愿表全都冲走了！这给了他一次重新选择的机会。当时的李山对各个专业并不了解，他偶然注意到清华经济管理系在四川招生1人，出于直觉，他认为学习经济管理将来可以当经理、厂长，出人头地，这个理解，阴差阳错地改变了他的命运。

1981年，李山以四川威远县高考第一名的成绩成为当地有史以来首位考上清华大学的学生。

1984年，清华大学经济管理学院成立，李山破例成为经管学院第一任团委书记，也是全校第一位做团委书记的学生。

做大官与做大事

在清华，李山受老师重视，被同学喜爱，毕业之际被推荐为清华的第一批免试研究生。当时，他还有一个机会——参加邹至庄经济学项目的出国考试，去外国留学。两个机会都很难得，但又不能兼得。

李山思考了一个多月。他清楚地记得在清华校史上，梅贻琦老校长的一句话很触动他："清华学生但求做大事，不求做大官。"当时，中国正在搞市场经济，"那就应该出去看看市场经济究竟是怎么回事，如果不作了解，又何谈建设市场经济呢"？李山心里暗忖。

1986年7月的一个傍晚，经管学院为毕业学子举行饯行宴会。刚刚考取出国项目的李山，走到时任院长朱镕基面前，告诉他自己将去美国加州大学留学。

朱镕基问："哪一所加州大学？"

"戴维斯分校。"李山回答。

"你学成一定要回来。"朱镕基叮嘱道。

"没问题，我出国是经过严格政审的，一定会回来。"李山说。

"不是政审问题，国家确实需要人才。"朱镕基加重了语气。

"那我应该学经济学中的什么专业呢？"李山认真求教。

"什么都要学，还要学习日本、欧洲的经验。"朱镕基说，随后又在李山的毕业留言簿上赠言——"博采众长，学通中外"，然后又补充道："我这几个字不是随便写的，你要好好努力！"

进入高盛

带着院长的嘱托,李山奔赴美国。硕士期间,他以全优成绩获得"校董会奖学金",之后转入麻省理工学院继续深造。

1993年,李山完成学业,获得博士学位。

出于专业特点,他决定进入华尔街,进一步了解金融实践。

当时,华尔街炙手可热的三类工作是:外汇、衍生证券和亚洲市场业务。李山似乎得到幸运女神的垂青,第一份工作就是在瑞士信贷第一波士顿银行从事亚洲外汇衍生证券交易工作。然而,入职没多久,他又接到最负盛名的投资银行高盛的邀约,希望他能担任国际经济学家,开创公司的中国经济研究工作。

李山权衡了一番,在现在的工作中,"人民币不能自由兑换,无从交易,这份工作与国内没有任何直接关系。但从事研究工作,则有助于尽快熟悉国内情况,为日后回国服务做准备"。就这样,他最终选择入职高盛。

承诺归国

李山进入高盛之时,恰逢高盛创办中国经济研究部。他在纽约工作了两年,后又被派到香港,继续负责中国的经济分析。

在研究中国经济的过程中,李山发现:中国的GDP增长是全世界主要经济体里面最快的,再加上中国人很节俭,储蓄率很高,这意味着中国的情况将为投资银行和金融提供很大的发展空间。既然有最大的储蓄,那就需要最好、最大的资本市场,就可以支持最大的金融机构。李山开始思考中国经济的发展,也逐渐萌生了创办中国自己的投行的想法。

1997年2月25日下午,时任高盛亚洲投资有限公司执行董事的李山,陪同由总裁率领的美国高盛投资银行代表团在中南海紫光阁拜会朱镕基副总理。

"我的学生怎么都不回来?"当走在最后的李山站在朱镕基面前时,朱总理意味深长地问道。

措手不及的李山有些慌乱地说:"会回来的。"

朱镕基似乎看出李山的尴尬,轻轻地说了一句:"我不是责备你。"

宾主依次入座后,朱镕基继续发问:"我付多少钱你才愿意回来?要付高盛的工资吗?"

"不需要，只要能为国家做一件有意义的工作就行。"李山认真地说。

出师不利

1997 年 4 月，也就是李山向朱总理承诺"会回来"后的两个月，在清华经管学院报告厅，一份由李山起草的利用海外金融人才创办国家投资银行的倡议书，经赵纯均副院长交给朱镕基总理。

1998 年，已调往伦敦任高盛欧洲企业并购部执行董事的李山，借朱镕基总理在英国进行国事访问之机，将一份《中国国家投资银行筹建草案》和一份志愿回国效力的海外高级金融人才名单呈送总理手中，并力陈创办股份制国家投资银行的重要性。

几天以后，李山受到时任国家开发银行行长陈元的专门邀请，从伦敦飞往北京。陈元带给李山的消息是：朱总理在国务院办公会议上正式要求，国家开发银行转换职能，办成国际水平的投资银行。

李山还没有来得及回伦敦向高盛公司的老板提出辞职，就被留在北京，担任投资银行筹备领导小组的副组长。

经过 50 多天的紧张工作，一份由筹备组共同起草、由陈元行长签发的《国家开发银行关于组建国家开发金融有限公司的请示》正式呈送到国务院。

然而，天不遂人愿，就在李山准备全身心地效力于国家开发金融有限公司的时候，一场被历史上称为亚洲金融危机的风暴席卷亚洲主要国家，公司的筹建工作陷于停顿。几个月后，中国第一部《证券法》出台，明文规定银行业务与证券业务分业经营，由此，国家开发银行的定位成了问题，投资银行筹备工作完全停顿。

创业进行时

曲线报国

"放弃高盛的工作，失去高额的股份，我并不后悔。但国开行投行项目的搁浅，却让我深深感到一种有力使不出的无奈。"李山一度对未来感到迷茫，冷静之后，他的目标并没有因此改变，"我不会半途而废，如果我不能把我的聪明才智用于为国家服务，那实在是有负天意"。

高盛是回不去了，他便与经管学院院友莫天全于 1999 年一起建立了被称为"全球华人房地产门户"的搜房网。

后来，李山又出任雷曼兄弟公司负责中国投行业务的董事总经理，负责中国业务。他解释道："加入雷曼兄弟不是目的，只是以此为渠道，回归投行业。"

身在国外，"回归"二字始终深深地镌刻在李山心中。他的前两个孩子都出生在国外，但他坚持为他们申请了中国护照——"我要保证孩子将来有权利选择自己的国籍，铭记自己是中国人。"

中银岁月

2001 年，受时任证监会主席周小川的推荐，李山辞去在雷曼兄弟的工作，第二次"回归"祖国，加入中银国际，出任 CEO，开始了自己最辉煌也最饱受争议的四年半时光。

刚上任中银国际 CEO 的李山，似乎没有赶上一个非常好的时机，当时中银国际内部复杂，危机重重，历任 CEO 任期从未超过一年。

危局之中必须创新、变革。在李山看来，既然国开行没做成，那么现在则要在中银国际把失去的机会找回来。所以他在很短时间内就对整个公司的组织架构、战略模式、员工队伍、激励机制甚至董事会成员都做了一个全新改革。他将中银国际中高层管理人员的固定工资平均降了 35%；接下来是大规模的裁员，公司 80% 以上的员工离职，高层全部换血。锐意进取，果断坚定，李山显示出其壮士断腕的一面。

李山的改革取得了相当好的效果，不只是机制改了，业绩各方面也逐渐向好。通过改革，引进了人才，吸引了项目。李山还为中银设立了一个五年计划：第一年做股票和投行，第二年做销售交易，第三年做债券，第四年做衍生产品，第五年直接 PE[1] 之前做的这几块。在他的带领下，中银也在按部就班地实现着这一计划。

正当中银国际做得风生水起时，香港一些媒体的误读对中银国际的发

1　私募股权投资(Private Equity Fund)，一般是指从事私人股权（非上市公司股权）投资的基金。

展产生了一些负面影响。起因是中银国际的一位研究员写了一个报道，认为香港的汇率盯住美元只是暂时的，从长远看最终应该改成跟人民币挂钩。从专业角度说这相当有道理，但中银国际一直被香港媒体视为中国政府在香港的喉舌。故一些媒体就认为这篇报道代表了中央的态度，引起香港汇率波动。

时任香港财政司司长、香港特首都直接向中央领导汇报了此事。后来，朱镕基总理卸任前最后一次到香港视察访问时，当着所有在港中资企业领导人的面提到此事。结果香港各大媒体又登出朱总理痛斥中银国际的消息。如此一来，给中银国际的外部声誉带来很大压力。大量人才流失，很多在职人员变得谨小慎微。李山站出来，一边尽量地安抚员工，一边对董事会、对中国银行承诺，如果有任何批评，那么他会来承担这个责任。最终，在他的冷静处置下，中银国际走出了阴影。

在李山任职CEO的四年半中，中银国际的管理架构和业务架构都实现了转型，成为中国顶尖的投资银行。李山也成为中银创立以来任职时间最长的CEO。然而，他决定在这时"急流勇退"。

2005年10月，任职四年半的李山向董事会提出辞呈，这背后有些猜测和流言，他并不在意，自信中银国际的业绩能够证明一切。在离职信中，他写道："我的一生不能只做一件事情。"

三山遇挫

一直以来，李山有一个梦想：在中国建立一个国际一流的金融机构，现在他更想实践一条本土化与全球化紧密结合的中国金融化之路。"与当初离开高盛时一样，我告别中银国际的时候，依旧对中国金融事业抱着信心和憧憬。"带着这份憧憬和心中的理想，他再次踏上追梦之旅。

2005年10月，李山创办了三山（香港）有限公司，取"三山五岳"之意，着眼于私人股权投资基金。

李山等待多年，历尽艰辛，终于有机会去做真正的PE，却又经历了意想不到的颠簸。

三山公司成立后，第一个项目是投资上海的保险公司、深圳的信托公司、重庆的万州银行（现为三峡银行）。一切进展得很顺利，投资细则也都已按照三山资本控股的框架谈定，但国家忽然出台了新的政策，不允许外资控股中国的商业银行，于是三山的第一笔生意就因为"不可控因素"无疾而终。紧接着，三山公司在 2007 年投资直销网站 PPG 失利，2008 年又因为融资方受麦道夫案发影响，终止投资。

几次投资融资失利后，三山陷入窘境，李山也反思自己的创业之路。痛定思痛，他携手平安保险 CEO 马明哲重立门户，再度扎进"私人股权投资"领域中。

涛石再起

2010 年 11 月，涛石基金成立。李山出任涛石能源股权投资基金董事长兼 CEO。涛石资本和平安保险合资，是目前中国最大的能源基金。

这一次"东山再起"，李山冷静了很多，他再度加盟瑞银，出任投资银行部亚洲区副主席。就这样，"投资、投行两手抓"，李山为涛石的后续发展打下了坚实的基础，要做就做大项目，且我也适合做大项目"，李山如是说。

2013 年，李山以国家"千人计划"专家身份，成为国家开发银行的首席国际顾问，为国开行相关业务献计献策。历经几度沉浮，再度"回归"的他这次终于在专业领域找到自己理想的支点，"要做有效的报国者，必须着眼当下所需，发挥所长"。此外，他还担任清华大学中国经济研究中心副主任、高级研究员，沉淀思考，静心研究。

李山始终认为自己是一个追寻梦想的人。回顾追梦路上的种种坎坷，他爱用"屡败屡战"来形容自己。商场运作时坚毅果敢，报效祖国时义无反顾，面对困难时愈挫愈勇，这都是他。他始终把梦想看作精神追求，置身事业之中，又超然成败之外。

千磨万击还坚韧，也许只有经历世事起伏，才会对人生有更丰厚的领悟。从四川威远的小山村到国际市场的大舞台，从待遇优渥的外企高管到身负重任的归国专家，李山如同高山上的翠竹，扎根岩石，历尽坎坷，但报国壮志犹在，追梦初心不改。

· 大佬创业谈 ·

一个人奋斗与创业的最终目的不应当是去追逐那些转瞬即逝的金钱和权力，而是在这个过程中，证明一种对于社会的责任，对于生命的责任。

1968年出生于山西阳泉。

28岁时获得"超链分析"技术专利，奠定现代搜索引擎的发展趋势和方向。

2000年，创建百度。

2005年百度在美国纳斯达克成功上市，目前已成为全球最大的中文搜索引擎。

2011年，李彦宏在一次公开演讲中提到"互联网思维"，这是中国企业家首次在正式场合谈起"互联网思维"。

2012年，率领百度开始移动端转型并梳理架构，形成"三驾马车"业务格局，并通过一系列业务收购、整合，进行移动互联网生态系统搭建。

2015年，百度细分领域的业务版图又进一步扩大。

百度公司创始人、董事长兼CEO

李彦宏
百度在路上

"生活不只是眼前的苟且，还有诗和远方。"很"鸡汤"的一句话，大多数人都向往诗与远方的小清新，却忘了眼前的苟且才是现实，才是走向诗与远方的砝码。"众里寻他千百度"是李彦宏的诗与远方，百度则是他眼前的现实。

2000年，李彦宏创建百度，起步即遭遇互联网泡沫破灭。

2001年，百度渐渐步入正轨，李彦宏却在此时提出要调整百度的商业模式，由此与董事会发生激烈冲突。

2002年，百度刚站稳脚跟，即与国际搜索巨头Google发生遭遇战。

2005年，百度在纳斯达克成功上市，成为首家进入纳斯达克成分股的中国公司。

2012年，李彦宏提出"狼性之说"以医治百度的"恐龙病"。

一波三折地走来，李彦宏总能在关键时刻力挽狂澜，让百度于惊险中脱颖而出，以强者的面貌示人。未来百度还会遇上什么，还会有多少坎儿需要迈过，有多少险关需要闯过，还都是未知数。我们只知道，百度一直在路上，一直在保持着前进的状态。李彦宏也会秉持着"做自己喜欢并且擅长的事情，不跟风，不动摇"的理念，与百度一起走下去。

创业前奏曲

顽皮少年"改邪归正"

1968 年，李彦宏出生在山西阳泉一个普通工人家庭，父母工作辛苦，无暇照料孩子。他由三个姐姐轮流照顾，启蒙老师则是三姐。那时，三姐会在家中的院子里支上黑板，给邻居的孩子们上课，教授汉字或算术。

三姐的知识启蒙让李彦宏觉得新奇，但他最感兴趣的还是晋剧。"文革"后期，传统戏曲剧目重新兴起，那方小小舞台蕴含了无限魔力，帝王将相、英雄豪杰轮番上演，引得李彦宏着了魔。每次看戏归来，他会情不自禁地模仿，毛巾往腰间一扎，布头往手腕上一缠，比划得像模像样。不久，他就为这一兴趣的"发扬光大"找到出口：山西晋阳晋剧团招生了！李彦宏兴冲冲地跑去面试，几轮下来竟拿到了录取通知书。他很高兴，家人却反对。最终，他被迫放弃跨入梨园的机会，开始了学生生涯。

1975 年，8 岁的李彦宏进入"阳泉一小"，后来随家庭搬迁转学到晋东化工厂子弟学校。小学时，他可不是个省油的灯，调皮是老师们对他的一致评价。五年级时，他曾给班上一位女同学传纸条表达"爱慕之情"，却被告到班主任那里，小小的他挨了批斗，颜面尽失。

1984 年，李彦宏出人意料地考入山西"高考大户"——阳泉一中。他虽调皮成性，却有着自己的理想——上大学，做科学家。别人的否定激起他的好胜心，他利用中考前最后两个月的时间背水一战，最终得偿所愿。从此，他也相信了人生中要"不跟风，不动摇"。当时，阳泉一中作为省重点中学，拥有一个其他学校想也不敢想的电脑教室——"苹果 II 机房"。正是在这里，李彦宏开始接触他未来人生事业的起点。

1987 年，李彦宏以阳泉一中第一名的成绩，挤过独木桥，走进北京大学，就读于图书情报系。

读书、工作、寻找方向

四年的大学生涯并不如想象中美好，枯燥、杂乱的文献、目录让李彦宏有些抓狂。"不在沉默中爆发，就在沉默中灭亡"，他却在沉默中找到了第三条路：去计算机系蹭课，在主业之外去发展自己的兴趣。所有的努力都不会被辜负，图书情报系与计算机系的学习都在以后成为他事业中不可或缺的部分。

临近毕业，出国热潮风头正劲，李彦宏决定出国。

1991年的圣诞节，他踏上了飞往洛杉矶的航班，前往布法罗大学攻读计算机博士学位。留学生活很艰辛，李彦宏白天上课，晚上补习英语、编写程序，经常忙到凌晨两三点。磨合期过去后，他又开始给自己"找事"做了，决定出去闯闯。

1992年暑假，李彦宏去松下实习。在这里，他小试牛刀，初露锋芒，提出一种提高识别率的算法，不仅得到公司领导的赏识，还得到OCR（光学字符识别）领域一位权威人士的赞赏，研究成果还被推荐发表在权威学术期刊《模式识别与机器智能》上。看来，顺利拿到博士学位只是时间问题，但这条坦途上突然生出另一种选择。

1994年，李彦宏收到华尔街一家公司——道·琼斯子公司的聘书。继续读书还是开始工作？做科学家还是工程师？这是个问题。李彦宏最终选择了做工程师。"那时候，中国留学生中有一股风气，就是读博士的学生一旦找到工作就放弃学业。起先，我认为自己不会这样。但这家公司老板也是个技术专家，对我的研究非常赏识，两人大有相见恨晚的感觉。士为知己者死，于是我决心离开学校，接受这家公司高级顾问的职位。"李彦宏如是说。

在道·琼斯子公司待了三年半，李彦宏每天跟金融新闻打交道，慢慢他认识到公司需要的是技术支持，而自己的兴趣是技术开发。于是1997年，他离开华尔街，去了硅谷。

李彦宏进入当时美国主流搜索引擎公司Infoseek（搜信）。硅谷的商战气氛让他心中升起一股躁动。看着周围一栋栋办公楼拔地而起，尘土飞扬的工地很快就变成了网景工业园区；耳朵里听着最近哪家公司上市、哪家股票价格一路飙升、什么人又通过option（股权）赚了钱在山上买了别墅……李彦宏切实地感觉到："原来技术本身并不是唯一的决定性因素，商战策略才是真正决胜千里的因素。"同时他也在不断地问自己："再去加入这场商战是不是已经太晚了？可是按照信息经济现在的发展速度，谁又能够负得起不参战的责任呢？"他心中的躁动逐渐升级，终于在妻子的鼓励下，决定利用自身的技术回国创业。

创业进行时

众里寻他千百度

1999 年底，李彦宏与合作伙伴徐勇带着融到的 120 万美元回到北京。

当时，国内涌现的许多互联网企业都争先恐后地往租金昂贵的写字楼里搬。李彦宏却务实地选择了北大资源宾馆，租了 1417 和 1414 两个房间，数字听起来不怎么吉利，却并不妨碍他们的创业激情。安顿下来之后，真正的忙碌也随之开始。稍微抽出空闲，李彦宏和徐勇经常会跑到母校北大张贴招聘小广告。

2000 年，两位"大老板"终于招到五个"兵"。人少工作也还是要做的。那段时间，办公室里整夜亮着灯，谁困了就在椅子上将就着休息一下，或去洗把脸，回来继续工作。百度便在这校园民谣般的环境中诞生了，名字取自李彦宏最爱的一句宋词"众里寻他千百度"。

互联网寒冬突降

公司开张不久，事业刚刚起步，全球互联网泡沫破灭不期而至，各大网站 CEO 措手不及。按照计划，先期融资的 120 万美元是打算半年内烧光的，幸亏李彦宏在年初时多留了个心眼儿，将计划做成一年的。由此，百度才在互联网寒流来袭时挺了过来，等到了第二笔融资。

守得云开

百度做的是搜索引擎，但 21 世纪之初的中国人对此很陌生，不知道这个东西到底是什么，跟自己有什么关系。

2000 年 5 月，百度找到第一个客户，一家名为硅谷动力的网站。李彦宏赶紧组织了一场盛大的新闻发布会，却在现场遭遇尴尬：无法接通网络，他精心准备的应用展示毫无用武之地。李彦宏用嘴皮子代替电脑完成了既定演示。演示结束，没人举手向他提问，大家还没弄明白李彦宏究竟是干什么的，百度的业务又能给自己带来什么。

面对挫折，李彦宏意外地平和，他不急不躁、不急功近利、不随波逐流地接受了这一切，专注地在中文搜索的一亩三分地里经营着、拼搏着。

"守得云开待月明"说的大概就是他吧！2000年6月，李彦宏和百度终于迎来了"春天"，在互联网寒冬里拿下新浪、搜狐、网易和TOM的技术委托大单。

少数派的坚持

2001年，百度运行已有一年时间，公司没赚到多少钱，在业界也没有多少名声。李彦宏不禁思考是不是百度的商业模式出了问题。思虑再三之后，他决定率领百度转型，引入搜索竞价排名机制。

引入搜索竞价，这立刻引发中国炙手可热的几大门户网站的不满，甚至百度董事会也一致反对，连老搭档徐勇也因担心搜索技术的销售问题而站到李彦宏的对立面。在某次董事会上，争吵持续了三个小时，毫无结果。一向平静斯文的李彦宏终于忍无可忍，瞪起眼睛"啪"的一拍桌子："我不做了，大家也都别做了，把公司关闭了拉倒！"权衡之下，董事会妥协了，李彦宏胜利了。

曾在百度担任副总裁的朱洪波评价李彦宏说："管理者的决策是这样形成的：听多数人的意见，和少数人商量，自己做决定，李彦宏就做到了。"

事实证明，李彦宏的决策是正确的，百度在国内首创按效果付费的网络推广方式，以少量投入为企业带来大量的潜在客户，有效地提升了企业的销售额。

对决Google

2002年初，百度搬到海泰大厦，办公条件得到很大提升，竞争环境却日益激烈。早在2000年，Google就推出中文网站，发展得很顺利，在中国网民中日渐形成了良好的口碑。百度的市场份额虽然越来越大，但面对Google的扩张，李彦宏也感到不安。直觉告诉他，百度与Google终将有一战，而为了笑到最后，百度必须在技术上超越Google。

2002年时，在访问率、访问速度、文章库等多项搜索引擎标准中，百度虽然已经在大部分指标上表现优异，但在公众口碑中，却是Google更胜一筹。当然，其中不乏公众推崇国际品牌的因素。

2002年2月，百度成立了15人"闪电计划"小组，实行第二次技术升级，目标是：在9个月内让百度在日访问页面上比原来多10倍，日下载数据库内容比Google多30%，页面反应速度与Google一样快，内容更新频率全面超过Google。计划运行到8月，效果却不理想。李彦宏亲自上阵，带领小组搞研发。他在搜索引擎方面有深厚积累，对世界前沿技术十分了解，让"闪电计划"如虎添翼。2002年12月，北京进入初冬，"闪电计划"大功告成。在百度内部，有人弃用Google，理直气壮地用上了自己的百度。

2003年5月28日，中国电脑教育报发起了一场万人公测活动——"Google vs. Baidu——两大搜索引擎对决搜索之巅"。10015名普通用户参加测评：55%的人选择"百度比Google好"，10%的人选择"百度、Google差不多"，35%的人选择了"Google比百度好"。这一串数字证明了百度，也驱动着百度走向更高更远的目标。

2004年6月，百度迎来新节点：超过3亿的中文网页链接，超过6000万的日流量，从此宣布成为全球最大的中文搜索引擎。此时，百度真可谓"独上高楼，望尽天涯路"，上市也适时地被提上日程。

与资本博弈

2005年春节过后，百度正式启动上市工作。高盛和瑞士信贷第一波士顿在几轮竞标后成为百度的主承销商。豪华的承销商组合为百度成功上市再增一份砝码。

经过半年多准备，2005年7月13日，百度首次向美国证监会递交了招股说明书：百度计划发行价值8000万美元的A类普通股股票。一周后，李彦宏决定将融资额度改为7400万美元，对外发售370万股股票。这370万股每股只有一个投票权。百度股东的原始股为B类股，每股有10个投票权，B类股一经流通也将转为A类股。此所谓"不同表决权股份结构"，这种发行方式在美国股市很常见，百度则是首家采用此种方式在纳斯达克上市的中国公司。

一周时间，融资额度缩水7.5%，但不能不说这是一个"精明"的设计。李彦宏当时拥有百度25.8%的股份，上市后会被进一步稀释。竞争对手Google拥有百度2.6%的股份，其通过流通市场收购百度的可能性相当大，李彦宏必须采取措施加强对公司的控制力，防止百度被恶意收购。

2005年8月5日深夜注定无眠,在地球的另一端,百度上市的钟声敲响,开盘价格66美元,首日收盘于122.54美元,涨幅达358.85%,成为美国历史上上市首日表现最出色的十大股票之一。

敲响纳斯达克的钟声,是百度新纪元的开始。李彦宏常说:"百度离破产永远只有30天。"以此激励自己和员工一直保持"在路上"的心态,永远走在时代最前沿。

互联网"狼性之说"

2012年,百度看起来波澜不惊。

中国宏观经济低迷。用户的搜索行为开始从PC端转向移动端。11月13日,百度股价两年来首次跌破100美元,第四财季的收入预计在61.55亿~63.45亿人民币,低于市场预期。

资本市场开始担心:"百度在中国互联网搜索引擎市场上占据垄断地位,但在移动端市场不可避免地遭遇挑战,并且很难复制自身的传统优势。"

李彦宏思考后,诊断百度患了"恐龙病"。自2010年Google退出中国市场后,百度一家独大,少了竞争压力,也少了发展动力。"我们看到,用户的搜索行为从PC向无线迁移的速度非常快,快于百度的预期,这些因素对百度的业绩产生了不利影响。"

针对"恐龙病"反应钝化、创新活跃度降低的症状,李彦宏开出的处方是"狼性之说"。

2012年年底,李彦宏在百度内网上发了"改变,从你我开始"的公开信,要在百度内部"鼓励狼性,淘汰小资"。所谓狼性是指"敏锐的嗅觉、不屈不挠奋不顾身的进攻精神,群体奋斗";与之相比,小资则是"有良好背景,英语流利,稳定的收入,信奉工作只是人生的一部分,不思进取,追求个人生活的舒适"。狼性关系着企业的生死存亡,"要让所有员工更明确如果想找一个稳定工作不求有功但求无过地混日子,请现在就离开,否则我们这一艘大船就要被拖垮"。公开信发出之后,业界关注如潮,支持者认为,对于已经彰显大企业病的百度来说,狼性对于唤起员工的创业热情、对创新抱有敏锐的嗅觉、实现百度的自我发展和变革十分必要。

移动端大战

早在 2012 年,李彦宏便开始布局移动互联网,搭建以移动搜索为核心的百度移动互联网生态。为此,他提出百度要实行从"连接人和信息"到"连接人和服务"战略的转变,改变百度的商业模式,并延续了以往的技术追求,重视技术投入,以积累雄厚的技术储备。在技术研发上,单是 2014 年,每个季度都要投入十几亿,在研发投入上的增幅为 70%,这一比例甚至超过了 Google 和 Facebook。

转型成果斐然,2013 年,百度有 13 个 app 用户数过亿,包括手机百度、百度地图、百度云、百度手机输入法、百度魔图、百度视频、91 桌面等。从搜索量来看,2014 年第三季度,百度移动流量首超 PC,百度移动端的搜索市场份额约为 80%,超过了其在 PC 端 70% 的流量,成为百度转型成功的标志,超过了阿里和腾讯。从收入来看,2014 年第三季度,移动端收入就超过了 36%,"2014 年底时,百度的收入也有 50% 以上来自移动端,是用户通过手机创造的"。至此,百度不仅成功实现了向移动端的转型,而且成果领先,李彦宏表示,百度的转型成功,"这在主流的互联网公司是没有过的,我们是第一个"。

开拓新业务

百度在开发新业务上也大力投入。2014 年 9 月,李彦宏引进前担任微软亚太集团主席的张亚勤,由其负责百度的新兴业务。张亚勤提倡"互联网的物理化",提出百度大脑、百度 Eye、百度筷子、百度无人汽车、百度机器人、百度直达号等业务。百度大脑可预测世界杯、预测流行疾病、预测景点游客动向等。百度 Eye 有电视语音翻译和语音识别功能,而百度筷子更类似生活小帮手,可检测食物中是否有"地沟油"、糖分、酸碱度等情况。

2015 年 2 月,李彦宏宣布百度组织架构调整,整合成三大事业群组:移动服务事业群组、新兴业务事业群组、搜索业务群组。其中新兴业务群组肩负着百度"开疆辟土"的职责,这意味着百度搜索业务的权重下降,新业务成为重点战略方向。

李彦宏是个"技术控",他一直重视研究工作,2011年建立了百度美国研究院,2013年又建立百度深度学习研究院。他注重智能技术领域的研发投入,这将为百度乃至互联网的未来产生巨大的影响。

投资"璞玉"

在自身发展的"狼性之说"以外,百度的投资业务也在不断发展,为了占领细分的移动O2O市场,李彦宏不惜重金。在2013年,百度就以18.5亿美元并购91无线,成为迄今为止中国互联网领域最大金额的并购案,对打造百度移动互联网入口战略举足轻重。2015年,李彦宏宣布在未来3年内对百度糯米追投200亿,大手笔参与O2O的市场竞争。

以旅游市场为例,2011年,发现去哪儿将成为旅游流量的入口之后,李彦宏果断决定投资收购了去哪儿。2015年10月,百度又出售去哪儿的绝大多数股份置换成携程的股份。这是百度在O2O上的胜利,对其拿下旅游细分领域的第一名具有重要的战略意义,有人甚至评论"百度出了王炸"。

2014年,李彦宏重视百度对UBER的投资,这次举动不仅是继续完善百度的O2O布局、赢得未来车联网的入手,更是百度国际化的重要一步。

李彦宏很低调。除非在正式场合,否则他很少接受媒体等的采访。"不鸣则已,一鸣惊人",这是妻子对他的评价。他给外界的印象是淡定又坚持。回顾百度的发展历程,在关键节点上,他会表现出少有的"执拗",事后多被证明正确。或许,他一直在做自己喜欢并擅长的事儿,一直在思考,一直在做独立的判断,所以才能保持"不追随,不动摇"的坚定。

· **大佬创业谈** ·

一旦你想清楚做一件事情,不管外界有多少人在质疑你,不要管他。你是可以蔑视一切怀疑你、质疑你的力量,认准了,就去做。

三一集团创始人、董事长

梁稳根
屡败屡战，抓紧梦想

1956年出生于湖南娄底。
1986年开始创业。
1989年，企业更名四建三一集团，后来发展为"中国制造"的一张名片，其混凝土泵技术在全球首屈一指，创造并保持着混凝土泵输送高度世界纪录。
2005年，三一重工集团推出股改"第一方案"，成为中国股权分置改革射出的"第一箭"，用行动诠释了"国家之责大于公司之利"和梁稳根"产业报国"的梦想。
2009年，三一集团混凝土机械年销售收入占全球第一，在国际市场上站稳了脚跟。
2014年，三一在上海中心大厦实现620米的混凝土输送，打破世界第一高楼迪拜塔曾创造的世界纪录，捧得"世界泵王"的桂冠。

如果有人问，哪位企业家的经历能够完美地诠释"白手起家"这四个字？梁稳根可谓不二之选。在他的努力下，一个小小的焊接材料厂逐渐成长为影响力巨大的民营企业，并从湖南走向全国，从中国走向世界。

梁稳根出身草根，辞职创业，后来问鼎内地首富；他大胆改革，饱受争议，但最终用实效为自己正名。一路走来，他跌宕起伏的人生堪称商界传奇。如今，他手握"中国制造"的名片，稳坐中国重工业第一的宝座。他曾说："'产业报国'是铭刻在中国几代企业家基因里的强大抱负和梦想。"于是，他屡败屡战，却始终不曾改变前进方向。

创业前奏曲

少年立志

1956年，梁稳根出生于湖南省娄底市茅塘镇的一个山村里。少年时，他家境贫困，农闲时父亲走街串巷揽一些篾匠活儿贴补家用。当时做生意是"投机倒把"，父亲被迫在夜晚"秘密进行"编织活儿。即便这样，额外收入还是解决了一家九口的生计问题，梁稳根也从父亲身上有了最初的商业意识萌芽。

好景不长，父亲的"秘密活动"遭到揭发，挨了批斗，全家也因此受到牵连。生活陷入窘境，少年梁稳根看着、熬着，立志要拼出一番事业，让全家扬眉吐气。

1977年，"恢复高考"的消息给梁稳根带来新的希望，他带着师长的鼓励和家人的希望，备战高考，并于1979年被中南矿冶学院（现中南大学）录取。从中南矿院开始，梁稳根结缘重工业。

桃园四结义

1983年，梁稳根大学毕业，被分配到兵器工业部洪源机械厂。

刚进厂，27岁的他踏实勤奋，很有想法，提出自己的梦想是有朝一日能够"产业报国"。这个看起来很宏大的梦想不但没有遭到嘲笑，反而激起了厂里其他几个青年人的共鸣。就这样，他与袁金华、毛中吾、唐修国、向文波几个结成好兄弟。梁稳根因年龄最长、思想成熟，自然当了"老大哥"。雄心勃勃的他还在单身宿舍的墙壁上写下"创建一流企业，造就一流人才"的豪言壮语，这，正是后来三一理念——"创建一流企业，造就一流人才，做出一流贡献"——的雏形。

梁稳根思维活跃，工作一段时间后，提出一系列改革意见。厂长觉得他很有见地，也生出赏识之情。

1985年，梁稳根被提拔为厂内体改委副主任，随后他提出承包一个车间，推行改革，自负盈亏，但没批准。当年秋天，向文波考取了研究生，回到学校深造；随后，梁稳根、唐修国、毛中吾、袁金华提出辞职。领导有心挽留，但劝说无效，最后以除名论处。

辞职后，四个年轻人带着一瓶酒、一只鸡，来到工厂后山顶"桃园结义"，许下誓言："今生今世，肝胆相照，患难与共，誓为民族工业的振兴而奋斗……"

创业进行时

失败接踵而来

最初的冲动和激情退去后，四个人意识到：眼前最要紧的是赚钱养活自己。梁稳根作为老大哥，开始四处搜寻商机。

1986年元旦，他得到消息：在市场上买卖一头羊可以赚20多元。这对"四兄弟"诱惑极大。几个人分赴外省产羊地进行收购，后来才听说看涨行情是因为外贸部门取消了一个大合同，很快羊价就会跌。于是，这次贩羊生意刚刚开始，就以失败告终。

梁稳根不甘心，开始转行做酒水生意，但没过多久又失败了。

他又开始做玻璃纤维生意，迎接他的依然是失败。

痛定思痛

接连失败让梁稳根冷静下来，好好寻找原因。再次行动，他就谨慎了很多，在经过细致的市场分析和调查后，他决定开发当时市场上紧缺的有色金属焊料。

1986年，梁稳根和几个好兄弟向亲戚们借来6万元成立了湖南涟源茅塘焊接材料厂。他们在历经一次次的实验和失败后，终于投产第一个产品——105铜基焊料。梁稳根十分激动，他把这批货物寄给一个辽宁工厂。很快，对方就以质量不过关为由退货了。无奈之下，梁稳根只好向大学时的老师翟登科教授求助。有了恩师的帮助，105焊条的研制终于达标。

1986年9月，他们收到第一笔货款：9000元。这历尽千辛万苦赚到的"第一桶金"，让这群年轻人激动不已。

三一诞生

初次告捷，梁稳根欣喜不已。到1989年，这个"小厂"已经实现1000多万元收入。梁稳根并未就此止步，他将眼光放到更大的层面上，注意到当时国家在基础建设方面投入巨大，凭着直觉，便嗅出其中的商机，"基础建设我们虽然不懂，但基建行业的设备我们还是懂的"。

1991年3月，他带着团队走出茅塘乡，走进涟源市，涉足向来只有国企敢做的行业——重工制造领域。同一年，向文波研究生毕业，回归这个群体；梁稳根又看到人造金刚石市场上潜在的机遇，建立人造金刚石压机厂和金刚石厂，生产压机和人造金刚石，打开市场，赢得先机。

发展两年后，梁稳根决定走出涟源，到长沙创立三一重工，"三一"取"创建一流企业，造就一流人才，做出一流贡献"之义。

第一个专利

随着企业的发展、市场的扩展，梁稳根又开始研制混凝土输送泵等工程建筑机械产品。在这个领域，梁稳根的对手变成了海外公司。梁稳根感慨道："我们要学习外企在资金、技术和人才以及企业运作和管理模式方面的长处，这是十分必要的，但也要看到海外企业的弱点，我们只有利用自己的优势来扩充自己，才能取得胜利。"

梁稳根同时意识到，和外国公司相比，自己的企业欠缺技术。每每看到市场上"万国博览会"的情形，每每看到自己的工人要使用进口零件装配时，梁稳根心里就很不是滋味，他说："国外的技术严密封锁，我们只有杀开一条血路，瞄准世界一流，掌握关键设备的核心技术，才能变'中国制造'为'中国创造'，不断追赶世界领先步伐。"

1995年，为攻克技术难题，梁稳根请来液压专家易小刚担任三一的总工程师。易小刚没有辜负梁稳根的期望，他潜心研究、夜以继日，尝试了各种新方法，最终设计出一个可以旋转90度的阀门。因为这个设计比较大胆，遭到从工人到车间主任的一致反对。当时外国的技术是用管子，但如今这个"新人"提出要用阀门，大家心里犹疑不定。

面对此情，梁稳根也心存犹疑，在与易小刚沟通后，他最后告诉大家："是相信科学，还是相信外国人，我们可以先试一下。"最终，他们设计出一个工作原理与原有产品完全不同的液压集流阀组，这也是三一集团的第一个专利。

自此之后，凭着坚韧不拔的毅力，三一开始大力创新，在之后几年中不仅解决了拖泵问题，而且在行业率先实现泵车臂架自制。同时，三一也一直保持着一项世界纪录——最长泵车臂架。凭借着技术优势，三一不仅能与外国企业争锋，也为自己开拓了巨大市场。在不到10年时间里，三一就获得中国混凝土机械市场 50% 以上市场份额，在它的带动下，国产品牌总计获得的市场份额超过 90%。

到国外开拓疆土

在国内市场，刚刚崭露头角的三一一度被别人称作"大型个体户"，当它带着自己的技术和产品踏入世界市场时，人们才对它刮目相看。梁稳根觉得，在将"中国制造"发展为"中国创造"的过程中，技术是其中的一部分，将产品推广到全世界也是必不可少的一部分。

起初，为了走出国门，三一与美国迪尔公司合作并代理其部分产品。之后伴随着梁稳根"到国外开疆拓土"的豪情，2001 年，三一出口第一批产品"液压平地机"至摩洛哥。伴随产品的出口，三一的办事处也在全球设立起来。

2002 年 9 月，在香港国际金融大楼施工现场，三一混凝土泵将混凝土送上 406 米的施工面，这打破了国外老牌企业创造的世界纪录，比前世界纪录提高将近 100 米。

2003 年 9 月，在三峡三期工程工地上，三一新一代三级配混凝土输送泵试打成功。这使输送三级配混凝土成为现实，三一再次填补了国内外工程机械领域的空白。

2006 年，三一进驻印度，投建第一个海外研发和制造基地。

2007 年，三一登陆美国，投建第二个海外研发和制造基地。

2009 年，三一选定德国，投建第三个海外研发和制造基地。正是这一年，公司混凝土机械年销售收入超越德国普茨迈斯特，成为全球第一。

凭借着卓越的产品质量、领先的专业技术和优秀的售后服务，三一重工迅速在国际市场上站稳了脚跟。它不仅销售业绩一流，更为中国民族工业树立了良好的品牌形象。

中国股改第一股

三一集团发展迅速，核心企业三一重工于 2003 年 7 月 3 日上市，是中国股权分置改革首家成功并实现全流通的企业。"流通"、"股权"成为无法规避的重要问题。为了解决经营动力问题，也为了完善资本市场功能，梁稳根决定，申请进行股权分置改革。

2005年5月，三一重工和其他三家企业一起被选为第一批股权分置改革试点企业，随后推出股改"第一方案"。而不到两周的时间，三一重工又成为首家修改方案的企业，方案由之前的每10股送3股派8元现金修改为每10股送3.5股派8元现金，并主动提高减持门槛，承诺作出增加两项重要减持条件。

消息传出，大量的质疑涌向梁稳根，面对重重压力，他的态度非常坚决："国家之责大于企业之利。相对于推动整个资本市场改革的进步而言，企业自身利益的得失微不足道。"

最终，2005年6月，三一重工的股改方案获得93.44%的高票通过，成为中国股权分置改革射出的"第一箭"。

股改的成功带动了三一的进一步发展，通往海外的道路也变得越来越顺畅。

缔造世界级企业

创业伊始，梁稳根许下宏愿，用"创建一流企业，造就一流人才，做出一流贡献"的方式真正做到"产业报国"。他身在东方，却时刻关注世界；身为民营企业家，却始终秉持报国情怀。

"在全球化时代，经济是没有国界的，但企业和企业家却有自己的国籍。我曾经去过世界很多地方，每到一处，别人首先问的不是你叫什么名字，而是你来自哪个国家。在世界各个地方，在芸芸众生之中，祖国就是我们的名字，就是我们的代号、荣誉和尊严。"

2010年，智利发生矿难，在救援过程中，当地政府选中三一的履带起重机——这是唯一进入救援现场的亚洲设备。

2011年，三一的62米泵车在福岛核危机中大显身手，其精良表现被赞为"中国制造"的一张名片。

2012年，三一收购"全球混凝土机械第一品牌"德国普茨迈斯特；同年，三一又与随车起重机巨头奥地利帕尔菲格签约成立合资公司。

2013年，三一海外销售收入实现108亿元，其国际化进入全面盈利时代。而其经营管理也入选哈佛案例，这张"中国名片"的全球影响力不断扩大。

2014年，三一旗下的三一起重机公司与奥地利帕尔菲格公司实现交叉持股，同年，三一在上海中心大厦实现了620米的混凝土输送，打破普茨迈斯特在世界第一高楼迪拜塔创造的606米世界纪录，捧得了"世界泵王"的桂冠。

"中国从来不缺大企业，但是需要培育一批真正的世界级企业。"对于三一来讲，"国际化"不仅是单一的产品输出，更是对中国的技术、服务、文化和理念的系统推广。三一正以行动改变着这一点，这家民营重工企业正逐渐成为外国人了解中国的一个窗口。

一个朴素的"产业报国"的理想，一个草根出身的"中国首富"，在近30年的奋斗中，梁稳根历尽坎坷挫折，却始终不改报国初心。他在为国家和民族贡献了一个世界级装备制造业品牌的同时，也用自己的经历，激励着更多创业者心存希望，坚持梦想。

·**大佬创业谈**·

一个企业要想取得十足发展，需要每一位员工充满活力，天天向上。这就需要很好的激励机制。只有每个个体的活力才能带来整体的蓬勃。

1974年出生于江苏省宿迁市。

1998年，创办京东公司并担任总经理，代理销售光磁产品。

2004年，涉足电子商务，创办"京东多媒体网"（京东商城前身）并出任CEO。

2010年，京东发展成为中国首家销售额超过百亿人民币的网络零售企业。

2011年，获华人经济领袖大奖和第十二届中国经济年度人物。

2014年，京东商城在美国纳斯达克证券市场挂牌上市。

京东商城创始人、董事局主席兼CEO

刘强东

活出自己，只争第一

　　刘强东绝对是电子商务界的性情中人。2004年，他关闭所有店面，把线下经营搬到线上；每天用三分之一的时间和用户互动，微博粉丝直冲百万，上门配送风雨无阻；京东电子产品的价格比同行低6%，连续6年创造200%的增长。在质疑声中，他融资数亿美元，再次把竞争对手甩在身后。他用数字证明，后来者同样可以居上。

　　刘强东把中国的电子商务推上一个前所未有的高度。目前，京东商城的规模已经位居全国第二，仅次于阿里巴巴的在线商城。他并不满足于此，而是雄心勃勃地要在未来打造中国第一、世界前五的电商公司。从创业开始到如今，每一步都印证了他的信念：活出自己，只争第一。

创业前奏曲

创业初念

　　1974年，刘强东出生于江苏宿迁。京东大运河流经此地，靠山吃山靠水吃水，这里的人家多靠使船过活。父亲曾是生产队会计，1979年农村搞包产到户，家里借了2500元钱，买下一条10吨的船搞货运，从徐州运沙子到扬州，再将瓷器从扬州运到徐州。

父母常年跑船，幼年的刘强东和妹妹被寄养在外婆家。

上小学后，每次暑假他跟妹妹都会随船给父母帮忙。在这段生活中，刘强东目睹了自家的船从 10 吨换成 40 吨，再换成 80 吨、120 吨，吨位虽在变，却永远只有一条船。他问父母：为什么不弄个船行，租船给别人呢？父母认为这个点子太先进，更相信靠自己的双手踏踏实实劳动。看着父母日复一日的劳作模式，刘强东萌生了以后创业，一定要有很多船，冲出长江驶入海洋，用 10 万吨的巨轮在世界范围内进行贸易。

15 岁的冒险

对于孩子来说，外面的世界充满幻想和刺激，值得冒险去闯一闯。15 岁的刘强东冒了一次险，对他冲击可谓深刻，甚至在某种程度上为他以后创业打了底儿。

1989 年，刘强东初中毕业，他没和家里说一声，就带着 50 元积蓄独自到江西九江、湖北黄梅县探亲去了。在这次"闯荡"中，他见到了火车、高楼大厦，吃到了方便面，坐轮船过长江时，他感慨万千，写下"愿做出海蛟龙，不做南河刀鳅"的壮志。很久之后，刘强东跟下属提起这次"闯荡"，深深地记得当时的冲击："生命只给我们一次机会，哪怕有所谓'生命的传承'的孩子，那也不能代替你自己。离开这个世界之后，你就再也回不来了，没法儿再活第二次。哪怕有来生，那也是全新的生命，你也不会想得起前生是怎么过的。"

选准第二专业

1992 年，刘强东顺利考入中国人民大学，读社会学专业。他还沉浸在新鲜的兴奋中，师兄就给了一条建议：多学一个第二专业，社会学不太好找工作。宿舍老大又用夭折的恋爱强化了这一课："没戏了，那女孩一听我是社会学系的，就说你们工作实在太难找了，嫁给你们，什么时候才能在北京买到房子啊？"

接连两次刺激让刘强东清醒，他学了第二专业：计算机技术。当年，这是个很高深的专业，他买来很多计算机图书自学编程。这个第二专业与他之后的创业紧密相关。

自学编程的成效在大三那年显现出来。他不再抄信封、推销书来赚学费，改为帮人写程序赚外快。当时，他写一套系统大约要花一个月时间，可以赚到五万左右，到下半学期，他已经成为班里的赚钱"大户"。

创业进行时

人性的善恶

1995年，刘强东大四时开始创业处女秀，选定与计算机毫不相关的餐饮业。当时人大附近有一家餐厅要转让，他觉得机会来了，随后带着24万现金找到老板盘下店。

初次创业，他还显得稚嫩，对法律和房产一无所知，甚至没跟老板多砍价。自己的饭店开起来后，他算是个不错的老板，给员工涨了工资，换了新宿舍，装了空调，还改善了伙食。他当时正上大四，没有太多时间泡在店里，而且他觉得自己对员工还不错，经营状况应该不差。半年下来，一结算亏了20多万。原来有些员工们真是不亏待自己，吃好菜喝好酒，采购、收银再多拿点，不亏才怪呢。

第一次创业宣告失败。刘强东开始思索原因，思考人性的善恶：为什么自己带着善意而来，感受到的却是世界的深深的恶意？

原来败在"此处"

1996年刘强东大学毕业，他没有马上再次创业，而是去了日资企业日宝来福。在那里，他最大的收获是解开了创业处女秀的失败之谜。他认识到，做企业要成功，靠的是管理，而不是纠结人性的善恶。他初次创业失败的很大原因是没有建立起一套完整的企业制度，自己也没有花足够的时间在这上面。

在这家日企，刘强东做过库管，当时公司规定送彩印的纸可以有五张误差，其他产品没有丝毫误差概念，出错就得走人。上司这样告诉他：这五张纸的误差不是给你的，印刷厂送过来的纸一摞一万张，但不够精确，总会有五张的误差，所以这五张误差不是公司对管理的容忍，而是给印刷厂的。

结合自己首次创业失败的经历，刘强东知道败在哪里了。自己没有做好管理工作，没有在公司建立起一套制度和流程来规避可能存在的漏洞，才导致餐厅的亏损和员工的失业。

再出发

弄清楚创业失败的原因，又还清了债，刘强东创业的念头又蠢蠢欲动。

1998年，他注册成立京东公司，在中关村海龙大厦对面的海开市场租柜台代理销售刻录机等。当时的刻录机市场做代理的人少，竞争小，再加上刘强东很勤奋，时不时地会发一些传单吸引客户，渐渐的小柜台有了大起色。

2001年，京东发展成中国最大的光磁产品代理商，营收超过6000万。

正当刘强东的小日子过得很滋润时，国美、苏宁的一系列动作给了他当头一棒。当时，国美、苏宁避开代理商直接跟厂商联系，以低价为卖点的运作模式"逼"垮了众多百货公司和商场。这让专注做代理的刘强东认识到自己的短板，决定转型。

2001年，在京东发展大盛之时，他毅然从代理刻录机等转行卖电脑配件。当时，他的愿景是做IT界的国美，将连锁卖场开到全国去。对于此举，内部反对声一片，他却"一意孤行"。

2003年，京东已经开起12家连锁店。春天时，"非典"驾到，人们都躲在家里不出门，卖场生意也惨淡起来。走投无路，刘强东只好与员工在网上发帖，注册QQ号推销产品。

塞翁失马焉知非福

"非典"过去后，京东在网上的销售量增长迅速。刘强东从中看到商机。

2004年，京东正式推出电子商务业务，推出京东多媒体网电子商务网站。这一年，京东6000万的销售额中，线下与线上的比例是5:1，线下虽占大头儿，线上却胜在增长快上。

2005年，刘强东又一次让人"大跌眼镜"，决定关掉京东的12家连锁店，专注做线上。当时线下才是主流，线上还处于萌芽期，情势尚不明朗。

他的做法又招致一片反对和唏嘘，他却依然故我。

做"任性"的少数派

2006年，京东商城的销售额并没有交出满意的答卷来证明刘强东的"高瞻远瞩"，虽然达到6000万，却基本属于赔本赚吆喝。之后，刘强东四处找钱，历经多次尊严的考验后，他遇到今日资本总裁徐新。

2006年10月，两人在北京长富宫饭店聊了一晚上，相谈甚欢。刘强东甚至连自己转型做电商之初，天天夜里睡两个小时爬起来给网友回十分钟帖子的趣事都抖了出来。他讲得欢乐，徐新却听出"门道"："一个学社会学的人能每天花10个小时，从一个学校赶到另一个学校自学编程，而且还不是书呆子，读书时就能编程序赚钱，很早就买了'大哥大'，不正说明他市场感觉很好么？"

一晚上的交谈帮京东拉来1000万美元的投资。刘强东其实只想要200万美元，徐新独具慧眼，看到了京东的未来。今日资本还同意将股权的18%拿出来用作员工期权，条件是京东前四年的营收增长超过100%。

有了钱，刘强东着手扩充产品线，将原来主营3C产品拓宽到数码相机、手机等消费类电子产品。实际上，京东的营收增长高达200%。

2007年底，刘强东再一次逆流而上，要自建物流。这一次内部反对与外部质疑一起上，很多人认为京东此举非常愚蠢，早晚会被自建物流拖垮。刘强东却认为这是一个机会，一如既往地坚持己见。

现在，京东商城的物流成本只占其销售收入的5%~6%；2014年，全国的物流成本占GDP的比例是17%~18%。相比之下，不能不佩服刘强东的眼光——自建物流不仅降低了成本，还提高了效率，收获了更好的用户体验。

做电商多年，刘强东对这个行业有着自己的理解，曾提出"十节甘蔗理论"：将消费品行业分为十个环节，即创意、设计、研发、制造、定价、营销、交易、仓储、配送、售后，零售商主要赚取后五部分的利润。他认为："在这个产业里，做的事情越多，吃到的节数越多，有一天行业趋于理性时，你才有能力和资格去获取行业的最大利益。"

2009年，京东的营收达近40亿元。

2014年，京东成功在纳斯达克上市，首日收盘价20.90美元，与发行价相比增长了10%，市值增长到286亿美元。今日资本拥有京东7.8%的股份，也就是说徐新那 1000 万美元的投资赚了 22 亿美元。刘强东的决断、徐新的"豪赌"都得到时间和实践的回馈。

　　刘强东的创业经历似乎昭示着他一直是个少数派，却一直都是看得最远的，也一直是最后的赢家。这个逆着大多数人而上的人，唯一倾听的声音便是他的心，所以他不迷茫、不彷徨。他坚持做自己想做的事，勇敢向前执着坚守，怀揣梦想奋力拼搏，不甘落后只争第一。也许在不久的将来，刘强东带领下的京东会为中国电商行业再添浓墨重彩的一笔。

· 大佬创业谈 ·

　　十节甘蔗理论："在这个产业里，做的事情越多，吃到的节数越多，有一天行业趋于理性的时候，你才有能力和资格去获取行业的最大利益。"

1951年出生于四川省成都。

1992年，刘氏兄弟成立希望集团，这是我国首个获国家工商局批准的最大的私营企业集团，也是中国最大的本土饲料企业集团。

1995年，希望集团分家，刘永好重组建新希望集团并任董事长，希望集团由家族企业向现代化企业过渡。

1996~2006年，刘永好出任中国民生银行副董事长。

1993年，刘永好倡议民营企业家成立光彩事业促进会，其捐赠资金至今已逾20亿元。

2012年，获得人民社会责任年度人物奖，该奖被视为中国企业社会责任衡量的坐标。

2013年，获得"对民族产业贡献卓著的民营功勋企业家"荣誉。

新希望集团创始人、董事长

刘永好

快半步，永不过时

刘永好是位扎根农村的首富，身上有着来自农村的朴实与坚韧。30多年的创业历程，成功的喜悦与折戟的悲伤都亲尝过，一路走来不易。曾被记者问起，如现有财富一夜之间蒸发，会如何应对。他这样说："其实，这么多年的磨练对于我来说，拥有了多少财富并不重要，重要的是，我拥有了创造这些财富的能力！假如我这个企业什么都没有了，我的所有财富都消失了，但我的自信还在，我的见识还在，我的这种经历和能力还在，我可以重头再来。对于我来说，自信和勤奋是无价的。"

对刘永好来说，他的财富不是金钱，而是一路追梦所经历的喜与乐，所收获的自信与实力。

创业前奏曲

从知青到讲师

刘永好，1951年生，四川成都人。

1968年，17岁的他到成都新津县古家村插队，一天工分是1角4分。许多年以后，忆起这段经历，刘永好说："我当了四年零九个月的知青，我觉得非常荣幸，因为这段经历锻炼了我的意志，锻炼了我的心态，锻炼了我的身体。在农村能够学到很多东西，使我了解了中国的农民，了解了中国的市场，懂得了艰苦创业，我觉得这是非常重要的一课，是一定要上的。"

后来，他考上了四川工程职业技术学院机电系，毕业后曾在四川省机械工业管理干部学校任讲师。

初试音响之路

1980 年，刘永好的二哥刘永行为了让儿子在过年期间吃上肉，从大年初一开始摆了七天摊，帮人修电视和收音机，收入 300 块，相当于当时 10 个月工资之多。这笔收入让刘氏兄弟很兴奋，也看到机会："既然能靠修理无线电挣那么多钱，我们是不是可以办一家电子工厂呢？"

说干就干，刘氏兄弟靠着自身的技术，很快制造出一台音响，起名"新意音响"。刘永好带着音响兴冲冲地找生产队谈合作，却被公社书记以"集体企业不能跟私人合作，不准走资本主义道路"为理由拒绝了。

首次创业萌芽无疾而终。忆及此事，刘永好不免惋惜："我们失去了一次机会，我们的音响只能成为我所在学校校办工厂的一个产品。后来，这个产品为学校创造了一定的价值，居然还被评为省级科技成果。如果当时我们做音响的话，现在有可能成为中国的电器大王，说不准的。"

创业需要的不仅仅是个人努力，客观环境一样重要。音响之路虽然没有走通，但已经被点燃的创业激情却没有消退。

创业进行时

选准切入点

教训告诉刘永好，创业需要天时地利人和。他开始思考自己干得了、同时政策又允许干的事情。思来想去，他将养殖业选为创业切入点。

1982 年，刘氏兄弟联手养起鹌鹑，在自家阳台上小规模经营。刘永好和二哥刘永行负责走街串巷叫卖鹌鹑蛋，偶尔会碰上自己的学生，脸面上虽有些挂不住，钱包却日渐充盈。

钱包鼓起后，刘氏兄弟商量着要扩大养殖规模，选定刘永好下乡待过的古家村，打算在那里办一个良种场。

有了前一次制造音响的教训,为了保证自己在政治上正确,在着手开办之前,刘永好找到当时的县委书记钟光林,询问下乡创业的可能性。钟书记给他吃了定心丸,却也提出硬条件:"带起10户专业户。"痛快地答应书记的条件后,刘氏兄弟开始筹钱。首选途径是向银行申请贷款,虽然金额不大只有区区1000元,却吃了闭门羹。四兄弟变卖了家中值钱的几件物件,手表、自行车什么的,凑够了1000块。

良种场的创办进入实质性操作阶段。

刘永好的三哥刘永美"停薪留职",全力投入"育新良种场"的创办。创业初期,资金紧张,能省则省。建厂房所需的砖头是刘永好从成都买回来的旧砖,因道路狭窄,砖头只能卸在两公里之外,刘永好带领几个农民兄弟将一拖拉机砖头扛回了村里。厂里需要的孵化箱是他们用收购的废钢材自己动手做的。因陋就简,七拼八凑总算把良种场办起来了。

1983年底,刘氏兄弟盘点一年的收获,欣喜不已:良种场孵鸡5万只、鹌鹑1万只,还超额完成了钟书记的条件,带出了11户专业户!

直面折戟

在第一年的丰硕收获之后,紧接着来一场"灾难"。

1984年4月,有个大主顾一下子订了10万只鸡仔。刘氏兄弟借了一大笔钱,购买了10万只种蛋,对这笔大买卖全情投入。第一批2万只鸡仔交付后不久,他们就听说"大主顾"跑了,急忙去追款,却已是人去房毁,两万只鸡仔也一半被闷死在路上,一半被大主顾家中失火烧死了。他们面对的是:"下单的人已经跑了,他老婆跪在地上,让我们饶了他。看到这样子,我也没有什么好说的。但剩下几万只小鸡马上就要孵出来,而我们又没有饲料,这时候又是农忙时节,农民不会要,借的钱又马上要还,我们真的是绝望了。"

刘氏兄弟商量善后事宜:躲,还是逃?最终,他们没躲也没逃。面对即将孵出来的8万只鸡仔,日渐迫近的还款期限,他们硬着头皮上。农民不要,他们就卖给城里人。刘永好又开始了叫卖生涯。走街串巷是不行了,数量太多,他选择了集贸市场,这里人流多,可摊位也紧张,而且长期摆摊的人都有既定的势力范围,要想在这里站住脚谈何容易。第一天,刘永好和他的鸡仔硬是没能挤出一块摊位来,只好借了一条板凳,坐了一晚上,第二天继续争摊位。好在运气不错,他最终得到一个摊位,卖光了带来的鸡仔。接连十几天,刘氏兄弟就风雨无阻地骑车卖鸡仔。奇迹诞生了:8

万只鸡仔真的就一只一只地卖完了。

这次惨痛经历让刘氏兄弟在商业上更加成熟，更了解自己的底线。这次经历也让刘永好的脸皮变"厚"了，而这无疑是从那个时代的商场中拼杀出来的必备条件。

但这次危机带来的心理考验也不容忽视：在四兄弟士气低沉时，大哥刘永言的一句"我们一定要坚持下去"，让他们再次燃起斗志，在坚持不住的时候再坚持一下，终将看到黎明。

希望诞生

重新出发的刘氏兄弟决定将小鹌鹑做成大事业，一步一个脚印地走出一条"大路"。科班出身的他们决定走科学养殖的道路，在实践中摸索出一条生态循环之路：鹌鹑粪养猪—猪粪养鱼—鱼粪养鹌鹑，绿色健康，并降低了养鹌鹑的成本。

到了1986年，良种场一年的鹌鹑产量达到15万只。刘永好的销售才能也显现出来，他说："当时所有的鹌鹑和蛋都是我卖出去的。一开始，我在成都青石桥开了一个鹌鹑蛋批发门市部，后来生意越做越大，我们又在成都最大的东风农贸市场开了一家奇大无比的店，每天都堆放着数十万只蛋，近的是重庆、西安，远的是新疆、北京，还有老外的订单。那时候，我们成了全国鹌鹑蛋批发中心，我们已经把鹌鹑养到了所能达到的最大的目标。在我们带动下，整个新津县有三分之一的农户养鹌鹑，最高峰的时候全县养了1000万只鹌鹑，比号称世界鹌鹑大国的德、法、日还要大，我们是当之无愧的世界鹌鹑大王和世界鹌鹑蛋大王。"

同年，刘氏兄弟决定给良种场改名为"希望"，昭示着未来的美好前景。

现实倒逼转型

希望是美好的，现实是残酷的。

1987年，新津县的养殖专业户们在借鉴刘氏兄弟的养殖方法后，在孵化率、产蛋率、饲料转换率上都高出刘氏兄弟2~3个百分点。不愿意与农民兄弟争市场的刘氏兄弟决定转战产业链的上游，生产猪饲料。

同年，希望饲料公司成立，在古家村买了10亩地，建起希望科学技术研究所和饲料厂，聘请了一批国内外专家来搞研发。当时，"正大"饲料已经在猪饲料市场上占据了半壁江山。

1989年,"希望牌"1号乳猪全价颗粒饲料正式投入市场,刘永好将卖鹌鹑蛋时积累的张贴小广告的经验嫁接到推销饲料上。"我租了一台刻印机,请一个写字好的朋友写好广告语。创意是我做的,稿子是我写的,刻是我找人刻的,贴是我自己贴的,每家每户猪圈都贴上了我们的广告。后来我们又做墙头广告。我们喊的口号,最开始是'养猪希望富,希望来帮助',后来是'吃一斤长一斤,希望牌奶猪饲料就是精'。那个时候,这种广告方式成本低,效果特别好。"

实践是检验真理的唯一标准,刘永好这经过检验的营销方式没有辜负大家的期待。只用了三个月,"希望"饲料的销量就赶上"正大",且因质优价也廉,最终占据了成都市场。

合与分

"天下大势分久必合,合久必分",刘氏兄弟合作创业一路走来,事业稳步发展时,他们又谋划发挥专长各自打拼。

1992年,希望集团成立。四兄弟各展所长,各司其责:大哥刘永言进军高科技领域;三哥刘永美稳固现有产业,并向房地产行业发展;二哥刘永行和刘永好则负责各地分公司的发展。在产权划分上,刘氏兄弟完美地诠释了平均主义,各占25%。

刘永好与二哥刘永行的合作堪称完美:二哥长于内部管理,刘永好胜在对外关系,一内一外配合无间。

1993年,希望集团在全国建立了10家饲料厂,到1994年,数字已增加到27家。这一年,刘永好当选为全国工商联副主席,对此他曾说:"作为工商联副主席和政协委员,我有机会接触到中国很多优秀的企业家和专家,通过沟通和交流,我的视野更加开阔了。这就像是爬山,过一段时间爬上一座更高的山,就能够看得更远一些。"

经过几年历练,刘永好与二哥刘永行的潜能被激发出来,二人成了多面手,内外均善。在商场上,时机尤为重要,因为决策分歧而错失良机十分不可取。于是,继1992年之后,刘氏兄弟开始了第二次"分家"。

1995年,希望集团27家分公司以地域为准一分为二,刘永好掌舵西南,刘永行坐镇东北。这次"分家"也让刘氏兄弟自创业之初便缠绕在一起的产权关系明晰了:大哥刘永言建立了大陆希望公司,二哥刘永行创办了东方希望公司，三哥刘永美成立了华西希望公司，刘永好则创立了南方希望公司，妹妹刘永红也有自己的股份。

对此，刘永好说："我们兄妹几个都很优秀，有创业激情，能吃苦耐劳，很多地方都值得互相学习。正是这种互补型的团队组合，保证了原始积累的实现。创业时，我们考虑的是如何不倒下去。企业发展壮大了，面对着金钱、荣誉和掌声，看法就会不一致。两次调整，是从家族企业向现代企业过渡和规范，是谋求更大的发展。虽然是亲兄弟，也不可能每件事情都磨合得很好，何况每个人都很能干。经过两次调整，有分有合，大家都发展得很好。合的部分是希望集团，作为存量一直都没有变，永行是董事长，我是总裁。在上市公司新希望中，以我为主，大哥永言和三哥永美都有股份。实际上，我们分的只是产业发展方向和地域。"

跨界"接地气"

创业初期，资金紧张的痛苦深深地印在刘永好的心里。1993年，他联合41位政协委员提案建议成立一家由民营企业家投资、服务民营企业的银行。1996年，他得偿所愿，中国民生银行成立，自己出任副董事长。1999年，他动用1.86亿人民币收购民生银行股份，成为民生银行的第一大股东，占股9.99%。

如今面对互联网和移动互联网的来袭，刘永好也在全面拥抱互联网，思考用互联网精神来转型。他对互联网的理解是要"接地气"和"搭平台"。接地气是要变成市场服务员，与消费者和合作伙伴在一起，搭平台则是要做好各项服务，因此，刘永好不断探索移动互联网在食品、农牧业以及金融领域等方面的应用。他以养殖为例，指出公司通过为农户搭平台，做更多的专业服务，为农民提供服务，使农民可以在自己家里养猪，从而获得大家的支持。

希望"四化"

随着市场与资本主导的经济的到来，刘永好也带领着新希望进行"四化"，即年轻化、金融化、互联网化和国际化，这是新希望未来的发展方向，以此实现传统企业的转型，将新希望打造成百年企业。

年轻化上，通过交班卸任，刘永好将董事长一职交于女儿。目前，新希望集团高层的平均年龄为40多岁，中层为30多岁，而年轻的80后成为公司的领军者。通过体系变革，公司实现了集团年轻化；刘永好与年轻的合伙人打造了"草根创新集团"，通过这个开放共享的平台实施互联网+及金融和产业的结合，达到传统的农牧业、食品与电子商务、互联网相结合，这是互联网化的努力。同时，刘永好在做实业的同时，也开始参与金融的运作，搭建国际融资平台，组建财务公司、资产管理公司、保险公司等。刘永好也积极在海外投资布局，开拓更大的市场，目前，新希望在海外20多个国家已经有了50多个工厂，"走出来，天地宽广"。

新希望的"四化"为公司注入了新鲜的血液，使公司的发展更为后劲十足，游刃有余。

在改革开放后的中国民营企业家中，刘永好是"第一代拓荒者"，在用创业见证改革开放奇迹之后，如今这位"创业元老"也积极在互联网大潮中寻求改革与转变，顺势而为，超前半步。他谈道："我们顺潮流而动，略有超前。你不超前，你就没有机会；但快一步太快了，有可能踩虚脚。所以要快半步，这就能进能退。进，走在前；退，不湿脚。"

· **大佬创业谈** ·

我觉得我比较好的事是下海比较早，第二是比较坚持，第三是能够有比较爱比较善的心对待人。经过30多年发展，我有一定的财富积累，客观讲够我吃一辈子，第二代、第三代也够吃了，但我觉得财富积累并不重要，重要的是我们的诚信，大家对你的认同，大家对你的好感，觉得你值得信赖。

联想集团创始人、董事会名誉主席

柳传志

给块云彩就下雨

1944年出生于上海。
1984年，创办北京计算机新技术发展公司（联想集团前身）。
1994年，联想集团公司在香港上市，成为集研究、生产和销售于一体的"技工贸一体化"的大型企业。
1996年，联想战胜竞争对手，获得中国PC冠军，成长为中国计算机业的第一品牌，并远销东南亚，成为亚太市场的顶级电脑商。
2004年，联想以12.5亿美元价格收购IBM个人电脑业务，成为全球领先的电脑公司之一。
2014年，柳传志与巴菲特共同出资的首个在华运营的外国私人航空品牌"利捷公务航空"正式运营。

30多年前，不惑之龄的柳传志，不甘于在中科院人事局当一名干部，下海创办联想。30多年来，他带领联想从小到大、由弱变强。在跟企业命运捆绑在一起的三十年里，他历经亲密战友的反目成仇、IT行业的生死抉择，但始终初心不改。

2001年，柳传志交棒杨元庆；2011年，卸任董事长。今天，柳传志进入古稀之年，当有人问到70多岁对IT人来说意味着什么，柳传志脱口而出："创新！"他说作为IT人，创新就不是一劳永逸，而是心里怎么都放不下。给一缕阳光就茂盛生长，给一块云彩就降下甘霖。在柳传志看来，他能做的，他要做的，还有很多。

创业前奏曲

曾经梦想很小

1944年，柳传志出生于上海。幼年他随全家迁至北京，父亲柳谷书任职中国贸促会法务部，他也在京读完小学和中学。

高中时期，恰逢三年自然灾害，常常吃不饱。1961年，他在北京25中读高三，一个月32斤粮，半斤油，半斤肉。虽饿不死，但饿得慌——"知道什么叫饿吗？那就是耗净你身上的脂肪，然后再耗你的肌肉。有一天夜里，我饿得实在受不了，想起抽屉里有一盒中药是羚翘解毒丸，我就吃了两颗，几小时后药性发作，抽筋断肠，头痛欲裂。"

1962 年，18 岁的他考入西北电讯工程学院。

1968 年，受"文化大革命"的影响，柳传志被分配到成都国防科工委十所。1971 年又重新分配到北京，开始在中国科学院计算机研究所工作。

在那个年代，物质生活很匮乏，曾一度，柳传志的最高储蓄达 80 块钱。他回忆说，70 年代时他和妻子的一个梦想就是等到老了以后能不能买辆三轮去旅游。

创业进行时

不惑之年"被"创业

柳传志在中科院计算所外部设备研究室做磁记录电路研究，这一研究，就是 13 年。"虽然也连续得过好几个奖，但做完以后，却什么用都没有，一点价值都没有。1980 年，我们做了一个双密度磁带记录器，送到陕西省一个飞机试飞研究所，用了起来。我们心里特别高兴。就在这时候，我们开始接触国外的东西，发现自己所做的东西和国外差得太远。这使得我坚决地想跳出来。"

1983 年，39 岁的他已经成为中科院人事局领导干部处的干部，生活似乎很稳定。

当时，受到改革开放的影响，中关村已经办起一片公司，同事中也有不少人"下海"闯荡——他们要么给人打工，要么验收机器，一天能收入约 30 元，相当于计算所普通员工一个月的奖金。面对着"致富"的诱惑，穷则思变，时任计算所所长曾茂朝开始筹划办个公司，以收入补贴研究所。成立公司就得找牵头人，柳传志的组织能力获得曾茂朝的青睐，成为公司的"掌门人"。

1984 年，中国科学院计算所新技术发展公司正式成立。带着计算机所的 20 万启动资金和 10 名科研人员，40 岁的柳传志在北京一处租来的传达室里，"被"创业了。

两次教训

万事开头难。十几个从未接触过市场的科研人员不知该如何下手。计算所只给他们20万元贷款，真正进入市场后，他们发现这些资金对于一个开发高技术产品的公司来说只是杯水车薪。在当时，仅进口一台计算机就要花3万多元，要想继续发展下去，足够的资金积累必不可少。

为了赚钱维持公司，柳传志和团队吃了不少苦，走了不少弯路，曾因轻信他人一下子就将创业资金损失大半。1985年，为了能够有更大发展，柳传志接下IBM的代理工作。然而，IBM颇似"皇帝女儿不愁嫁"，对这个新成立的小公司并不重视，货物也经常积压在这里。长此以往，柳传志意识到依靠别人终究不是长久之计，还是要自谋生路。后来虽然放弃了代理，可他却在这个过程中学到了许多。

经历的种种挫折让柳传志意识到得有核心技术，才能让公司走得长远。

创新孕育联想

如何进行市场推广，如何管理财务，如何去做服务，柳传志边做边学，慢慢走上"贸工技"道路：先从贸开始，再做自己的技术，形成自己的配套。

真正为公司带来转机的，是一项技术创新。1985年，工程师倪光南设计的第一型联想式汉卡诞生。汉卡是一种将汉字输入方法及其驱动程序固化为一个只读存储器的扩展卡，由三块用扁平电缆相连的电路板和一套软件系统组成。

这时，商业直觉告诉柳传志这个产品有前景，他预感这会让公司发展腾飞，于是连人带技术把倪光南请进来，专门进行汉卡研发。

与此同时，他还把汉卡推向市场。汉卡成本不及价格一半，利润很高，公司很快获得了可观的效益。因为微机和汉卡往往成套售出，也间接提升了微机销量。汉卡推出前三年，公司的收入平均增长速度为500%，汉卡创造的利润多达1200多万元。经过不断改进，公司形成8个软件版本、6个型号的联想汉卡系统，广泛应用于六大领域。

除了让公司利润翻番，联想式汉卡还有一项特殊贡献：让"联想"变成公司和品牌的名称。

1989年，中国科学院计算所新技术发展公司正式更名为联想。

发展制造业

随着技术日臻成熟和公司不断发展，柳传志想让联想独立生产机器。当时是计划经济，建生产线必须得到国家批文，通过中科院去申请未能获批。他想，如果一直固守内地，那么永远只能做销售公司，发展前景十分堪忧。

就这样，1988年，柳传志心一横，带了32万港币到达香港，和香港人在香港办了一个新的联想。由于在香港限制较少，他得以发展制造业，率先生产出主机板，奠定了自身制造业的基础。

在香港站稳脚跟后，联想进入顺畅发展阶段。

1990年，联想拿到国家许可生产5000台微机的生产许可证，其开发的微机也通过技术鉴定和国家"火炬计划"验收，计算机及软件产品也相继被纳入国家计划。

变成事业的主人

1993~1994年，由于IBM、康柏等国外品牌大举进攻中国市场，柳传志不得不开始思考联想创业团队的利益问题。

国企体制束缚、收入水平差距等已严重束缚了联想的发展，"我们跟香港组成合资公司，每年的利润要分红，香港人把利润全部拿走，都是人家自己的；而我们呢，这个分红，一分不差，要全部交给国家。我想到一个比方：船长。我就真的是那个船长，而那个香港的合作者，实际是二副，而且离救生艇很近的二副，随时可以撤退。所有的风险出来，肯定是我扛了；我的性格这样，出了问题我肯定会扛，我扛完了以后呢？最后会落一个什么样的结果……"

于是他决定，他和团队不仅要做联想这条"大船"上的船员，更要当上船主。在他的努力下，联想经营团队获得35%的分红权。在他的进一步坚持下，这份股权一直没有发生变动，直到2001年，他利用这份收益从中科院手里买得35%的股权，创业团队才终于变成自己事业的主人。

打造第一品牌

1994年,国务院证券委员会在给中科院的批复中指出:同意北京联想新技术发展公司控股的香港联想控股有限公司在香港发行股票并申请上市。一个多月之后,香港联想控股有限公司在香港挂牌上市了。此后,联想正式成为一个集研究、生产和销售于一身的"技工贸一体化"的大型企业。

与机遇相伴而来的是更严峻的挑战。

1996年,国家放宽对外国电脑的进口政策,一时间,进口产品席卷市场,联想也受到很大冲击。此时,柳传志格外镇定,他带领联想进行大幅度改革,利用半年时间详细分析了元件的流通、微机的装配和市场的形势,随后,联想产品进行连续四次大降价,其果决程度让业界啧啧称奇,甚至担心这"过激"举动会导致大面积失败。命运再次眷顾了柳传志,虽然价格大幅下降,但联想的销量几乎翻了一倍,正是从这之后,联想迅速成长为中国计算机业的第一品牌。

1997年,北京联想与香港联想合并,柳传志出任联想集团主席。

布局交接

1999年,联想不仅在中国做得风生水起,也成为亚太市场的顶级电脑商。柳传志55岁了,开始留意"接班人"。他深谙企业传承的重要性,"选接班人就像选太太,要符合两点:一要漂亮,二要爱我。漂亮,意味着能力超群,是谓有才;爱我,意味着认同企业文化和创业领袖,是谓有德"。

经过考察,他选定杨元庆和郭为作为接班"候选人":两个人都才华卓著,但都还年轻,需要继续锻炼。

2000年,联想集团进行了改组,分拆出神州数码。将两大块业务分别交给两个年轻人,随后又大量启用新秀,让朱立南、赵令欢等人各自成为几大业务的掌门人。

之后,联想进入"新老并行"阶段,柳传志一方面还把握着联想发展的大方向,另一方面又在具体工作上不断淡出,同时也在进一步扩大着联想的业务范围,在2001年和2003年先后设立了联想投资、融科智地与弘毅投资。

退隐、出山、再退隐

2004 年对于联想来说是个重要年份,对于柳传志亦是如此。这一年,由于经营不善,IBM 的个人电脑业务连年亏损;此时联想的发展势头却极为强劲,已连续九年雄霸中国市场。

最终,联想以 12.5 亿美元收购了 IBM 的全球台式、笔记本电脑及其研发、采购业务。在联想集团收购之后,联想原 CEO 杨元庆接任董事长一职,新 CEO 将由 IBM 个人系统集团副总裁史蒂芬·沃德接任。创业 20 年后,60 岁的柳传志退隐幕后。

退休生活才享受不到五年,柳传志又"被迫出山"。联想收购 IBM 后面临着巨大的"消化问题",新增的员工、新增的业务、不一样的管理方式等一起袭来,让新接班的联想新秀们把握不定。同期,互联网的高速发展也给联想带来新的挑战。

2009 年,65 岁的柳传志重新披挂上阵。总结了联想过去几年的问题后,他一上任就大刀阔斧地进行改革,"做企业 30 多年,常常会有一种感觉:以为已经了解了某些规律,已经形成了一套做法,按照这个做法做下去,就会取得成功。但后来却发现又有了新的事发生,远远跳出了你的看法,你按照以前的思路做肯定是不够的,所以你一定要认真对待每个新事物"。他迅速更新管理模式,重组领导班子,在最短时间里让联想重焕光彩。

2012 年,68 岁的柳传志再一次解甲归田,这一次,联想没有让他失望——在反复锻炼中,新的继任者越来越成熟,联想本身也在不断地"自我否定"中稳步向前。

投资未来

面向未来,这位在商场驰骋多年的老将依旧雄心勃勃。如今,古稀之年的柳传志仍旧活跃在商业领域,他时刻关注着一手创建起来的联想,也不忘在风投领域一显身手。

2014 年,柳传志与巴菲特共同出资的首个在华运营的外国私人航空品牌"利捷公务航空"正式运营。此外,在新兴领域,他也兴趣盎然地进行研究。

回顾过去 30 多年，柳传志的经历绝非"创业"二字就能简单概括的。开拓市场，他不畏权威，敢于打破规则；企业改革，他从实效出发，直面体制缺陷；重塑管理，他突破思维局限，创立了"没有家族的家族企业"；培养新人，他毫无保留，成为了名副其实的"商业教父"。

也许柳传志的那句"给块云彩就下雨"，就是对他创业 30 余年最好的评价——不局限于领域，不局限于常规，只要有机遇、有空间，就有发展、有未来。

· **大佬创业谈** ·

在企业上升的时候，吃着碗里的饭的时候，就要想着怎么把饭吃好了；同时还要积极考虑到企业发展的不确定性，把锅里的饭也吃好了。

那些年，我们怎样创业
Elite Entrepreneurs

1945年出生于浙江萧山。
1969年，创办宁围公社农机厂。
1979年，创建了万向，生产汽车万向节。
1994年，万向美国公司注册成立。同年，集团核心企业万向钱潮股份公司上市。
1997年，万向集团生产的万向节敲开世界汽车业巨头美国通用汽车公司大门。
2001年，收购上市公司UAI。至今，万向已将40多家海外企业揽入企业帝国版图，在美国就有28家。
至今，万向创造了多个第一：第一家上市的乡镇企业，第一家进入国务院试点企业集团的乡镇企业……
2013年，鲁冠球以235亿排在新财富中国富豪榜第十四名。
2015年，鲁冠球家族以650亿元位列胡润百富榜第十。

万向集团创始人、董事局主席兼党委书记

鲁冠球
一切都是干出来的

从铁匠铺掌柜到万向老总，从4000块创业到每年数百亿元营业额，创业40多年而屹立不倒的鲁冠球被誉为商界"常青树"。他个性稳健却又不失冒险气质，引领万向树立数座中国企业的里程碑：首家向国外出口万向节产品的中国企业，首家完成国内上市的乡镇企业，首家收购纳斯达克上市公司的中国乡镇企业，美国三大汽车公司零部件供应商中的首家中国企业……

习主席对他的评价是：依法合理、谦虚谨慎、务实低调、与时俱进。称赞万向在他的带领下始终处于领导潮流的地位。

创业前奏曲

辍学与下岗

1945年，鲁冠球生于浙江宁围乡的一个普通农民家庭，他与母亲生活在农村，父亲在上海打工，薪酬少得可怜，一家人生活得相当穷困。

宁围乡与杭州市一江之隔，经济发展程度却是"失之毫厘差之千里"。小时候的他，每每站在江边眺望对面，总不免被繁华都市所"诱惑"。当时，他最大的梦想是去城市做工人，改变命运。

生活所迫，他的梦想只能停留在梦想中。

1960年，鲁冠球初中毕业，家境却没有改善，便主动辍学以减轻家里的负担。

1961年，他得到一个机会，被介绍进萧山县铁器社做学徒。

鲁冠球在这里当了3年学徒，每天能接触到各类机械工具。做学徒的每一天，他都很兴奋，对接触的器具充满好奇，技艺也大幅精进。如此简单快乐的日子很快到了尽头，他被辞退了，原因是"'大跃进'的时候城市缺少劳动力，就从农村招了不少农民进城，但后来赶上三年自然灾害，用个现在的词说，就是农民工又'下岗'了，只能回到农村"。

创业进行时

倾家荡产"败家子"

1964年，再次回到家乡的鲁冠球心已经"野"了，儿时那个跳出农门的愿望愈发高涨。3年学徒生涯让他对机械农具颇有研究，于是筹措3000元钱，办起米面加工厂，便利了周围乡亲们的生活，也离跳出农门更近了一步。

那时不允许私办工厂，这属于"不法行为"。"米面加工厂没敢起名字，更不敢四处宣扬，但就靠乡亲们的口口相传，也引来不少生意。""没有人会相信，60年代为了创业，我先后三次将祖父、父亲和我自己的房产都变卖了，六年间搬了七次家，每天东躲西藏，为的只是干出一番自己的事业。"即便如此"低调"，工厂也难逃被取缔的命运。工厂被取缔后，鲁冠球欠了一屁股债，为了还债，他甚至卖掉了祖父留下的三间旧房。

辛苦奔忙却落得倾家荡产收场，没赚到钱不说，父母的血汗钱，甚至祖辈的房产也搭进去了。鲁冠球"败家子"的名头也就此被坐实了。虽遭受非议，他想创业的心却一直在跳动。

倾情农机厂

1969年，鲁冠球的创业之心再次蠢蠢欲动。"当时，国家批准每个人民公社可以开办一家农机厂，我一听到这个消息就立刻去申请了。"借了

4000元钱，拼凑了6个农民，他的宁围公社农机厂揭牌开业了。

计划经济年代要有配额，鲁冠球的工厂是开业了，却无处买原材料。他又干起收废品的行当，每天走街串巷收废弃钢材，为工厂攒原材料。原材料可以通过收废品解决，销售又该怎么办呢？他又将主意打到周边公社身上，为当地农民提供农具配件生产，而且是按需生产，非常灵活，拖拉机上的尾轮叉、饲料机上的椰头、柴油机上的油嘴，他们都生产过。

经过十年时间，鲁冠球将宁围公社农机厂用小作坊的方式发展起来，产品种类也越来越多，犁刀、铁耙、万向节、失蜡铸钢五花八门。到1978年，宁围公社农机厂已经有了300名员工，年产值也已超过300万。

转型与客户策略

1979年，改革开放正式拉开帷幕。鲁冠球也在思考农机厂的发展方向，他看到一篇社论《国民经济要发展，交通运输是关键》，他从这篇文章里看出门道：中国汽车市场的未来前景。对于当时的鲁冠球来说，直接生产汽车还有些勉强，所以他决定退而求其次生产万向节[1]。宁围公社农机厂也随之更名为萧山万向节厂。

1980年，萧山万向节厂带着自己的产品"钱潮牌"万向节参加全国汽车零部件订货会。全厂对这次订货会非常重视，鲁冠球亲自带队参加，却因为是乡镇企业而遭遇闭门羹。会场进不去，难道就这么回去了？鲁冠球别出心裁，在场外摆摊，一连摆了三天，却无人问津。他坐不住了，派人潜入会场打探消息，得知会场内买卖双方在进行价格拉锯之后，他又有了主意："假若自己的产品降价20%，也还有薄利，那我们通过低价吸引客户。"低价策略一出，订货厂家蜂拥而至，"钱潮牌"万向节质量有保证，价格还低20%，自然订单如潮。订货会结束后统计，他们收获了210万的订单，一炮打响了萧山万向节厂的名头。

---

1 汽车传动轴与驱动轴的连接器。

钱潮 = QC= 质量控制

"钱潮"的首字母是"QC",恰与"质量控制"(Quality Control)的英文首字母缩写相同,鲁冠球将"QC"印在每个万向节上,象征着"质量就是生命"。

他曾收到过一封客户要求退货的信,信中反映说购买的万向节出现了裂痕。鲁冠球立刻找来供销科长,说:"我们厂的信誉最重要,你马上把合格产品连夜送去,换回不合格次品。"

这件事儿远没有结束,他由此想到其他产品或许也可能出现类似问题。为了确认,便组织了30多人的队伍奔赴全国各地,拜访客户。凡是不合格的万向节,无论是不是产品本身的质量问题,一律回收。结果回收了3万多套有问题的产品。

产品回收后,鲁冠球召集全厂员工开会,将这些万向节堆在中间找原因。原因找到后,这些产品就被送到废品公司,公司一下损失了43万。工人们看着心痛不已,觉得这些产品维修一下也可以用,不用都送到废品公司,损失太大。鲁冠球却说:"生产出这样的次品不仅是对'钱潮牌'万向节信誉的损害,更是对国家、对人民的犯罪。一个厂的信誉是最重要的。今后凡是哪个人出了次品,就罚款,就砸饭碗。"

为了提升产品质量,鲁冠球也在设备改进上下足工夫,将利润的80%用在设备更新上,还将设备的折旧率改为20%,年限从15年改为5年。就是对产品质量的这种"锱铢必较"让他带着企业越走越远,越走越开阔,甚至走出国门冲向了世界。

进军国际市场

20世纪90年代初,作为乡镇企业,萧山万向节厂进不了国家计划,国营大厂又看不上小小的乡镇企业。在国内没有市场,要生存下去就要求变求新,于是鲁冠球提出进军国际市场的战略。

1984年,舍勒公司——拥有最多万向节专利的汽车零配件厂商,向万向抛出橄榄枝,订购了3万套产品。这是中国企业首次成为美国三大汽车零配件公司的供应商。第一次合作顺利完成后,舍勒公司与万向开启了长期合作模式,舍勒每年向万向订购20万套万向节产品。双方合作一直比较愉快,却在1987年突生变化。

1987年,舍勒公司的中国代表突然提出万向的产品要出口必须经过舍勒公司,否则将拒绝再进口万向的产品。鲁冠球毫不犹豫地拒绝了。这一回应无疑让双方的合作关系受到影响,舍勒公司也将预定的46.5万套产品减到21万套,减掉一半多。这一举动让万向陷入被动,资金积压,效益下降,甚至半年开不出工资。

为了摆脱困境,避免再次受制于人,造成如此被动的局面,鲁冠球亲自参与开发了60多个新品种,打开了更广阔的国外市场。万向的产品行销日本、澳大利亚、法国、意大利和香港等国家和地区,打开了新局面。

1988年,舍勒公司"吃回头草"了,因为他们找了一圈也没发现比万向更物美价廉的产品。当初,双方陷入僵局时,鲁冠球就说:"倘若你在世界各地找不到比我们价格更便宜、质量更好的万向节,我们随时欢迎贵公司前来重新洽谈合作事宜。"结果不到一年,舍勒公司就再次找上门寻求合作。

成立万向集团

20世纪80年代末,民营企业的地位还在争议当中,颇具前瞻眼光的鲁冠球却在1988年用1500万元买断了萧山万向节厂的股权,让这家乡镇企业变成民营企业。

1990年,萧山万向节厂更名为万向集团。

1994年,万向集团的万向钱潮股票在深圳股票交易所上市。同年,万向还在美国注册成立了万向美国公司,第一年的营收便超过4000万美元。此时,舍勒公司则因为经营不善难以为继被万向收购了。

2001年,万向又收购了已在纳斯达克上市的UAI公司,成为首家收购海外上市公司的中国乡镇企业。

我要造汽车

从农机配件到汽车配件,鲁冠球一路做大,心中却一直有个造车的梦想。1999年,他成立了电动汽车项目组,制定了"电池—电机—电控—电动汽车"一步一步扎扎实实的造车计划。

2002年,万向开发出具有自主知识产权的聚合物锂离子动力电池、电机及控制器等,紧跟着其第一辆电动轿车、电动公交车也研发成功。

2009年，经济大背景处于萧条状态，鲁冠球却斥资13.6亿大手笔投资建电动汽车和锂电池生产基地，而且还要建成国内最大的。

他为自己的造车梦准备了所有环节，却因为没有拿到生产资质而一再搁浅，始终处于示范运营的状态。对造车梦的执着让鲁冠球另辟蹊径找到了间接的解决办法。

2013年，万向收购了A123公司——美国最大的新能源电池制造商。同年，原来掣肘鲁冠球造车梦的生产资质也到手了，万向具备了制造电动汽车的资格。

2014年，万向收购了菲斯科公司，美国电动车巨头。

2015年，万向与上汽集团合资创办了一家新能源客车企业，计划年产5000辆新能源客车。

鲁冠球从不掩饰他在新能源车领域的"欲望"，他说："我会把万向挣到的每一分钱都用来制造电动车。我会大量烧钱，直到成功，或者万向崩盘为止。"他还说："我不造汽车，我儿子也要造。儿子成功不了，我孙子继续。"现在，他的造车梦在稳步实现中，相信它也会像曾经的万向节一样，再创一个个奇迹。

起自微寒的鲁冠球屹立商界40余载，尝过失败的痛苦，也体验过成功的激动，但他似乎没有被裹挟进这些痛苦和激动中，只是在默默地做着一切能更靠近目标的工作。

这位出身农村的商界巨贾依然住着20世纪80年代修建的农家小楼，时刻记得他来的地方，记得他"一定要大家都富起来"的愿景。"我们农民过去因为穷受人歧视，后来我深刻地认识到，只有富起来，并且为这个社会干出点东西，才能被社会所承认。"他是勤劳踏实的中国农民的典型代表，他身体力行为乡镇企业家树立了榜样。自1998年担任全国人大代表以来，鲁冠球每年都会提交有关乡镇企业和农民的提案，因为自己富起来不算什么，全中国的农民都富起来才重要，这也成为他积极为农民发声源源不断的动力。

· 大佬创业谈 ·

只要你尽心、尽责、尽力去做一件事情，当别人一周工作5天，而你365天都不休息，别人在过年初一，而你还在接着干，那么你一定能成功。

那些年，我们怎样创业
Elite Entrepreneurs

1971年出生于广东汕头。

1998年，成立深圳腾讯计算机系统有限公司。次年推出QQ，截止2013年，QQ用户已达20.44亿。

2004年6月，腾讯在香港交易所主板挂牌上市。

2011年，腾讯推出微信，目前微信已经覆盖中国90%以上的智能手机，月活跃用户达到5.49亿，用户覆盖200多个国家、超过20种语言，是亚洲地区最大用户群体的移动即时通讯软件。

2014年，回归做连接器，一些非核心的业务开始跟行业内的翘楚合作。

腾讯创始人兼CEO

马化腾

琢磨产品，步步为"赢"

经历过公司濒临倒闭想卖还脱不了手的窘境，到如今睥睨互联网的QQ帝国，有媒体如此评价马化腾："在马化腾低调温和的外表下，跳动的是一颗雄霸互联网世界的野心。"腾讯的成功，与马化腾一直以来对市场的敏锐把握和对产品的高度重视密不可分，诚如一句话所言："创业16年来，马化腾几乎没有错过中国互联网所有大的风口。"从最初的聊天工具开始，腾讯正是依靠所推出的产品，一步步地走向了巅峰。

创业前奏曲

技术牛人

1971年，马化腾生于广东汕头。1984年，13岁的他随父母迁到深圳，并于5年后考入深圳大学计算机系。

他沉浸在计算机世界里如鱼得水，水平突飞猛进，还兼任学校机房管理员，为计算机维护不遗余力。大学生活带给马化腾的不仅是计算机技术，还让他结交到后来一起创业的小伙伴，张志东、许晨晔和陈一丹。

大学中，马化腾就是"技术牛人"。1993年，深圳迎来中国第一波股市浪潮，他设计的一款"股票分析系统"被一家公司看中，出价 5 万元买下。"成交额"虽不大，却实实在在地让马化腾意识到：好的技术可以转化为真金白银。

后来，马化腾与朋友合作开发股霸卡，销售得也不错，并在圈里有了名气，还积累了最原始的资本。

1993 年下半年，马化腾毕业了，加入润迅通信发展有限公司做编程工程师，做寻呼机软件开发。他技术过硬，很快闯出一片天地，任职开发部主管。在这段工作里，他意识到软件开发的意义在于实用而不是自娱自乐。

泡网和"马站"

1991 年，惠多网进入中国，很多发烧友在自己的城市开设了站点。马化腾了解后，兴趣被激发出来了，"它实在太奇妙了，通过调制解调器拨号上去后，就会出现一个人机界面，有菜单和讨论区，你在那里可以遇见跟你一样的、天南地北的人，我们从未见过面，却可以互相展示最新写的软件，交换加密解密的心得，也可以倾诉对程序人生的感悟"。于是，他在惠多网上泡了很长时间。

1995 年，马化腾投资 5 万元购置了 4 条电话线、8 台电脑，建起惠多网深圳站，自己担任深圳站的站长。他的站长做得"人尽皆知"，深圳"马站"在惠多网上声名鹊起。在这里，他接触到当时中国最高端的互联网人才，也是在这里，他接触到后来改变人生的 ICQ。

创业进行时

QQ，源于一场失败的诉讼

虽家境优渥，马化腾创业启动资本却是自己赚来的。1996 年，他将 10 万元积蓄投入股市中，后来 10 万变成了 70 万——创业的第一桶金有了着落。

1998 年，他与大学同学张志东合资成立深圳腾讯计算机系统有限公司。随后，曾李青、许晨晔、陈一丹也陆续加盟，腾讯的初始班底终于合体，后被誉为"腾讯五虎"。

1999年2月，马化腾推出产品OICQ，这个中国版的ICQ很快被推广开来，发布后九个月注册人数超过100万。比好消息来得更早的是一封英文律师函：10月，美国在线向当地的地方法庭状告OICQ侵权，要求腾讯停止使用OICQ.com与OICQ.net域名，将之还给美国在线。

"五虎"不知所措。持有律师资格证的陈一丹点出事实："我们根本没有钱去打这个官司，即便去打了，也是凶多吉少。天要下雨，娘要嫁人，只好随它去了。"最终，腾讯被判败诉，不得再使用OICQ的名称，并将OICQ.com与OICQ.net域名还给美国在线。此外，腾讯还承担一定金额的赔偿费。

自此，腾讯正式开始使用QQ之名。

腾讯，险些卖掉

侵权诉讼已是焦头烂额，1999~2000年的互联网泡沫破灭又雪上加霜。1999年11月，腾讯账户上只有1万元现金，开源无望后有两条路可走：增资减薪和卖掉腾讯。股东们商量后，同意将原本的50万股本增加到100万，并咬牙坚持追加了投资，月薪也减少了二分之一。

增资减薪虽解了燃眉之急，却不足以支撑腾讯继续发展下去。于是，他们拿出壮士断腕的魄力，决定卖掉腾讯。作为卖家，只有魄力还是不够的，还需要找到买家。当时马化腾开价300万，却没人接盘。有收购意向的企业只愿意按照腾讯公司有多少电脑和桌椅板凳等实物来出价，最高也只给到60万。马化腾后来回忆："谈判卖腾讯的时候，我的心情非常复杂和沮丧，一连谈了4家，都没有达到我们预计的底线。"

卖掉腾讯行不通。此时，曾李青建议马化腾改找别的人，他说："我们之前都找信息产业里的企业和人，他们其实看不见未来。现在要去找一些更疯狂的人：他们要的不是一家现在就赚钱的公司，而是未来能赚大钱的公司；他们不从眼前的利润中获取利益，而是通过上市或再出售，在资本市场上去套利。他们管这个叫VC——Venture Capital，风险投资。"

一语惊醒梦中人。那段时间，马化腾拿着改过6版、厚达20多页的商业计划书，四处奔波找风投。IDG和香港盈科数码决定投资腾讯，两家共注资220万美元，各占腾讯20%的股份。

正是这笔资金拯救了腾讯，使其获得了继续发展的经济基础。而这笔投资的回报也是非常丰厚的，2001年，香港盈科数码将自己持有的20%

的腾讯股权卖给 MIH 米拉德国际控股集团公司时的成交价是 1260 万美元。

爆炸式发展

一直关注市场和产品的马化腾也在不断发力,推出了腾讯的各个产品,深受欢迎,腾讯的用户数不断增加。

2000 年,腾讯与移动合作推出移动 QQ 业务,通过包月即可在 QQ 上发信息到手机,这为腾讯赚来了第一桶金。但这样完全依赖中国移动毕竟风险大,腾讯开始探索自有的增值服务。

2003 年,腾讯推出了 QQ 会员和 QQ 秀,取得了巨大的成功,深受张扬个性的年轻人的喜欢,让腾讯摆脱了对中国移动的依赖,成为腾讯第一个赚钱最多的项目,这为腾讯做网络游戏打下了基础。腾讯在第二年进军蓬勃发展的网络游戏市场,开发的棋牌游戏斗地主一下火了,最多的时候有两三百万人同时在线。这也是奠定腾讯商业模式很重要的开始,从 2004 年开始,公司超过一半的收入来自游戏。

2004 年 6 月,腾讯在香港交易所主板挂牌上市,马化腾的身价也是水涨船高,达近 9 亿港元。

2005 年,腾讯推出了 QQ 空间,专注于 QQ 相册,用户可以分享自己的照片,到现在,QQ 相册一天的上传量有 1 亿张照片。同年,腾讯也推出了 SOSO 和拍拍,布局搜索和电商领域。2006 年时,公司多元化布局已经完成,有无线业务、互联网增值业务、游戏、媒体等。

2009 年,腾讯的发展达到顶峰,除了电商、搜索外,大家传言其他领域的创业就面临三件事:"生、死、腾讯。"此时马化腾已经开始下一轮布局,从 QQ 开始启动无线化工程,将所有产品开始无线化。

微信,自己打自己

2009 年,智能手机出现,马化腾开始了腾讯的无线化之路。

2010 年,在腾讯做 QQ 邮箱的张小龙,无意中看到一款基于手机通讯录实现免费短信聊天功能的软件,想到移动互联网将来一定可能会产生和 QQ 抗衡的产品,于是立刻给马化腾写了一封邮件,建议腾讯来做这一款产品。马化腾很快认同,张小龙带领的微信团队由此成立。

事实上,微信刚开始的时候做得并不容易,起步早的米聊赢来媒体的大幅关注，同时期其他同类产品竞争激烈，微信在腾讯内部又面临着移动QQ的质疑。但随着微信语音版功能的推出、查看附近的人和摇一摇功能的设立，微信用户大幅增加，2012年3月29日，微信的用户数突破一亿。

微信已然成为移动互联网时期的一个神话，截止2015年6月30日，微信及Wechat的合并月活跃账户为6亿，成为移动互联网最活跃的入口。微信也为腾讯带来了丰厚的回报，2014年，腾讯仅微信朋友圈广告收入一项就达到年收入100亿美元。如今，微信估值836亿美元，已成为吸金利器。马化腾坦言，如果微信是被其他公司做出来的，腾讯会面临毁灭性的打击："微信这个产品出来，如果说不在腾讯，不是自己打自己的话，是在另外一个公司，我们可能现在根本就挡不住。回过头来看，生死关头其实就是一两个月。"

微信的成功，除了与张小龙对产品的精准把握有关，也离不开上文马化腾提到的"自己打自己"的策略，即腾讯的内部竞争战略。马化腾认为，互联网产品的口碑和生死是由用户决定的，所以创始人要允许团队进行尝试和探索，鼓励内部竞争内部试错，容忍失败和适度浪费，微信的例子就是最佳的注解："在腾讯内部，先后有几个团队都在同时研发基于手机的通讯软件，每个团队的设计理念和实现方式都不一样，最后微信受到更多用户的青睐。你能说这是资源的浪费吗？我认为不是，没有竞争就意味着创新的死亡。即使最后有的团队在竞争中失败，但它依然是激发成功者灵感的源泉。"

做减法

早在2012年，马化腾就变革了腾讯的组织架构，将原有八大业务系统线变革为六大事业群制（企业发展事业群、互动娱乐事业群、社交网络事业群、网络媒体事业群、移动互联事业群、技术工程事业群）和一家独立的电商子公司（腾讯电商控股公司），从而让庞大的腾讯化整为零，变成多个兼具灵活与创造力的小团队，在更加细化的领域里了解用户需求，打造更契合用户需求的产品和平台。

2014年，马化腾进一步给腾讯做减法，标准腾讯的核心业务，从过去的"一站式服务"到开放合作。微信的成功让马化腾意识到：腾讯最擅长的依然是通讯和社交平台，这才是腾讯的核心，腾讯的布局要围绕这个核心进行；对于一些非核心的业务，应选择跟该行业内的翘楚合作，以此来达到共赢。

马化腾曾说："大公司还是会存在，但公司形态要转型。大公司要聚焦在核心模块，把其他模块和社会上更有效率的中小企业分享合作。"腾讯对自己的定位是：用户认证和存储、底层通讯、分发平台、交易支付平台。腾讯在搜索业务上与搜狗合作，在电商业务上与京东合作；还投资入股了一些O2O、医疗、地产、媒体等领域的公司。

人民网曾这样评论："马化腾在模仿间不经意打造了一个庞大的'QQ帝国'，为中国人创造了全新的沟通方式。"在过去十几年间，QQ颠覆了人们传统的交流方式，让互联网介入人们的交流中。微信的横空出世将这种颠覆延展到移动互联网，更深刻地变革着人们的日常交流甚至生活。未来的马化腾和腾讯会给我们的生活带来何种颠覆，实在令人期待。

· 大佬创业谈 ·

首先看你做的事对不对、有没有用户价值，只要事情做对了成本就不会太高。其次，多考虑产品能不能琢磨得好用一点，慢慢用户自然会体会到你的心意。只要有价值、不放弃就肯定有回报。我们的好产品全都是这样琢磨出来的。腾讯的成功最初是运气，后面就是跟整个团队一场场硬仗打出来的。

1964年出生于广西桂林市。

1990年，在国务院发展研究中心做政策研究，获得了中国经济学最高奖"孙冶方经济学奖"。

1993年，任道琼斯Teleres亚洲及中国董事、总经理，负责对房地产市场各种指数进行专业评估，预测房地产市场走势。

1999年，回国开始打造网上房地产帝国，搜房网由此诞生。

2006年，搜房网获得澳洲电讯（澳大利亚最大的电讯公司）2.54亿美元的注资，成为国内第一大地产信息平台。

2010年9月17日，搜房网于美国纽交所成功上市，莫天全带领搜房网成为全球最大的房地产网站。

搜房网董事长

莫天全

从无到有，从小到大，从有到无

"我骨子里天生流着创业者的血液。"这是莫天全对自己的评价。他脾气急、脑子快、个性鲜明，总想着要尽快完成目标；他不安于生活现状，心中一直怀有更高的理想；他有韬光养晦、潜心科研的定力，也有"在行业中只做老大"的霸气。

就是这样一个莫天全，一手创建起中国乃至全球最大的房地产网站。面对自己的成果，他却说："一个公司的发展大抵要经过三个阶段，从无到有，从小到大，然后从有到无。"他率领搜房网从无到有、从小到大，历经考验，缔造出属于自己的商业王国。如今，他已经开始了"从有到无"的进程，真正将"自己的"公司变成"公众的"公司。

创业前奏曲

一路学霸

1964年，莫天全出生于广西桂林市灌阳县一个有名的望族，从县城关小学毕业后，就远赴湖南邵阳读书。父母这样安排出于两个原因：一为邵阳是著名的"三线"建设基地，与外界相对隔绝，环境清静；二为莫天全是地主出身，到外地读书可能不会影响将来考大学。

就这样，莫天全在"世外桃源"的邵阳度过了中学时代。1981年，17岁的他走进考场，以地方状元的身份考入华南工学院（今天的华南理工大学）。

1982年夏天，莫天全自学完成大学二年级、三年级的所有课程，申请跳级，成为华南工学院历史上第一个跳级的学生。

1984年，他大学毕业，分配到机械部（天津）第五设计院工作。然而，最初的新鲜劲儿过去之后，莫天全发现朝九晚五的上班生活并不能发挥出他的全部能力，于是准备考研。

1986年，莫天全考入清华大学，就读于经济管理学院。

一本书带来的人生转折

在清华，莫天全如鱼得水，心情舒畅，参加了多种高层的科研活动。

1988~1990年，他参加国务院发展研究中心的产业政策研究，获得中国经济学最高奖"孙冶方经济学奖"。他还经常在《管理世界》、《经济学杂志》等权威杂志上发表文章。1989年研究生毕业时，莫天全决定到美国攻读管理学博士学位，希望到国外开阔眼界。

凭着在清华大学认识的德国教授的推荐和一系列得奖成果及发表的文章，莫天全拿到全额奖学金。1990年，26岁的他到达大洋彼岸的美利坚，当时心情十分激动，说："中国和美国是地球上最伟大的两个国家——终于可以从这两个地方汲取养分了！"

在美国，莫天全每天高负荷运转，平均只能睡四五个小时。即便如此，他也不安分。他利用回国探亲的机会，和一位中东富商及印第安纳大学法学院教授合伙，在广西老家办了一家葡萄酒厂，招聘了两名管理人员，可惜不到3个月，酒厂就倒闭了。之后，他又成立过两家公司，从贸易到咨询均有涉及，但最终不了了之。

1993年，莫天全修完博士的全部课程，在准备论文期间，巧遇道琼斯公司的CTO，两人相谈甚欢。交谈中莫天全发现此人对计量经济学有着深厚的兴趣，回到学校后便打算买一本这方面的专著送给他。然而，50多美元的原著还是让囊中羞涩的自己望而却步。看着那本新书，莫天全犹豫许久，才下决心买下来寄了过去。

未曾想到，这次"冲动消费"给他的人生带来一次巨大的转折。不久后，那位CTO打来电话："我们这里正缺人，你来上班吧！"

莫天全后来感叹："人生就是不停地转变。刚进印第安纳大学的时候，我总是想着今后可能去做一个经济学教授，但是这份工作改变了我的想法，因为从这里开始，我真正知道该怎么用所学知识去运作企业了。"

他入职道琼斯之际，恰逢内部组建一个名叫特里琼斯（Teleres）的房地产信息全球网络。莫天全的初始职位是信息分析员，每天评估房地产市场的各种指数，以预测市场走势。从这时候起，他与这个行业结下不解之缘，对其了解愈来愈深入。

创业进行时

搜房诞生

1995年，Teleres与北京城建投资发展公司合作，推出中国房地产指数，来衡量中国房地产市场态势。从谈判到合作，莫天全全程参与了该项目，尽管当时的市场才刚刚起步，指标开发还不够成熟，却依然对莫天全产生了重要影响。

虽然身在国外，莫天全一直惦记着回国做点什么。"在这个地球上，有两块大陆你绝不能忘记，一个是中国大陆，一个是北美大陆。""我在美国的待遇也不错，美国梦已经实现了。当时中国正在起飞阶段，机会非常多，更重要的是祖国需要我们回来。如果在美国与中国的发展机会一样，回国发展是最好的选择，因为我们在国内有更好的基础，能够发现市场机会，创业也相对容易。"

1999年，已经跳槽到美国亚洲开发投资公司担任执行副总裁的莫天全辞掉工作，在北京租了一个三居室作为场地，买来电脑等设备，雇来工作人员，开始了创业生涯，目的是打造网上房地产帝国。最初，网站的域名是Chinaproperties，即"中国物业网"。不久后，他发现，为了品牌发展，需要取一个既能反映房地产特点又包括互联网因素的名字，便拟了一串名称，一个个念给4岁的女儿听，最终女儿唯一记住的"搜房"被选定。搜房的英文名很有意思，sou是中文拼音，fun是英文，既反映了搜索这个大趋势，也体现了两个产业的融合，还与人的生活密切相关。莫天全很满意这个中西合璧的名字，搜房网由此诞生。

找钱，找钱，找钱

只有好点子和好名字却不够，莫天全手上并没有足够的启动资金。

最开始，在清华大学管理学院的校友、高盛执行总裁李山的帮助下，莫天全希望能从香港的几个财团处引来投资，但对方只在一开始表现出兴趣，后来越来越难以沟通，最终走向破裂。

急需用钱的莫天全只能向任职于 IDG 的同学林栋良求助，从 IDG 处获得了 100 万美元，这成为搜房网得到的第一笔风险投资。

莫天全也因此重振旗鼓，联合大陆已有的几家房地产网站，收购了香港、台湾两地的房地产网站，打出"大中华"的旗号，重返投资市场。

这一次，他大获成功。借助互联网经济热潮，搜房网也迎来发展的黄金时段。

抛硬币做决定

从 2000 年到 2005 年，中国互联网和房地产这两大行业都在高速发展，自然而然，莫天全的搜房网也势如破竹，不断壮大。2005 年，房地产行业激发着中国经济的第一轮牛市，搜房网便大举买下网易房地产频道的经营权，既减少了一个竞争对手，又提升了搜房的知名度，可谓一举两得。

此时，莫天全意识到搜房的扩张需要的是与之匹配的人才，以及能够带来商业理念和支持的战略合作伙伴，"和优秀的人一起共事"，这是莫天全的习惯。

一个偶然的机会，莫天全结识了约翰·麦克贝恩（John Mcbain），全球最大的分众广告传媒企业 Trader Classified Media 的老板。两人脾气契合，一见如故，看似可以一起实现搜房全球扩张的大业。但最初的热情降温后，莫天全意识到，现实中还存在着许多问题。搜房网在国内尚未完全做好，走向国际还操之过急，并且目前人才和资金匮乏，规模过度扩张会损害企业发展。

思虑一番后，莫天全否定了这个合作方式，但搜房又的确需要一个能协助公司长远发展的合作伙伴，而 Trader 正好具备企业所需要的战略、技术和资金支持，几乎是可遇不可求的，且麦克贝恩头脑灵活、富于创新，莫天全很是欣赏，放弃了实在可惜。凭着商人的直觉，他坚信："和优秀的人、优秀的公司合作，总会有好处。"

于是，莫天全决定采取一种折衷方式，开始考虑让 Trader 投资入股。这个决定一公布，就遭到其他董事会成员的反对。当时搜房的前景很好，也不缺资金，外来投资只能算"锦上添花"，还颇有些借着搜房势头发财的意味。所以董事会对这个方案很抵触。

面对内部的分歧，莫天全提出让他抛硬币来决定。他把自己关在办公室里抛了三次硬币，有两次都是赞同。"如果当时扔出来的硬币是不同意，我也会一直扔，直到扔出来同意为止。"于是，莫天全向公司宣布了这一结果，要求董事会停止争论，接纳 Trader 成为搜房股东。

2005 年 7 月，Trader 以 2250 万美元换来搜房网 15% 的股权，麦克贝恩进入董事会。双方约定，如果未来 18 个月搜房没有上市，Trader 将在两年内再次投资 1.7 亿美元并增持搜房股份到 100%；反之，如果搜房上市了，Trader 将以同样的价格获得 45% 的股份。

最终，莫天全没有白赌。Trader 的加盟开启了搜房的第四轮扩张，搜房在全国各大城市中逐渐成为主流的地产信息平台，位于郑州、合肥、厦门等地的分公司纷纷成立，搜房获得了突飞猛进的发展。

从"百城战略"到纳斯达克

2006 年初，在全国 40 多个城市已有分公司之后，搜房开始了"百城战略"，旨在 2008 年以前，实现在全国 100 个城市覆盖到位，完善地面信息搜集，打造专业的运营团队。

此时，已经萌生退意的麦克贝恩想把自己的股份卖给澳洲电讯。这是澳洲最大的电讯公司，唯一的国有企业。澳洲电讯想将搜房纳入自身的全球商业体系，放弃其在中国的整体布局，希望能对搜房绝对控股。莫天全却想引入澳洲电讯的资金、技术以及战略扶持。为此，澳洲电讯提供了一个天价：2.54 亿美元。

双方谈判后，澳洲电讯最终以 2.54 亿美元收购了搜房网 51% 的股份，达到绝对控股，莫天全让出部分股份，不过依然在董事会手握控制权和管理权,带领中方团队来实现对公司的管理。

巨资的注入让搜房的发展势不可挡,伴随2006年中国房地产行业的高潮期,搜房紧锣密鼓开始了第五轮和第六轮扩张,顺利实现"百城战略",成为国内第一大地产信息平台。

在莫天全和团队的不懈努力下,2010年9月17日,搜房网于美国纽交所成功上市。莫天全表示,上市后的搜房,还将继续横向扩张城市,纵向探索产品。

一点股份不留

上市之后,莫天全收回了一直以来掌管在澳洲电讯手中的部分股份,开始重新整合搜房的内部结构。这源于他有一套"一点股份也不留,把搜房做成公众企业"的管理目标。

作为搜房的创始人,莫天全将自己定位成职业经理人,目的是将搜房做得像可口可乐那样,品牌人尽皆知。他常用GE举例,GE属于谁很难说清,但谁也无法否认GE是一家伟大的企业。所以,他希望将搜房作为别人的企业,"我一直在努力让搜房变成别人的,这个过程挺不容易。搜房现在正处于成为别人的公司的过程中,绝大部分已经变成别人的了。有一天我会突然发觉自己已经把这家公司交给别人了,开始给别人打工了,那也没什么不好"。

从无到有,莫天全一手创立搜房;从小到大,莫天全将搜房打造成跨互联网和房地产行业的杰出企业,而如今的从有到无,莫天全则以一种包容的心态,积极利用多方资源推动企业发展,实现多方共赢。对莫天全来说,他更在乎搜房网的前途与方向。

"裸管"搜房和"一点股份不留"都表明了莫天全将这个自己一手创办的企业推向公众的决心。从无到有,需要的是能力与胆识,要有"拿得起"的气魄;从有到无,需要的是长远的目光,要有"放得下"的气度。在这有无之中、收放之间,莫天全成就了搜房,更成就了自己的创业哲学。

· 大佬创业谈 ·

做公司,刚开始谁都知道这个公司是某人创立的,慢慢地投资进来,外界知道这是某些人的公司,然后继续融资,上市,慢慢地谁都不知道这个公司是谁的了,这肯定就成功了,就像大家都不知道IBM、可口可乐是谁的一样。

SOHO 中国创始人、董事长

潘石屹
放低自己，心中无敌

在企业家群体中，潘石屹是个另类：创业者、网络红人、商人……似乎哪种身份都难以将他概括。他虽不是最富有的，也绝非最出名的，但绝对是最具娱乐精神的；他的地产规模并非最大，价格并非最高，但外形绝对是最吸引人眼球的。他出身甘肃小山村，却不甘平庸，一路风风火火，激情创业。功成名就之后，他出书，拍电影，发微博，用高调的言论回应争议，让自己时时身处聚光灯下。

失败与成功，他都坦然接受；名望与争议，他全部纳入怀中。他从来不惧将自己放低，以谦卑赢得合作；他崇尚大度包容，渴望将自己真正磨练成"心中无敌"。

1963年出生于甘肃省天水市。
1995年，和妻子张欣共同创建SOHO中国，开发的项目均取得巨大的商业成功。
2002年，建外SOHO对外发售，成为北京CBD内最大的高档项目之一。
2007年，SOHO中国在香港联交所主板成功上市。
2015年6月，潘石屹夫妇与哈佛、麻省理工、斯坦福、普林斯顿和耶鲁校方签订协议，资助中国学生出国留学。

创业前奏曲

贫穷如影相随

1963年11月，潘石屹出生于甘肃省天水市潘集寨村。幼年时，父亲因爷爷曾是黄埔军校毕业的国民党军官而被打成"右派"。潘石屹11岁那年，母亲又瘫痪在床，一家人的生活无比艰难，两个妹妹也差点被送人。

熬到1977年秋天，父亲获得平反。全家人获得城镇户口，搬往县城住。潘石屹随后考入兰州培黎学校。他去兰州上学时，全部家当是一床被子、一套衣裤。后来，他回忆说，由于手头拮据，那条裤子一连穿了730天，还要时刻担心裤子破了会被人笑话。坎坷和心酸背后，埋藏着一个年轻人对外面世界的热切向往和改变命运的迫切希望。

1981年，潘石屹考上中国石油管道学院。

1984年，他被分配到河北廊坊石油部管道局经济改革研究室。

虽然捧上了"铁饭碗"，每个月有100多元工资，但两个妹妹都考上了大学，母亲也需要医药费。潘石屹的生活仍然捉襟见肘。

辞职下海

入职不久，单位分配来一位女大学生。她对自己的办公桌很不满意，要求更换。潘石屹劝她将就一下算了，女大学生却说："这个办公桌不能马虎，这是要坐一辈子的。"

这句话让潘石屹很震惊：难道自己真的要和这套桌椅相伴一生？他开始怀疑自己的选择。这期间，当时在深圳开公司的牟其中告诉潘石屹："北方姑娘的衣柜里最多只有两件衬衫，而深圳姑娘的衣橱里有10件以上的衬衫，还都是的确良的。"巨大的反差勾起了潘石屹的好奇心，他最终决定：辞职下海，去外面的世界闯一闯。

1987年，潘石屹递交了"停薪留职申请书"，但未能如愿。单位直接把他除名了。面前无退路，潘石屹随即变卖家当，远赴深圳。

南漂岁月

初到深圳，潘石屹靠卖苦力维持生计。周末，工友们会看武侠小说；他却抱着经济学书籍啃，同时留意着身边的机遇。很快，他就应聘为深圳市福田区正泰贸易公司的业务员，干起电话机销售。他肯干肯学，十分认真，很快就从小推销员成为公司的业务经理。

随后，潘石屹又琢磨着去更广阔的平台上寻找机会。1988年底，他带着攒下的积蓄，来到刚成立不久的海南经济特区。

当时海口有很多砖厂，潘石屹先进了一家砖厂打工。工作之余，潘石屹认真了解了整个砖厂的情况。20多天后，他请老板让他管理砖厂，那时，砖厂管理落后、效率低下，在这种情况下，他当上了厂长。他创新改革，还在《海南日报》登广告，两头并进，使得砖厂的生意火爆起来。但 1990 年年底，由于海南的特大台风，经济萧条，砖厂被迫停产。潘石屹没有丧失信心，他选择继续留在这里，等待转机。

创业进行时

淘到第一桶金

1990 年，潘石屹结识了同样出身于体制内的冯仑，两人相见恨晚，随即合作成立了海南农业高科技联合开发总公司。

次年，他决定在方兴未艾的房地产市场碰碰运气。当时海南流传着一句话："要挣钱，到海南；要发财，炒楼花。"

当时，冯仑从北京一家信托公司高息借到 500 万，又以此为抵押贷了 1300 万。随后几人以 3000 元／㎡买进八栋海滨别墅，由潘石屹负责销售。起初，别墅无人问津，两个月后，有个山西老板打算买下，出价 4000 元／㎡。签单之际，又杀出一个内蒙古商人，也想买。潘石屹果断提价，最终以 4200 元／㎡和 6100 元／㎡的价格分别将八套别墅全部卖出，为万通斩获 300 万元的"第一桶金"。

泡沫！赶紧撤！

海南房市一直火爆，潘石屹却时刻保持清醒。

1992 年的一天，他去海口市规划局查询相关土地审批手续是否完备时，看到这样一条消息："海南省人均居住面积达 40 平方米。"

这个数字让他顿生警觉："泡沫！赶紧撤！"于是，公司派他到北京考察调研，开辟一条撤退后路。

来到北京之后，潘石屹听说北京市向怀柔区发放了 4 个定向募集资金的股份制公司指标，但没人有做这个项目的想法。他迅速抓住时机，设法拿下其中一个指标，给万通在北京的发展打下基础。

1993 年，在参与北京华远项目的过程中，潘石屹结识了任志强——时任华远集团董事长。听从了任志强的意见，初来北京的潘石屹学习了很多房地产知识（例如，"七通一平"等），两人也因此成为至交。

自立门户

1994 年，在张维迎的介绍下，潘石屹结识了另一个对他而言至关重要的人——张欣。按今天的条件看，张欣是个标准的"白富美"：毕业于剑桥大学，在华尔街高盛任职，讲一口流利英语。

潘石屹对她一见钟情，几个星期后，两人就谈起恋爱。恋爱短短几天，两人决定正式结为夫妻。

当时潘石屹与其他五人就万通发展方向有不同意见。张欣因为深受西方价值观影响，认为如果观念不同，就应该分头创业。于是，结婚后，潘石屹决定离开万通"自立门户"。

1995 年，潘石屹与妻子张欣共同创建了北京红石实业有限公司，这是 SOHO 中国的前身。

另类营销

公司成立之后，SOHO 现代城是第一个项目，这个项目引入了日本"SOHO(居家工作)"的理念。项目地点位于二锅头白酒厂厂址，二锅头白酒是北京最著名的品牌之一。虽然这个地段有名，但周围环境非常糟糕，四面都是烂泥地，前有旧工地，后有臭水沟。很多人觉得这个选址方案很不好，潘石屹却当场决定，坚持认为那里未来会有很好的发展。

从 1998 年开始，潘石屹夫妇潜心开发建设 SOHO 现代城，到 2001 年开发完成时，总建筑面积已达 48 万平方米。两人虽然背景不同，经历不同，但在 SOHO 的定位上却十分一致。艺术品质和创新理念成为 SOHO 设计的原则所在。然而，在当时的中国，人们对于房地产的认识还较为局限和保守，如何能让这些前卫的理念被大众接受，成为了潘石屹眼前的一大考验。

然而，天生善于营销的潘石屹自有妙计，1999 年，《SOHO 现代城·居家办公·酷.com》开始出现在很多媒体上，这本书出自现代城发展商之手，由此正式提出 SOHO 的概念，SOHO 现代城的宣传也开始预热。

同一年，潘石屹与老搭档邓智仁发生严重分歧，他们在 SOHO 现代城定价等方面意见不统一。邓智仁离开现代城以后，联手第一商城，相继挖走现代城几位高管。这一举动让潘石屹非常生气,可是塞翁失马,焉知非福。虽然高管被挖走了,但这背后的营销机会却启发了潘石屹。于是,他写了一封题为《现代城的四名副总监被高薪挖跑了》的公开信。潘石屹这样做,并非"喊冤叫屈",而是借助这个时间,制造新闻点,吸引大众的注意力。

紧接着,2000年,他邀请任志强——当时的北京房产界大佬,去参观现代城。但是,他没想到的是任志强写了篇万字长文《朋友之间的交流——潘总请我看现代城样板间》,文章认为现代城是"办公不像办公,居住不像居住,属于非牛非马的怪胎,采光、通风、安全、隐私、能源样样都有问题,最好马上炸掉"。

然而潘石屹没有因为这篇文章与之交恶,反而写了一篇文章——《创新是需要勇气的——二道贩子给菜农的回信》,在文中大谈地产创新。如同一年前应对"挖人危机"一样,信件被媒体大幅刊登,潘石屹也因此赚足眼球,SOHO现代城尚未推出,便已经博得了舆论的关注。此后,他还收集了那些批评SOHO现代城的重点文章,并公开出版,书名为《SOHO现代城批判》,成为了另类营销的典范。

如果说在前两次的"事件营销"中,潘石屹只是小试身手的话,那到了SOHO现代城大面积宣传的时候,潘石屹就已经深谙宣传营销之道。

2001年1月初,在SOHO现代城的广告上,潘石屹以前卫的光头形象,亲自出马,为自己的项目代言,一时之间吸引了很多好奇的目光。同时发行了一本SOHO现代城楼书,这本书长达一百多页,书中凭借大量的照片、漫画与插图讲解SOHO现代城的三个空间。市场被这种"有点前卫、有点另类"的风格所吸引,SOHO一词顿时风靡起来。

SOHO中国

2002年,SOHO中国有限公司成立。

新的公司成立3个月后,由日本著名建筑师担任总体设计的新一代SOHO——建外SOHO,正式对外发售,当即成为北京CBD内最大的高档项目之一。

随着业务扩展和新闻媒体的逐渐开放,潘石屹的营销天赋有了更广阔的施展空间。他善于利用报纸等传统媒体,创办的内刊《SOHO小报》一度成为公司在地产界重要的品牌推广工具;他也乐于率先尝试新兴媒体,博客大热之时,他在上面撰写文章,宣传自己的理念;微博出现时,他迅速转换阵地,成为大V中的知名人物。每一个社会热点抛出之后,他都迅速反应,化为己用:明星税案风波后,他率先公布SOHO中国的税务情况;抗击非典成功后,他又组织名流到长城庆贺。不仅如此,潘石屹在语言运用上也下足功夫,他的表达平白精练又妙趣横生,总能抓住要点让事件具有故事性,因而在社交媒体上聚集了大量"粉丝",成为不折不扣的房地产业"最佳男主角"。相关的书籍、电影等一系列营销副产品也让他益发"明星化"。

2007年,SOHO中国在香港联交所主板成功上市。

2010年,潘石屹持续的高曝光率和"明星效应",让SOHO中国延续销售奇迹,达到238亿元。

2010年前后,SOHO中国投标拿地遇到困境,收购"烂尾"工程进行改造。这些烂尾楼经过设计重建后,在天才营销之下,往往"起死回生",以几倍价格销售一空。

潘石屹曾经调侃,他和妻子做生意,"就像以前耍猴卖艺的,我是先出来敲锣的,然后她出来耍猴,最后再出来拿帽子收钱的又是我"。这"敲锣"的天赋,多少归功于他早年波折的经历和达观的心态,如同他对自己的评价那样:"身不高,体不壮,头发不浓密,但身手头脑均敏捷矫健。吃过'文革'的苦,享过改革的福,故能上能下,可屈可伸。"

SOHO 3Q

2012年8月16日,潘石屹在香港业绩会上宣布SOHO中国将告别散售模式,未来盈利主要来自租金收入。随着SOHO中国越来越"省心",他的关注点也逐渐放宽到各个领域。

2015年,潘石屹推出了互联网转型——SOHO 3Q的模式。现代社会,互联网迅速发展。潘石屹也看到这一点,所以SOHO在转型过程中,选择利用互联网改造自己,同时推出SOHO 3Q——首个互联网项目。在SOHO 3Q里面,租用形式多样化,可以租一间办公室,甚至只租用一个办公桌。租用时间也比较自由,可以是一年、一个月、一周。这为创业者提供了巨大的便利,不用为装修、配套设施等问题发愁,也不用担心公司破产所带来的办公室租用问题。

潘石屹的老朋友任志强也参加了SOHO 3Q开放日的活动,但是任志强觉得SOHO 3Q的租金太贵，租住率不高，还有很大的提高成长空间。潘石屹在任志强的"成长空间"基础上制订一个学习计划，每月拜访10家互联网企业，学习其思维。任志强在吐槽潘石屹的同时，也肯定了潘石屹的做法，他认为，互联网的作用就是要把人变"傻"，有更好的服务，就会有更"傻"的客户。潘石屹的SOHO 3Q就做到了这一点。

宽和回首

2014年，一向"只为自己代言"的潘石屹高调地为家乡的花牛苹果做起了推介。这源于他一次回乡探亲经历。当他看到那些曾经在一起学习而又没有走出大山的老同学时，心中感慨不已，决定要切实做些事情，帮助他们改变现状，于是"潘苹果"应运而生。

潘石屹曾经感叹，自己和妻子在50岁之前是拼命赚钱，现在他们更关注如何花钱，把钱花好，花对地方。"我们不能像有一些企业家，自己买了几架飞机。我觉得这样的话，钱就没有花到地方，是浪费。你天天在天上飞，自己一个人多孤单。"于是，2015年6月，他带着妻子远赴美国，去哈佛、麻省理工、斯坦福、普林斯顿和耶鲁，和校方签订协议，资助中国学生出国留学。

作为创业领域的先行者，潘石屹对自己的经历有着客观反思。在他看来，成功道路上最大的敌人就是自以为是，因为成功和失败是辩证关系，只有把身段放低，周围的力量、能量才能汇集到你身上；只有心态放谦卑，才可能成功。另一方面，面对曾经的遭遇和挫折，也要学会放下与宽容。愿意释怀才能真正消除内心的敌人，所谓"心中无敌"，便是如此。

无论如何，作为SOHO中国的董事长，潘石屹用他独特的营销艺术和对房地产市场的敏锐嗅觉让项目取得了巨大的商业成功。他对待生活的洒脱与坦率，使他成为一个媒体红人；他对待事业的机敏智慧，又让他成为一个知名企业家。

窘迫之时乐观勤勉，奋斗之中灵活机变，成功之后宽和谦让——这便是潘石屹的"无敌之道"。

· **大佬创业谈** ·

懂得放低自己，拥有团结合作意识，才能在创业路上获得帮助。作为一个创业者，团结，合作，尊重别人，把自己放低。这样一个品质，在这样一个时代比任何一个品质都重要。

华为技术有限公司创始人、总裁

任正非
低调的华为领头狼

自1987年创办至今，华为已经走过28个年头，从起步时只有2.1万元资金的小企业发展成年营业收入2882亿元、净利润279亿元的大企业。

创始人任正非也从不惑之年步入从心之年，一向低调的他在华为内部提倡的却是透着争斗与残忍气息的"狼性"文化。低调是修身做人，"狼性"是为了公司生存。古语"仁不带兵"即是此理，华为的发展事关全体华为人，任正非作为掌舵人需要负起总责任，需要让华为在激烈残酷的市场竞争中发展并壮大起来。

创业前奏曲

低调生活的磨砺

1944年10月，任正非出生于贵州省镇宁县。父母是知识分子，工资要养活老人和七个孩子，生活贫寒。

"我经常看到妈妈月底就到处向人借三五元钱度饥荒，而且常常走了几家都未必借到"，"直到高中毕业我没有穿过衬衣"。"我们家当时是每餐实行严格分饭制，控制所有人欲望的配给制，保证人人都能活下来"。这段艰苦岁月养成了任正非自制和坚韧的个性，也让他深刻地理解了什么是活着——"我真正能理解

1944年出生于贵州镇宁县。
1987年，创立华为。
1993年，华为自主研发C&C08程控交换机，价格比国外同类产品低三分之二，迅速占领了市场。
1996年，带领华为将业务做到全球40多个国家和地区。
2003年，华为进军美国，战胜强劲竞争对手思科。
2007年，华为成为中国国内电子行业营利和纳税第一大户。
2010年，华为成为全球仅次于爱立信的第二大通信设备制造商。
2014年10月9日，Interbrand在纽约发布的"最佳全球品牌"排行榜中，华为以排名94的成绩出现在榜单之中，这也是中国大陆首个进入Interbrand Top100榜单的企业公司。

活下去这句话的含义。"

1963年，任正非考入重庆建筑工程学院。毕业前一年，"文革"开始了，父亲被批斗。他扒火车回家看望父亲，半夜到家，次日一早就被父母赶回去——怕他受牵连。临走前，父亲嘱咐他："记住，知识就是力量，别人不学，你要学，不要随大流"，"以后有能力要帮助弟妹"。任正非牢记父亲的嘱托，自学了逻辑、哲学和三门外语，为他日后成长为技术尖兵奠定了基础。

1967年，任正非应征入伍，当建筑兵。因家庭原因，他与立功、受奖等荣誉绝缘。备受"冷落"的境遇养成他不争荣誉的处世态度。即使今天，任正非依然低调非常。粉碎"四人帮"后，他成了得奖专业户，"标兵"、"功臣"等荣誉纷至沓来。他的两项发明创造填补了国家空白。

1978年，33岁的任正非出席全国科学大会，参会的6000多名代表中，35岁以下的仅有150多人。父亲平反后，他也实现了入党的夙愿，并出席了党的第十二次全国代表大会。

1983年，赶上裁军，任正非所在的兵种被全部裁掉，他转业去了深圳南油集团后勤服务基地。这是让人艳羡的单位，任正非的事业却很不顺利，做生意被人所骗，200多万元打了水漂，在内地城市月工资不到100元的80年代末，这无疑是一笔巨款。任正非没办法继续留在单位，作为家中顶梁柱，为了养家糊口，只能逼上梁山，进行创业。

创业进行时

博弈风险

1987年，43岁的任正非与人合伙筹资2.1万元创办起华为。初创之时，华为主要代销一家香港公司的HAX程控交换机，赚取差价。代销风险很小，两年后，公司财务状况出现好转。任正非选择将获利投在公司经营中，自己和父母、侄子等依然挤在一间十几平米的小屋里。

当时，程控交换机技术在国内是一项空白，代销虽然赚了些钱，但毕竟不是长久之计。

1992年，任正非孤注一掷地投入资金研发C&C08交换机。1993年末，他的眼光和魄力得到验证，研发成功的C&C08交换机功能与进口产品类似，价格却低 2/3。

农村包围城市

自主研发 C&C08 交换机是一记险招，现在技术过关，营销却成了大问题。性价比高是华为的优势，但当时国际电信巨头盘踞中国各省市市场——如何在高手林立中突围，成为当时华为面临的困境。

在省市级市场中与电信巨头短兵相接无疑是死路一条，不论技术还是财力，华为都不具备直接碰撞的资本。当时，电信巨头们也感受到来自中国市场的威胁，开始打价格战，妄图将华为等一些新兴信息企业消灭在萌芽中。

面对困局，任正非从毛泽东思想中找到突围之路——"农村包围城市"。国际电信巨头虽在中国省市级市场中占据优势，却没有将触角延伸到农村市场。电信设备对售后服务要求非常高，占据农村市场会让巨头们的售后服务跟不上，毕竟它们多在省会和沿海重要城市设立分支机构，要满足对农村市场的售后服务，显然缺乏人力物力等资源支撑。当时，华为在与爱立信争夺黑龙江市场时，派出的技术人员是对方的十余倍，对每个县的电信局志在必得，能够在问题发生后以最快速度出现在现场。如此杀敌一千自损八百的方式看似愚笨，效果却很好，能实实在在地从国际巨头手中拿下客户，扩大市场。

事实证明，任正非的营销策略经得起检验。更重要的是，在开发国内市场过程中，华为培养起一支优良的营销团队，为后来开拓国内市场和国际市场积累了实战经验。

就这样，任正非带领华为一步一步、稳扎稳打地从农村走出来，走向城市，走出国门。

进军国际

1997 年圣诞节期间，任正非走访了美国 IBM 等高科技公司，发现了华为与国际巨头们的差距，于是开始反思自身，走向了国际化之路。

1999 年，华为在印度班加罗尔和美国达拉斯设立了研发中心，跟踪世界先进的技术走向。虽然当年的海外销售额仅为 0.53 亿美元，但华为已经开始建立庞大的营销和服务网络，为在国际市场大施拳脚打下了良好基础。

虽然在国内已经站稳脚跟，可是在国际上竞争，华为在技术、品牌、资本上都不占据优势，这时只有通过自身的勤奋作为核心竞争力，尽快响应客户需求，为客户提供持续稳定的服务。相对于欧洲老牌电信设备提供商，华为的快速反应成为优势之一。欧洲企业对用户的修改建议要花上一年甚至一年半才能解决，华为只要一个月就能改进。

华为的国际化迅速发展，思科 CEO 钱伯斯直言不讳地表示，华为将是思科全球性的噩梦。2003 年 1 月，思科以华为侵犯自身知识产权为由起诉华为美国分公司。任正非一方面聘请律师应诉，一方面联系思科的老对手 3COM 公司。3 月份，华为与 3COM 达成协议，合资成立"华为三康"。3COM 的 CEO 出庭作证，证明华为并无侵权。此招实在高，敌人的敌人就是朋友。关键时刻，华为与 3COM 公司的结盟瓦解了思科对华为的围剿。思科的起诉最终以和解收场，华为进军美国市场的道路也更加通畅。2004 年，华为成为全球第二大电信设备商，任正非登上美国《时代》杂志。

如今，华为来自海外的营收占了 7 成，全球超过 20 亿人每天使用华为的设备通信，这大约是世界总人口的三分之一。

塑造"狼性"文化

"战战兢兢，如履薄冰"是许多企业家的经营感受，任正非的危机意识更为强烈。他在《华为的冬天》中写道："十年来我天天思考的都是失败，对成功视而不见，也没有什么荣誉感、自豪感，而是危机感。也许是这样才存活了十年。"

2001 年，任正非考察完日本企业后写下《北国之春》一文："什么叫成功？是像日本那些企业那样，经九死一生还能好好地活着，这才是真正的成功。华为没有成功，只是在成长。华为经过的太平时间太长了，在和平时期升的官太多了，这也许会构成我们的灾难。泰坦尼克号也是在一片欢呼声中出的海。"

他化解危机感的途径是在华为内部倡导"狼性"文化。"哪儿有肉，隔老远就能嗅到，一旦嗅到肉味就奋不顾身。"狼群居，冬天寻找猎物时会一匹挨着一匹列队行进，领头狼会在队列最前方负责开路。当领头狼体力不济时，便主动让位，让身后的狼接替自己。这种行进方式可以保持狼群整体的战斗力。华为内部实行的"轮值 CEO 制度"正是参照狩猎中狼群的特点。每位轮值 CEO 都各有所长，轮值期间能够带给华为不一样的发展思路，同时也及时纠正华为的发展方向。

面对狼群，狮子和猎豹等猛兽都退避三分。华为要想在通信业内立足，就要与业内的巨头们搏杀。任正非曾说："当今世界的科技进步已走过了爱迪生时代，不可能再依靠一个人的聪明才智去改变整个世界，所以只有形成狼性文化的创新团队，才能使企业走向成功。"华为内部员工说："华为发展的历史，其实就是一部不断从虎口夺食的历史，它面对的是老虎，所以每时每刻不能懈怠。"

"华为肯定不上市"

大凡企业发展到一定规模，公司的掌舵人都会开始谋划在纳斯达克或港交所上市。任正非算是个异类，他曾表示"华为肯定不上市"。

"事实上，（公众）股东总是很贪婪，他们希望尽可能快地榨干一家公司的每一丝利润，而拥有这家公司的人则不会那么贪婪。我们之所以能超越同业竞争对手，原因之一就是没有上市。"

任正非不仅对上市不感兴趣，对投资者也是如此。摩根士丹利首席经济学家斯蒂芬·罗奇曾到访华为总部，任正非却没露面。罗奇失望地表示："他拒绝的可是一个3万亿美元的团队。"后来，任正非的答复是："他罗奇又不是客户，我为什么要见他？如果是客户的话，最小的我都会见。他带来机构投资者跟我有什么关系呀？我是卖设备的，就要找到买设备的人……"

任正非总竭力想让华为处在一种饥饿状态，只有处在饥饿状态，公司和员工才有发展的动力，才会对机会保持敏感，才能不断地向上。对于上市对公司和员工的影响，他曾这样说："猪养得太肥了，连哼哼声都没了。科技企业是靠人才推动的，公司过早上市，就会有一批人变成百万富翁、千万富翁，他们的工作激情就会衰退，这对华为不是好事……员工年纪轻轻太有钱了，会变得懒惰，对他们个人的成长也不会有利。"

华为不上市，有分析人员认为这与华为分散的股权结构有关，华为实行员工持股制度，任正非在其中所占的股权只有1%左右，98.6%的股票归员工所有，这在中国的企业中史无前例，华为以此来激励员工的工作热情和敢冲敢拼的精神。

平衡收入与利润

2007 年，任正非致信 IBM 公司 CEO 彭明盛（Samuel Palmisano），希望 IBM 派出财务人员帮助华为实现财务管理模式转型。

他之所以这样做，是因为华为的销售收入虽逐年增长，净利润却没有同步增长，反而在下降。这让他很困惑："我们的确在海外拿到不少大单，但我都不清楚这些单子是否赚钱。"

早在 2000 年，华为的财务部门已经参与成本核算，但很难实现前瞻性的预算管理。任正非适时地向擅长此道的 IBM 求援。

IBM 接了华为的业务，将其升级为事业部客户之一。当时，华为是 IBM 几十家事业部客户中唯一的中国企业。在 IBM 的帮助下，华为很快启动了集成财务转型项目，培养了数千位财务总监，实现了财务流程与公司运营流程的合二为一，提供了前瞻性的预算管理，最终实现了销售收入与净利润的平衡发展。

布局互联网

虽然在营收和利润上华为无疑是巨头，但随着互联网和移动互联网的猛烈攻势和全面颠覆的趋势，很多人认为华为正在陷入窘境，质疑任正非对目前形势的决策能力和敏锐度，甚至猜测华为是否行将倒下。

任正非对此的态度是保持冷静，但绝不忽视创新，开始探索华为在互联网时期的出路，将终端作为华为在互联网时期的新兴业务。

2010 年底，任正非召开了一个高级座谈会，提道："现在我们要改变我们以前不做品牌的策略，以前我们做低端手机，我们不做品牌，不做渠道。"这被称为是华为终端的"遵义会议"。2011 年，任正非明确提出要把最终消费者作为公司客户，同时决定将终端并入消费业务。2012 年 6 月，华为终端公司的电子商务部低调成立，以此开始自己的互联网之路。

华为在互联网布局上借鉴了竞争对手小米的经验，将传统渠道与电商销售的手机截然分开，有的手机尤其是针对年轻用户的手机，华为选择只在电商销售，不在传统渠道铺货。2014 年底，华为手机销量大爆发，当年荣耀全球发货量 2000 万台，一年增长近 30 倍。华为终端被边缘化的日子终于一去不复返了。2015 年，华为智能手机全年销售数量预计超过 1 亿部，苹果、三星、华为三分天下的世界手机格局已基本确立。

但任正非之志不仅仅在于卖手机，他还看到更广大的消费市场，发展低成本的电商。这方面，任正非和华为正在蓄势待发。

任正非是华为的领头狼，他用视野、气魄、冷静与智慧带领华为走到今天。他在不惑之年开始的事业，即将迎来30年历程。然而，在2014年的一次讲话中，他一针见血地指出："红过十分就成灰，华为正处于一个盛极必衰的阶段，我们也要看到我们的对手中有很多精神值得我们学习。"所以，华为从不自称第一，以此激励企业和员工保持饥饿，保持进取。

· 大佬创业谈 ·

以客户为中心、以奋斗者为本。世界上对我们最好的是客户，我们就要全心全意为客户服务。

我们想从客户口袋里赚到钱，就要对客户好，让客户心甘情愿把口袋里的钱拿给我们，这样我们和客户就建立起良好的关系。怎么去服务好客户呢？那就得多吃点苦啊。要合理地激励奋斗的员工，资本与劳动的分配也应有一个合理比例。

1967年出生于浙江海宁。

1992~1999年,在华尔街投行工作,熟悉中国市场的运作。

1999年,合伙创办"携程网",于2003年成功登录纳斯达克。

2002年,再次创业,成立如家连锁酒店,将其发展成中国经济型连锁酒店的龙头企业,于2006年登陆纳斯达克。

2005年,创立红杉资本中国基金,之后对新浪网、阿里巴巴、京东商城、美团网、大众点评等进行投资。截止2014年,红杉资本中国基金管理着约24亿美元和约40亿元人民币的9支基金,投资了超过150家具有高速增长潜力的公司。沈南鹏也被《福布斯》杂志评为2014福布斯全球最佳创投人。

红杉资本中国基金创始人、执行合伙人

沈南鹏
创业者背后的创业者

"他是投资界的明星,在这个圈子里,投资一个成功案例就算非常不错了,有两个的话已经非常了不起,三个以上的几乎屈指可数。"这是《南方人物周刊》对沈南鹏的一份评价。沈南鹏自己则说:"我个人的兴趣就在于,运用自己创办携程等企业期间所积累起来的经验,去帮助更多中国企业快速、健康地成长,我觉得只有作为投资者,才能最大限度地发挥我的才智。"

纵观他的职业轨迹,他画出了"投资—实业—投资"这样一道人生路线,独特、难以复制。他认为自己的最大特点是"尽量贴近现实的理性",这是他做出关键抉择的幕后智慧之光。

创业前奏曲

"数学家"的抉择

1967年,沈南鹏出生于浙江海宁。7岁时,爷爷去世了。父亲担任国企厂长,工作忙碌,没有更多时间照顾他,便把他送到上海,寄养在姑姑家里。

那个年代,社会上信奉"学好数理化,走遍天下都不怕"。沈南鹏自幼表现出超凡的数学天赋,从小学起每周要花上两三个小时在少年宫接受系统而严格的数学训练。1982 年，在第一届全国中学生计算机竞赛上，15 岁的沈南鹏和 14 岁的梁建章同时获奖，两人英雄相惜，结下友谊。彼时，他们并没有想到，面前尚带稚气的小伙伴会是多年后并肩创业的合伙人。

1985 年，沈南鹏被上海交通大学教育改革试点班免试录取。4 年后，21 岁的他带着 300 美元抵达纽约，进入哥伦比亚大学数学系。然而，在哥大读了一年后，沈南鹏退学了。大家都觉得他"疯了"。多年后，沈南鹏说起这次选择时毫不后悔。在哥大，他对自己想当数学家的理想产生了深深怀疑。哥大的数学天才很多，自己这种被训练出来的数学思维并非真正的天分。是继续在数学钻研上"一条路走到黑"？还是打开眼界，去挑战一个新的领域？这时，一位中国留学生同学放弃了读完博士学位的机会，进入华尔街最好的一家公司工作。沈南鹏艳羡不已，又禁不住想未来的路该怎么走。

1990 年，他去了耶鲁商学院攻读 MBA，"在哥伦比亚大学我发现自己没有成为数学家的能力，但可以向其他方向发展，譬如证券、商业等。MBA 与数学有一丁点儿关联，如果去读医学或法律，以前的积累就毫无用处"。

投行"八年抗战"

1992 年，沈南鹏从耶鲁毕业了。这时却发现好学校、好学位不代表一定能找到好工作。他奔波于求职路上，面试过很多家投资银行，大多卡在没有工作经验上。最后，终于获得花旗银行的面试机会并顺利进入，在投资银行部做新兴市场的债券和股票。此后两年，海外投资者进入中国。1993 年，雷曼兄弟公司在北京、上海成立办事处。1994 年，沈南鹏加入雷曼兄弟。

1996 年初，为了谋求更快的发展，沈南鹏加入德意志银行的投资银行部——德意志摩根建富。在这里，他做了一个上海外高桥保税区发展有限公司的融资案例。当时该公司快速发展，亟需资金，而固定资产中最值钱的外高桥大厦已抵押给银行，用其他资产去融资又满足不了发展需要。沈南鹏建议用企业信用直接贷款，做结构性融资。在他的帮助下，这家公司融资 1 亿美元。这个融资案例让沈南鹏备受业界关注。

从 1992 年到 1999 年，沈南鹏一直在投资银行界努力工作，这段经历被他笑称为"八年抗战","没有一天是七点钟以前能够回家的"。八年光阴，经历了市场跌宕起伏和经济危机的磨砺，他对市场运作有了深入的理解，也形成了谨慎冷静的行事风格。

创业进行时

携程，偶然诞生

1999 年初，上海，沈南鹏与少年好友梁建章、同届同学季琦偶然相遇。他们吃了一顿普通的午餐，聊起是否能在互联网上做些文章。

互联网 1994 年在国内出现。中国互联网的发展要比美国慢一到两年，但背后的逻辑是一样的，即在改变着传统行业，孕育着巨大的商业机会。1999 年互联网在中国已相当普及，新闻、搜索、旅游等行业都在某种程度上被互联网改造着。梁建章突然提出用互联网改造传统旅游产业，大家一拍而合。"当我们发现彼此的理念有着惊人相似时，瞬间思维上的化学反应无法形容。"沈南鹏说。

1999 年，携程网诞生了。当时沈南鹏 32 岁，梁建章 31 岁。谈起当时的决定，沈南鹏认为源于这次偶然相遇，更源于一种潮流。如果没有互联网兴起，自己可能难以下决心创业，是互联网让他看到无限的前景与未来。

携程创立前三个月到半年，他们将有吸引力的旅游信息发布到网上，后来发现仅有内容是不够的，还要进行商业化运作，于是分析美国优秀旅游互联网公司的做法，制订"携程"的发展战略。最终将订房作为切入点，开展酒店预售服务，并逐渐形成商业模式——建立互联网平台为客户群服务。除了进行服务创新和改进，他们还四处寻找投资。有人认为沈南鹏是做投行出身，融资会比较容易。事实并非如此，"一些大的投资银行看不上小企业生意，当时携程刚刚创始，我和 IDG 接触时，之前根本没有关系，所以找投资时也是要从头谈。只是理念上的契合，加上对我们企业未来的认可，他们才会投"。还有一次，某家风险投资机构的负责人根本没仔细阅读携程的商业计划书，而是看了其财务报表，很快决定追加投资。"所以，最漂亮的计划书没有用，关键是把计划书变成赚来的钱。"沈南鹏说。

2003 年 12 月 9 日，三个年轻人头脑"化学反应"催生的携程网在纳斯达克上市。沈南鹏和合伙人一下子变成了大富翁。

谈起这段成功，沈南鹏认为自己是被大潮推着往前走的，那段时期中国旅游业发展得特别迅速，个人旅游服务领域存在着巨大的真空。

如家，再创神话

2001年底，沈南鹏在美国途经达拉斯，从郊区到市区短短30分钟车程中，他目光扫过路边30多家经济酒店。此时，在国内经济酒店是一个空白。他一下子敏感地洞悉了商机所在。

2002年，如家酒店创立，这是我国的第一家经济型连锁酒店，主要面对中低端市场。创办之后，沈南鹏成功引入IDG、美国梧桐创投在内的境外风投资金，通过直营店、特许经营、管理合同、市场联盟的方式，如家以惊人的速度扩张。

如家酒店一直坚持"经济实惠"的品牌承诺。2004年底，如家酒店拥有超过30家分店，随后沈南鹏聘请百安居中国区副总裁孙坚掌舵，创制出一个有严密控制力的连锁系统。

2006年底，如家成功在纳斯达克上市，是国内第一家非IT类的纯消费服务上市公司，沈南鹏再次缔造了创业神话。从携程到如家，短短三年，沈南鹏两次带领中国企业来到纳斯达克。虽然受到各方追捧，他却认为自己很幸运，受益于中国经济的高速增长和经济酒店行业的巨大机会。

如今，如家依然保持着稳定发展，目前旗下已经拥有和颐、如家精选、如家快捷等五个品牌。截至2015年3月底，如家在中国市场338座城市经营了2661家酒店。

红杉，扎根中国

2005年，一次偶然的机会，沈南鹏赴美出差，巧遇红杉资本的两位执行合伙人。红杉资本是一家久负盛名的风险投资机构，于1972年在美国硅谷成立，之后40多年中投资了如Apple、Google、Cisco、Oracle、Yahoo、Linkedin等众多创新型领导潮流的公司。红杉资本一直以"投资不超过硅谷40英里半径"闻名，但它一直关注着中国市场。然而，它一直未能找到合适的中国合伙人，也迟迟未进入中国市场。

沈南鹏既有投资银行又有创业经历，还很熟悉中国，被红杉的高层所青睐。红杉文化认为，让一个风投机构保持竞争力的根本方式，是合伙人之间形成的互补、默契与共同成长。随后，红杉向沈南鹏提出非常好的合作条件。

1992年进入华尔街时，沈南鹏想不到未来能够在国内从事同样的工作。1999年辞职创业，沈南鹏的投资梦不得不暂时告一段落。与红杉资本的邂逅，重燃起他对投资的热情。沈南鹏后来回忆，加入红杉是自己职业生涯中的最好选择，这个岗位将他的投行经验和创业经验结合起来，真正地支持千千万万的创业者实现梦想。

2005年9月，沈南鹏、张帆和红杉资本一起创立红杉资本中国基金。张帆是德丰杰全球基金原董事，一直活跃在风投市场，出手果决，沈南鹏则以冷静缜密、理性现实著称，二人携手打开了红杉在中国的市场。

不过，时隔六年，重回投资界的沈南鹏对风投有了更深入的思考，"红杉中国的成功不应是一期基金、两期基金的成功，而应该像红杉在美国一样，是个多年的发展平台"。甫一上任，他并没有急于寻找项目，而是着力于建设一种强有力的投资基金文化，"不仅要扶植创业者，还必须让这个投资团队在运作中获得最大提升"。

投资：精挑"赛道"与"赛车手"

红杉资本的创始人唐·瓦伦坦（Don Valentine）创制出一套独特的投资策略——"投资于一家有着巨大市场需求的公司，要好过投资于需要创造市场需求的公司。"他十分强调市场对于一家公司的意义，后来这句话被引申为"下注于赛道，而非赛手"。在中国，沈南鹏不仅精心挑选"赛道"，更格外重视"赛车手"。

在"赛道"的选择上，他大胆地抛开了红杉在美国的成功范本，打破了其一贯的线路感和连贯感，广泛涉足各个领域，从热门的互联网行业到风投界并不青睐的保险、动画甚至彩票公司均有涉足。因为他认为美国的消费品市场早已成熟，红杉在美国只能专注于科技发展，形成了在固定领域连贯投资的风格。但在中国，除了技术变化，消费市场的发展本身也是巨大的机会，而这恰提供了巨大的发展空间。

在"赛车手"的选择上，沈南鹏也极为大胆。他不仅青睐经验丰富的创业团队，对有过失败经历的创业者更为重视。这一点与唐·瓦伦坦不谋而合。唐·瓦伦坦相信，有过失败经历的创业者会对行业与自身有更清醒的认识，沈南鹏则用实践证明了他所言不虚。从业界争议较多的CEO庞升东、到低调开拓细分市场的大众点评网创始人张涛，甚至一直勉强维持公司生存的占座网创始团队，沈南鹏都给予支持。他相信，这些创业者所具备的共同特质——强大的信念、足够长的从业时间、成功与失败的体验，终会让他们获得成功。

"赛道"固然重要，"赛车手"却会对"赛道"乃至整个市场产生巨大的影响。投资者应该雪中送炭，而不是锦上添花。投资者的终极目标是发现那些有才华和激情的年轻人，把代表未来产业方向的公司扶植起来，这也是投资行业的魅力所在。

2006年，沈南鹏曾向媒体说："你现在看在纳斯达克上市、市值超过10亿美元的中国企业可能有10家。再过10年，这个数字有可能是50家。为什么？因为在中国GDP增长的带动下，个人消费市场的发展本身就是巨大的机会。"

有人质疑风险投资行业不过逐利而为，沈南鹏感慨："我认为资本可能无情，但资本的管理者必须有情，必须有社会责任。我们应该扶持中国的中小企业成长，再创造几个携程、如家。"

2006年，红杉中国为本地生活服务网站"大众点评网"进行了领投。

2008年，乐蜂网成立之初就获得红杉中国的千万投资。

2010年，红杉中国为刚刚成立的美团网进行了首轮高达2000万美元的投资。

2011年，红杉中国又分别投资了"美丽说"、"聚美优品"和"酒仙网"。

2014年，国内二手车电商第一品牌车易拍获得红杉资本领投的融资，投资总额超过5000万美元。

截止2014年，沈南鹏掌舵的红杉资本中国基金管理着约24亿美元和约40亿元人民币的9支基金，在香港、北京、上海、广州及苏州五地设有办公室，在科技与传媒、消费品与现代服务业、医疗健康产业、环保与新能源及先进制造业等领域投资了超过150家具有高速增长潜力的公司。

从职业投行到归国创业，从传奇创业者到知名投资人，沈南鹏以"投"助"创"，以"创"辅"投"，开创了针对中国市场的新型投资形式。对他来说，创业是一个起点，让他真实地了解了商业是如何发生、发展的，切身体会商场的艰辛和挑战。作为投资者，他以超凡的资源整合能力、对新兴产业市场的洞察力和强劲的国际资本对接能力，扮演着创业者背后的创业者。

· 大佬创业谈 ·

互联网的发展，包括信息科技的发展有一个非常有意思的现象，绝大部分的成功企业都是有风险投资支持的，而不是来自于有一个大部门的分拆和孵化。很重要的是创业者必须在这些公司中起到一个主导作用。风险投资恰恰扮演这样的角色，把这个管理权、执行权毫无保留地让给创业者，在里面扮演一个小股东提供帮助的角色，这一点对企业最终的成功起到了关键性的作用。近五年在美国上市的中国企业几乎都有风险投资的身影，很多都有多轮的风险投资参与。中国的中小板和创业板里VC、PE也占了很大的比例，如果没有他们的耕耘也就没有中小板、创业板里优秀的企业。

万国集团董事长兼华章出版公司董事长

孙立哲
用冲刺的速度跑长跑

1951年出生于北京。1986年，与妻子创建芝加哥万国图文公司，开发出多文种的PostScript字库。万国图文公司成为美国多文种电脑图版技术行业中首屈一指的公司。20世纪90年代回国，和电子工业出版社、水利水电出版社、机械工业出版社等多家大型企业合作，引进了很多计算机、经管类的畅销书，占领我国国外图书版权引进的半壁江山。

20世纪90年代初，歌曲《我被青春撞了一下腰》曾红遍大江南北，而在孙立哲人生的多个阶段，他似乎都被命运撞了腰。下乡插队，误打误撞地成了赤脚医生，赤脚医生做得风生水起时，却被牵连进政治风波中，前途渺茫。抓住机遇，终于进入医生的"科班体系"，成果得到业界认可之时，却因对动物皮毛过敏而不得不忍痛割爱。图文印刷做到业界顶尖，却遭遇妻子重病。回国创业，进行到半途自己又患了癌症。就算老天如此"不待见"，一次次地给他扯后腿，他依然在努力着。或许知道人生不易，或许真切地体味到"不知道明天和意外哪个先来"，孙立哲总是充满激情地跑着这场人生的耐力赛。朋友史铁生曾评价他是在"用冲刺的速度跑长跑"。

创业前奏曲

荣辱只在一瞬间

1951年，孙立哲生于北京。1969年，18岁的他插队去了陕西延安。下乡时，他带了一本《农村医疗手册》和一些常用药品，以备不时之需。一天半夜，睡梦中的他被人叫醒，原来邻村有人上吊，来人喊他去救人。他匆忙起身赶到邻村，只见一位四十多岁的妇人躺在门板上，脸色很差，心跳听不到了，脉搏也摸不到了。孙立哲不是医学科班出身，只能凭着自学知识尽力为之。他记得脚底有涌泉穴和人中穴，先扎人中穴，没反应，再扎涌泉穴，病人竟有了反应，喉咙里嗝了一下，半小时后竟可以呼吸了。就这样，孙立哲将这位妇人从生死线上拉了回来。

在这次离奇经历之后，孙立哲的名声越来越大，找他看病的老乡越来越多，他也因此走上赤脚医生的道路。在自学和实践中，他的医术越来越精湛，后来甚至给老乡动过手术。后来，他被树立为知青典型，事迹被编入小学语文课本。然而，这一切荣誉和光环却在政治风向转变之后，成为他的"罪状"。

1976年，"四人帮"倒台后，有人批判孙立哲是"四人帮"在卫生战线上的爪牙。他的命运急转直下，清扫地委大院、关小黑窑、交代问题、挨批斗，成了他生活的主要内容。从众星捧月到被人唾弃，巨大的落差让孙立哲备受煎熬。他选择了最传统的解愁方式——喝酒，某次喝了一瓶烈性白酒加两瓶葡萄酒，醉得人事不省。旧愁未解又添新忧，酒后的他昏迷了两天，身上开始出黄疸，被医生诊断为急性肝坏死。

人生的意外来得太突然，社会的大变革落在"小人物"孙立哲身上，彻底颠覆了他的人生。考大学的机会失去了，健康也没有了。在昔日的同伴一个个踏入大学校门时，他连走路都要借助拐棍。

后来，由于好友史铁生帮忙申诉和乡亲们写"万民折"，胡耀邦亲笔批示给孙立哲平了反。

从医梦想：努力与放弃

1978年底，医学院开始招研究生，而且没有年龄限制。孙立哲抱着试试看的态度，找到时任北京第二医学院副院长的李光弼，报上了名。

报名结束，真正的考验才刚开始。作为实践派，孙立哲的实践经验很丰富，但要与一群科班出身的医生拼考试，他心里还是有些发怵。离考试还有一个月，死马当活马医的他决定拼了，找了间小黑屋，决定用最笨的办法——死记硬背。啃干粮喝开水地"自虐"了一个月后，孙立哲踏入考场，然而这一个月的时间并未白费。1979年，他以总分和专业课均第一的成绩通过北京第二医学院的研究生考试，成为当时北京第二医学院院长兼同仁医院院长戴士铭和外科主任龚家镇的研究生！

1982年，孙立哲去澳大利亚国立大学做访问研究员，期间，他在胰岛移植方面的研究成果被刊登在国际学术期刊《移植》上，本人也获得澳中协会特别奖学金。

1983年，孙立哲赴美留学，考入西北大学读博士。学习期间，他获得校级奖学金，在学术刊物上发表十多篇论文。

然而，孙立哲最终因为动物实验的问题没能继续自己的医学事业。不是他不擅长做动物实验，而是他无法做动物实验。因对动物皮毛过敏，他一进动物实验室就喘不过气来。博士没读完，他就在实验室里晕倒好几次。无奈之下，他只能放弃好不容易争取到的医学事业。

创业进行时

从温饱到发展事业

涉足图文印刷行业对孙立哲来说是一次偶然，但将之做成一份事业则是一种必然。

与很多不用为生计发愁的留学生不同，孙立哲赴美留学时并没有多少积蓄，虽有奖学金，生活还是捉襟见肘。为解决生计问题，孙立哲在学业之外，还要通过包饺子、做翻译等技能来赚钱维持家计。在这段打工生涯中，他与妻子吴北玲逐渐发现图文处理技术很有发展前景，值得一试。

1986年，孙立哲与妻子创建了芝加哥万国图文公司，从印名片开始，凭着二人的智慧和勤劳，公司逐步发展起来。孙立哲和妻子都是有心人，在做图文处理的过程中，慢慢地掌握了现代电脑图版技术，学以致用地开发出多文种的PostScript字库。这一处于世界级水平的技术帮助他们打开了图文印刷行业的市场，公司规模也在短短几年内得到爆炸式发展，在美国多文种电脑图版技术行业中首屈一指。

归国、失败、患癌症

在美国发展得得心应手之时，孙立哲决定回国创业。

1990年，他与妻子回中国创业，"这段时间，前前后后我办了二三十个公司，有医疗器械的，有进出口的，有教育型公司，有学校、印刷厂，还在全国办了七八个图文公司，引入苹果电脑"。"中国的印刷技术和电脑图文技术远远落后于世界水平，我和北玲想把先进技术、管理方法引进来，当然，我们投资。国不富民不强，我们实在忍受不了大陆中国人在国外自称是什么台湾的、新加坡的。"

此外，还有一个悲伤的原因：带妻子回国治病。在他们事业蒸蒸日上时，妻子吴北玲被诊断出肝癌晚期，孙立哲义无反顾地带妻子回来了。结果却没有人们期待的圆满，治疗多年之后，妻子在北京去世了。

这对于孙立哲来说，是莫大的打击，妻子不仅是他生活的伴侣，也是他事业的伙伴，陪他走过人生的低谷，伴他走向事业的成功，一路走来不离不弃，最终却还是走了。

妻子离世的打击还未散去，又一个噩耗不期而至：孙立哲被确诊患了癌症。"福不双至，祸不单行"，大概是对此时状况的最恰当描述。孙立哲说："当时就觉得，这是不是莫大的讽刺，我本人是医生，但也没法治好我妻子和我的病。这个时候，你怎么能创业成功呢？"沉浸在痛苦中的孙立哲无法将心思放在创业上，事业发展情况可想而知。

孙立哲痛苦又无奈，只能折返美国治病。学医出身的他对自身病情和治疗很有想法："给我治疗的大夫特别好，和我商量着治病，很尊重我的看法。"这一次，老天没再捉弄他，在美国的手术很成功，癌细胞被切除。经过艰辛的恢复治疗后，孙立哲康复了。回忆那段日子，他说："每次接受药物化疗，都像脱一层皮，从死亡线上爬回来。"

康复之后，孙立哲重整旗鼓，打算东山再起。总结回国创业的失败，孙立哲觉得自己还需要在国外继续学习，于是他开始学习法律、企业管理和金融等方面的知识，为下一次创业做准备。

再回国，找准创业方向

估摸着准备得差不多了，孙立哲再次回国。跟电子工业出版社时任社长梁祥丰的接触，让孙立哲找到了创业方向——做中外出版业的中间人。当时，我国引进外国图书，多数通过香港、台湾或新加坡的出版商，并把利润分享出去。孙立哲说："中国出版界和国外开始时隔着一个铁壁，下面是盗版，上面又封得很严，两边的落差特别大，只要开一个小缝儿，就会一下子冲下来。"

进一步接触之后，双方决定合作。梁祥丰说："我们当时走了一个政策边缘的路子。在中国，图书出版是个特许行业，要经过特别审批才可进入。当时，外资、国内企业都不能进入出版行业，杂志也是如此。我们采取了一个变通的办法。我以出版社的名义申请了一个刊号《今日电子》。孙立哲和电子工业出版社合资成立了一个美迪亚电子技术公司。出版社委托美迪亚公司操作杂志的具体业务。"

孙立哲说："《今日电子》是当时国内装帧得最漂亮的杂志。拿到美国，人家说，中国也出了这么好的杂志啊。这样一来，谈合作就有了基础"，"我和电子工业出版社合作才两三年时间，他们就变得非常富有了，就是因为引入计算机图书"。

梁祥丰评价孙立哲很实干，说："到了美国，他开着车，把我从东岸带到西岸。我们一路唱着红太阳毛主席的歌，越唱越有劲。他身体并不好，糖尿病，经常要打针。第一次谈判时，先把衣服掀开，打一针胰岛素。但他就是一个工作狂，拼命三郎。"

成功有"大道"

孙立哲对图书行业发展有精准的认识和把握，他认为："（中国）出版业的开放分几个阶段，市场也有这么几个波浪，获利机会就在其中。刚开放时，第一波是语言沟通方面的，当时造就了外研社、上海外语出版社等品牌。第二个波浪是科技，特别是计算机和IT。在这个领域进入得早的，都能赚到钱。第三波是现代化的管理知识，比如经管教科书、案例等。接下来是都市化浪潮形成初级的白领和中产阶级，这些人的需求和都市化很有关系，比如心理、就业、励志，以及多方位的技能等。人们更有钱以后，旅游、保健、理财的需求就会增多。"而每一门类的图书都有五个发展阶段：准备期、快速上升期、平台期、整合期与成熟期，能赚大钱的公司大都是在准备期和快速上升期就进入该门类图书开发的公司。"在市场上升期，需求大于供给。所谓洛阳纸贵，出什么书都能发财。进入平台和整合期以后，小的玩家就没有地位了，终将被淘汰。我们的外语书做得不太好。除了这一个浪潮，后面几波我都赶上了。比如，计算机图书版权引进，我和电子工业出版社、机械工业出版社、水利水电出版社的合作密切。有一段时间，三家出版社出的计算机书，都处于市场领先位置。"

20世纪90年代，孙立哲几乎占据了我国国外图书版权引进的半壁江山。

当一个"不干活"的董事长

虽然成就斐然，但孙立哲并未由此停步，而是眼光长远。早在十多年前，孙立哲就提出出版社的组织需要走向扁平化，这样才能对市场快速反应，这需要网络性的思维方式，需要有能力随意组合资源，他将这种网络体系比作阿米巴体系，像一个变形虫。在迅速变化的市场中，管理者的重点在于资源调配和组合，"在这个行业，做一个多层的体系有什么用？要是有一大帮人天天开会，那我就完了。这样也不利于年轻人干活。他们积极性特高，特聪明，知道得比我多，我就在资源配置和组合上花点功夫。这种轻巧灵捷型管理是最好的"。

孙立哲称自己是"不干活"的董事长，他和多家出版社成立了十几个合资公司，并在其中担任董事长或副董事长，但自己"不干活"。"我这个董事长基本不干活，只是动动脑筋，进行资源组合。我个人不断学习，建立知识网络和人际网络，特别是国际上的人际网络。我到世界上最好的商学院进修，进入一个强大的校友网，这样办事比较容易。"

在出版之外，孙立哲也关注着法律和管理，在哈佛商学院、杜克大学等进修法律、医学、金融和MBA等。事实上，正是由于不断学习和迎接未来的心态，孙立哲才能从坎坷曲折中走出，依然做得风生水起。他正如自己津津乐道的阿米巴变形虫，有一个强壮的大脑，不断变形，不断适应，不断挑战，永远去尝试新领域。

孙立哲的人生经历丰富且曲折，总是在最风光得意时遭遇意外，每一次还都那么致命。面对这些，孙立哲没有意志消沉，而是在沉默中积聚爆发的力量。他说："试想，在我陷入人生最低谷的时候，我天天抱怨老天的不公，天天痛哭流涕，那么我现在很可能还在农村。抱怨是无用的，关键是增强适应变化的能力，这种能力有利于我们的人生。"就连曾经面临死亡的威胁，他都觉得是一种财富："面临最大压力的时候也是最有意思的时候。回想人生，以前种种经历都很难得。我死过一回，而别人就没有这种经历，这就不白活。"

· **大佬创业谈** ·

我们在对待变化和压力时,应采取主动的态度。首先,我们要去接受;第二,我们要学会适应;第三,我们不和自己过不去,而是通过改变自己去适应变化。

那些年，我们怎样创业
Elite Entrepreneurs

1963年出生于北京。

1993年，参与创办亚信公司，将第一批互联网核心技术带回中国。亚信成为中国互联网建筑师，是第一家在纳斯达克上市的中国高科技企业。

1999年，受邀出任中国网通总裁，带领网通完成中国电信运营商首次跨国收购，完成重组改制并成功于海外上市。

2006年，创办宽带资本基金，成为中国云计算和大数据产业的布道者。

2010年，北京云基地成立，采用"基金+基地"的创新运营模式，后形成一个覆盖云计算硬件、软件、服务、应用的完整的云计算生态链，实践着"打造数字生态系统"的理念。

亚信创始人、宽带资本基金创始人

田溯宁
永不止步的好奇心

创业不问出身，田溯宁的例子就是最好的证明，从在天苍苍野茫茫中研究牧草的科学家，到后来的"中国互联网设计师"、"宽带先生"，田溯宁生动地说明跨界可以玩得有多远。在见证并参与互联网给世界带来的翻天覆地的变化之后，如今作为投资人的田溯宁依然怀抱着他的革命乐观主义精神，志在千里，希望能继续通过他的投资，来掀起互联网的新时代。这种浪漫和理想，是创业中难能可贵的内在动力。

创业前奏曲

读书、"放羊"、与草为伴

1963年，田溯宁生于北京。父母都是留苏归国的生物学家，"文革"时受到牵连下放到甘肃兰州，田溯宁幼年便被送到沈阳，和姥姥、姥爷一起生活。出生于知识分子家庭的他，像父母一样爱看书、学习，朦胧中，长大做学者、搞研究似乎成了人生的固定路径。

1981年，田溯宁考入辽宁大学生物系，1985年又进入中科院攻读资源管理硕士学位。他报考这个专业是为了有机会饱览祖国的大好河山，事实却非他所愿，分给他的课题是"吴县东山乡胡杨的生态系统研究"。就这样，他花了一年半时间在江苏省吴县"放羊"。

1987年，田溯宁组织几个同学翻译了艾柯卡的《有话直说》，赚到9000块钱。随后，他赴美国得州理工大学攻读资源管理博士。后来，田溯宁回忆说："每当留学特别孤独的时候，我都会回忆起这个夏天，这次创业经历让我感觉到，组织一件事情、完成一个目标、得到明确的经济回报，是一件非常快乐的事情。"

在美国的四年，田溯宁天天与"草"为伴，研究进化论与良种草。枯燥的研究和重复的生活让他禁不住思考人生的意义："我始终觉得，研究再好，也跟中国的进步没有关系。在一个商品化的社会里，一个国家的成功不仅在于科学家，也在于企业家。有时候，企业家比科学家更能改善人们的生活，改变这个世界。"

驶上"信息高速公路"

1992年，田溯宁博士毕业前，美国大选正如火如荼地展开。后来成为美国总统的克林顿在竞选期间提出一个刺激美国经济的计划：建设美国国家信息高速公路。克林顿称，只要把握住这次信息革命的机会，美国就能继续领跑世界经济50年。这句话不仅打动了美国民众，也打动了田溯宁。

1993年，田溯宁在《光明日报》上刊发长文：《美国'信息高速公路计划'对中国现代化的意义》，呼吁国人开始重视互联网。然而那时的中国，还没有互联网。田溯宁找到在美国结识的朋友丁健，两个年轻人一拍即合，决定创立一个公司，把互联网技术带回祖国。

创业进行时

亚信，一波三折起步

1993年，一次偶然的机会，田溯宁和丁健结识了一个房地产商人——刘耀伦。听了两个年轻人的设想，刘耀伦短暂地考虑后，决定将个人投资生涯中唯一一次"非房地产项目"风险投资交给这两人。他只提出两个要求："一要回国，二要发展高科技。"

1993年，以刘耀伦的50万美元天使基金为基础，田溯宁和丁健在美国达拉斯创建了亚信公司。这一年，田溯宁30岁。

亚信成立时，美国的互联网市场已经发展得相当成熟，留下的空间也不多了，在中国这方面还是一片空白。所以，田溯宁决定先将互联网技术带回中国，建好中国的主干网，"看到远方有很多美好的东西，就会想，要怎样把这个美好的事物、美好的形式带回我们的祖国，这是我们那一代人共有的价值观"。

理想很丰满，现实很骨感。亚信当时在美国面临着巨大阻力，美国政策不允许其他国家介入互联网。国内有关部门则认为亚信没有能力挑起中国互联网的"大梁"。就这样，在内外交困中，田溯宁等了整整一年。

1994年，中国联通成立，为田溯宁的构想带来转机。他当即决定与中国联通合作，规划建设中国第一个商业互联网。那是一个只有九个节点的网络，纵然如此，田溯宁依然非常激动。对他来说，亚信回国发展的前景正变得越来越光明。丁健也对田溯宁说："如果在中国Internet骨干网中，有一个节点是亚信亲手建立的，该有多美好，那我们也算见证和参与了中国互联网历史。"

1995年，田溯宁携亚信回国，成立亚信科技，开始在国内创业。

刚回国时，田溯宁完全不懂什么叫业务，什么叫公司，就是一种纯粹的热情支持他要将互联网带到中国来。初回北京时，他甚至连身份证也没有，只拿着一本护照就要注册公司。那时候的他，连中资外资、期权股权都搞不清，仅是注册，就花了三个月时间。最后，还是科技部下属的信息中心借给他一个银行账号，亚信科技才得以创办，田溯宁也开始了在国内的"建网"生涯。

中国互联网建筑师

1995年，美国网景公司成功上市，这个事件和IPO[1]一道成为互联网商业化的标志，也被人们视为互联网时代到来的标志。随后，我国30个省市共31个节点的中国电信CHINANET[2]骨干网建设也如火如荼地展开

1　IPO: Initial Public Offerings，意为首次公开募股，指股份公司首次向社会公众公开招股的发行方式。

2　CHINANET是邮电部门经营管理的基于Internet网络技术的中国公用计算机互联网，是国际计算机互联网的一部分，是中国的Internet骨干网。

了，这是首个以 TCP/TP[1] 互联技术覆盖全国所有省份的大型数据通信网络，亚信承建了这一项目。这对于中国互联网来说，是具有划时代意义的；对于亚信公司来说，这标志着它真正意义上成为中国互联网的设计师；对于田溯宁来说，他离自己的梦想又前进了一大步——亲手建设中国的信息高速公路，指日可待。

然而，发展初期的亚信虽然合同不断，但系统集成商通行的行规是预先垫付货款，亚信财力不雄厚，很快就流动资金不足。再加上没有担保资产，银行也拒绝贷款。亚信只好像在美国寻找天使投资一样，试图进行融资。

1997年1月，亚信的创办者们在美国召开会议，展望未来三年的发展，并一致决定引入风险投资，引进职业经理人，尤其是财务总监，借此摆脱经营困境。

1997年6月，亚信邀请美国一家投资银行作为融资中介，从华平、中创、富达公司共融来1800万美元。

田溯宁并没有沉浸在成功融资的喜悦中，相反，他开始反思亚信过去几年的发展。

1997年，硅谷最著名的风险投资顾问之一罗伯森·史蒂文曾问田溯宁："亚信的商业模式是什么？"他这时才意识到，亚信虽然在高速发展，可发展模式不成章法，管理中也存在许多问题，这是从前被忽视的部分。

1998年，田溯宁开始着手改变亚信的管理现状。在这段时间内，他主要做了四件事情：首先，花了三个月从惠普公司挖来韩颖，担任公司的CFO，彻底重建了亚信的财务秩序；其次，他完善了向员工发放期权和股票的制度；第三，他收购了专门从事无线计费系统的德康公司，为提升亚信的开发能力打下基础；最后，便是对企业发展提出总体规划，筹备在纳斯达克上市。

1999年，田溯宁悄然退出亚信，不再参与具体经营。不久后，他受邀出任中国网通总裁。

2000年3月3日，亚信在纳斯达克上市，成功融资1.2亿美元，成为在美国上市的第一家中国高科技企业。彼时，田溯宁在电视机前热泪盈

1　TCP/IP：Transmission Control Protocol/Internet Protocol，意为传输控制协议/互联网协议，是开放系统互联协议中最早的协议之一，它为连接不同操作系统和不同硬件体系结构的互联网络提供通信支持，是一种网络通用语言。

眶。当时，有媒体评论说，亚信的成功上市意味着"中国概念的技术公司"开始为国际资本市场所认可。这一成就背后，田溯宁功不可没。

为国家创业

1999年，时任中国科学院副院长的严义埙找到田溯宁，"亚信做得不错，我听说你的理想以前是把互联网带回中国，现在是要通过宽带和互联网推动整个中国的发展。国家准备成立网络通信公司，我们希望你来做掌舵人"。

一边是自己亲手打拼下的事业，一边是国家的召唤，田溯宁犹豫起来。之后，时任信息产业部部长吴基传又一次找到他："不要再犹豫了，你应该帮国家做些事。"这一次，田溯宁同意了，但提出一个要求："希望能放开手，让我像私企一样进行运营和管理。"

1999年，田溯宁放下亚信的职务，受邀出任中国网通，也就是小网通的总裁。小网通是由中科院、铁道部中铁通信中心、国家广电总局网络中心和上海联合投资有限公司共同出资成立的。从此，田溯宁开始了自己在中国网通七年的"宽带之旅"。

最开始，田溯宁不仅想建立一条无处不在的信息高速公路，也想切实推进国企改制。然而，网通和亚信的情况截然不同，不仅是电信运营商和系统集成商的区别，更在于国企和西方现代企业的运作差异，因此，他面前的困难不言而喻。

面对董事会中的副部级官员，民企出身的田溯宁没有退缩，而是提出：给他一年时间，如果达到目标，他可以成为董事，进入董事会参与决策。

立下"军令状"后，田溯宁马上开始行动，加强和股东沟通，着手进行融资，建设核心团队并且开始打造企业文化。

随后两年，在田溯宁的带领下，小网通一直处于高速发展的轨道上：公司员工从最初的十几人，增加到3000多人，分公司遍布全国各地，在全国范围内铺设了1.2万公里的光纤，在北京、上海、广州、深圳、大连5个城市开通了城域网，IP业务则覆盖全国的111个城市。

是时，国内四大电信运营商，除网通外，都已在境外上市。这也使网通集团在资金调度、市场形象、治理结构等方面逊色于竞争对手。田溯宁在不到一年的时间里，注销北方、南方和网通国际三大公司，为实现对各地分公司的集中管理奠定了基础。

2002年5月,中国网通集团(大网通)正式成立。之后,长达两年的整合与重组是一个漫长而痛苦的过程:股权融合、人事调整……然而,田溯宁没有被这些困难阻住,他开始思考得失之间的平衡,"人们可以输掉一场战役,但是必须要赢得整个战争"。

功夫不负有心人。2004年11月,网通成功在纽约和香港上市,田溯宁高兴得像个孩子,对着电视镜头竖起右手拇指:"我很高兴,因为是UP!"

之后,田溯宁的工作重点转移到两个方面:入股电讯盈科和引进海外投资者。在他的设想下,网通将成为中国四家传统运营商中最具国际化特色的一个。

2005年1月,中国网通成功入股电讯盈科;4个月后,顺利实现了与西班牙电信的合作。自此,中国网通这个"冰川下的幼鲸",终于开始在国际资本市场搏击风浪,而田溯宁也收获了"中国的宽带先生"这一美誉。

"宽带先生"再启航

2006年,田溯宁卸掉在网通的一切职务。他决定离开的原因有两个:首先,网通上市了,他的使命和阶段性贡献已经完成;其次,在网通路演时,他遇到杨致远和在硅谷创业时的伙伴,在交流中看到新浪潮的到来——互联网已经发展成一种全新的力量,成为知识生产的组织者,而不再仅仅是个工具。"我开始思考,如果说十年之前,我还起了一点作用,把互联网带回中国,那十年之后我又能做什么?"

同年,田溯宁创办了宽带资本基金。是受达沃斯论坛的启发,也是田溯宁为"打造数字生态系统"这一理念的实践。

田溯宁将重点主要放在投资电信、互联网、新媒体和宽带应用领域,具体分为三个方面:行业内的增长型企业、行业内的企业重组、帮助企业实现"引进来"和"走出去"。他希望可以通过基金这个平台,把不同参与者的利益联合起来,创造价值。于是,在私募基金和宽带的交汇处,田溯宁又开始了新的长征。

从2006年投资时光网起,宽带资本投资了一系列广受好评的项目。2012年,宽带资本与中金集团联合投资乐蜂网;2013年,宽带资本投资中国版 Uber——易到用车；2014 年宽带资本投资了挖财、河狸家、喜马拉雅、面包旅行等；2015 年，宽带资本投资了同盾科技、Skyroam 斯凯荣等。

除了在互联网投资行业大显身手，田溯宁也在推进"云计算"和"产业互联网"方面多有用心。"过去 20 年，早期亚信做系统集成，然后做软件，网通做网络，总是围绕着网络和计算机这一件事情，网络就是计算机。我一直在想，为什么运营商只能给客户提供打电话的服务，而不能提供计算和存储服务？"

2010 年，北京云基地成立，采用"基金 + 基地"的创新运营模式，2012 年投资额高达 10 亿元，产值达 20 亿元，已有 20 余家企业入驻，形成了一个覆盖云计算硬件、软件、服务、应用的完整的云计算生态链。在云基地内，企业几乎可以享受全方位的创业指导和服务。田溯宁也在这高密度的工作中忙得不亦乐乎。

身边很多人劝田溯宁说："你快 50 岁了，应该学会欣赏生活。"然而他认为，人是由很多东西驱动来不断前行的。对他来说，最根本的动力是好奇心。尤其在技术行业里，在互联网、宽带、云计算领域里，每天都发生新的东西，而这些，也都是推动他前进的动力。

在田溯宁看来，人生的满足或者生命的意义就在于在不确定中发现未来，参与改变未来。20 多年前，他第一个将互联网带回祖国；20 多年后，他见证互联网成为知识生产的重要组织者。他用丰富的想象力、超人的勇气和恒久的坚持实现着自己改变未来的创想，也用相同的精神支持着互联网行业的后起之秀，托举起中国互联网行业明日的梦想。

· 大佬创业谈 ·

把握先机比商业计划更重要，当机会足够大的时候，就可以改变历史，但要在机会刚刚萌芽的时候就抓住它。成功 = 想象力 + 勇气 + 坚持。

麦可思公司创始人、董事长

王伯庆
我的麦可思故事

52岁的"高龄"归国创业,王伯庆一直被戏称为"年纪最大的海归",这个特点也注定他的创业道路更加与众不同。他在美国研究了半辈子数据,认为"实证是决策的依据,结果必须可测量",在现代社会里"没有测量就没有管理"。所以回国后,他选择了高校管理咨询产业这片鲜有人涉足的领域,在这个"清水衙门"里,一个人默默地做起了大学生就业调查。

创业不易,一边创业一边引进新理念就更加不易。过了"知天命"之年事业才刚刚起步,创业三年有余才刚有第一笔进账,王伯庆熬过一段漫长而希望渺茫的时光。但他始终坚信"数据改变教育",自己的研究终有一天会被社会重视,会给社会带来贡献。如今,麦可思已然成为教育界最信赖的智库之一。

1954年出生于四川成都。
1990年赴美读博士,毕业后在华盛顿一家研究中心研究教育和就业问题。
2006年,回国创业,麦可思应运而生,为高校做就业数据调查分析,并提供专业的高校管理咨询服务。
2009年,麦可思编写的《中国大学生就业报告》顺利发布,被誉为"中国第一本就业蓝皮书",获得了社会和教育界专家们的高度认同。
目前,麦可思已成为中国最好的高等教育管理咨询公司,是教育界最信赖的智库之一,成为每年《中国高等职业教育质量年报》主要撰稿单位之一。

创业前奏曲

遭遇双重打击

1954年,王伯庆出生于四川省成都市。父亲是一位老牌大学生,抗战时期背着行李从河南一直走到四川,在西南大后方完成大学学业,就此留在四川,成为一家大型国企的总工程师。受父亲影响,王伯庆希望接受教育,到更广阔的天地里一显身手。

然而,"文化大革命"阻断了王伯庆的求学路。他只念了一年初中就被迫辍学。不仅如此,父亲也在此期间受迫害去世,带给王伯庆双重打击。

读书、出国、做科研

王伯庆心中的"大学梦"却一直未曾消退。

1977年,国家恢复高考。他已经23岁了,还是捡起书本努力复习。带着改变命运的渴望和"子承父业"的愿望,他考入东北工学院,选择了材料工程这个"自己从来没喜欢过"的领域。

1981年,他大学毕业,成为一名助理工程师。然而,所学专业和工作内容实在让他提不起兴趣。当时中国正处于经济建设初期,国家十分缺乏经济管理方面的人才,思前想后,王伯庆报考了研究生,进入西南财经大学攻读工业经济学专业。

1990年,36岁的王伯庆飞赴美国,开始攻读数学的硕士学位和经济学的博士学位。1994年,他博士毕业,进入华盛顿的一家研究中心上班。在美国,很多社会组织愿意出资聘请第三方对特定群体进行调查,以监督政府的政策是否得当、资金的使用是否有效。在华盛顿,王伯庆主要研究吸毒人员、精神病人与单亲母亲等弱势群体在得到治疗和救助之后再就业的情况。就这样,他一干就是十二年。

创业前奏曲

问题就是机遇

虽然在美国的生活十分安稳,工作也是自己喜欢的,但王伯庆总惦记着回国做点什么。他觉得,自己虽然生活得很好,但并不能算是事业成功。因为在他看来,事业成功是要对社会进步有所贡献。像他这样的研究人员在美国已经有太多,多一个少一个都无伤大局,但如果回到国内,也许自己的能力能得到更大的发挥。

在美国,王伯庆专注于教育和就业问题研究,这也成为他回国发展的重要切入点。他注意到,在中国大学1999年开始扩招、2000年全国停止包分配制度后,2003年"大学生就业难"问题出现并成为中国的社会问题。

想到自己在就业调查和数据分析领域已经积累了近 16 年工作经验,他决定从大学生就业的实证研究入手。

王伯庆认为,要解决大学生就业问题,就需要跟踪大学毕业生的就业结果,如就业的职业、行业、薪资、能力满足度等,把就业情况反馈给教育机构。基于这些数据,教育机构便可以根据市场需求来调整专业的规模结构和培养定位。从长远的角度看,中国作为一个产业快速发展和人才需求的大国,必须长期坚持做好毕业生的就业跟踪评价,才能提高大学毕业生的就业质量,保证产业发展。

52 岁尚未晚

2006 年 1 月,王伯庆首先回到母校西南财经大学任教。他给自己的定位远非仅做大学老师,他从一开始便跟学校商定:不做全职人员,要借助课余时间做大学生就业研究。

经过大半年的筹备,2006 年 10 月,王伯庆得到西财置业的唯一天使投资,麦可思公司应运而生。这一年,他 52 岁。之所以给公司起名叫麦可思,原因很简单,"麦可思"是从"MyCOS"音译而来,即"My China Occupational Skills"(我的中国职业能力)的缩写。王伯庆就带着这个非常中文的英文名字,进军当时在国内还是一片空白的高校管理咨询产业。

1、2、3,开步走

2006 年,麦可思公司在西南财大的一间闲置教室里开始创业了。王伯庆管它叫作"1、2、3,开步走",因为整个公司只有一间教室、两部电话和三台电脑。即便如此,这"1、2、3"的物质条件也是投资人出的。王伯庆起初一直觉得投资人是看好他创业的潜能,所以进行投资。直到几年后,人家老实地说:"其实也不是看好你这个创业,而是看你这么大岁数还创业,就是有点感动才冲动地投了。"

投资人的态度反映了当时高校管理咨询产业的总体状况,那就是无意识、无需求、无成果。王伯庆面对的问题远不止于此。在他眼里,大学生就业问题对社会至关重要,但同时也深知,让体制外的机构来解决一个体制内最关注的社会问题,会遇到比制造业或软件类的创业公司更多的困难。

虽然出身科研,也曾任教于大学,但王伯庆终归是一个教育界的"圈外人"。作为"圈外人"来做教育咨询,需要面对两个问题:一是教育研究知识的积累,二是圈内专家的认同。王伯庆学历高、求学背景丰富,积累知识对他来说并非难事。随着工作开展,教育行业的知识逐渐积累起来,他对这个行业也有了更深入的了解。但最困难的还是获得教育界的管理者和专家们的认同。困难之处在于,麦可思必须通过实践才能逐渐建立信誉,因为其调查是否科学公正是需要观察的。教育系统有自己的就业统计,一个民营公司来作第三方就业跟踪调查,结果跟教育部门数据不一致时,还能不能保持独立性?这些都是一家民营公司开创高教管理咨询产业时所面对的问题。

多说无益,他选择慢慢做。工作人员少,任务量却大,王伯庆一心一意扑在工作上,也匀不出精力去争取政府对海归创业的资金支持。

三年等来第一桶金

创业后近三年时间里,麦可思的工作是公益性的。王伯庆带领团队作全国、各省的大学生就业研究,再把调查报告免费送给各省。

没有收入,麦可思只能不断地筹款。与此相伴而来的,是经常性的员工辞职,主要还是不看好这家公司。

2008 年,王伯庆本可以迎来第二笔投资,但因为种种原因,投资款不了了之,此时麦可思的 IT 团队又提出辞职。回忆起这段时光,王伯庆说他当时对天亮简直是又爱又怕:爱,是因为新的一天到来,他又可以投入自己热爱的工作中去了;怕,是因为天亮了就要给员工发工资,就要处理员工辞职,就要面对艰辛的现实。

然而,坚持总会带来回报:2009 年,麦可思迎来了最大的转机。由于国际金融危机,全国上下都开始重视大学生就业。一些高校开始付费请麦可思做数据分析。创办近三年的麦可思公司终于有了进账。

同一年,由麦可思公司编写的《中国大学生就业报告》顺利发布,被誉为"中国第一本就业蓝皮书",获得了社会和教育界专家们的高度认同。

数据改变教育

近年来,麦可思已经成为中国最好的高等教育管理咨询与数据的本土公司，为 600 多所大学提供基于实证的专业咨询服务，涵盖就业、教学、教师发展、招生、专业建设等各个方面。除此之外，麦可思也得到政府教育机构的信任，承接了人社部、司法部、教育部的重要研究课题，为一些省市教育部门长期提供专业服务，成为每年《中国高等职业教育质量年报》主要撰稿单位之一。

同期，麦可思也在国际上树立起中国教育咨询产业的品牌，如今已与世界银行、亚洲开发银行等机构展开研究合作，也与哈佛大学、哥伦比亚大学的教育机构联合召开高等教育研讨会。

今天，麦可思不仅关注人才数据，也用独特的企业文化吸引着有想法的年轻人。团队中是一群和王伯庆一样富有热情的理想主义者，很多都毕业于世界名校，有的甚至连毕业典礼都没参加，就拎着行李走进公司大门。这些有创想的年轻人在公司内部组织话剧社、体育俱乐部；每个月，公司也会收集员工建议，倾听员工心声，使这里更像是一个互相交流、享受生活的场所。校园式的开放与参与文化吸引了人才，事业本身的重大意义又留住了他们。而这一切，在王伯庆心中都归于一句话——"数据改变教育"。

虽然大学生就业的困局让麦可思在高校管理咨询行业中一马当先地杀出重围，但王伯庆本人最希望的莫过于通过麦可思的数据，早日改变这种不均衡的状况。中国教育体制的问题、高校对人才市场的反应、市场对于毕业生的需求，这些都反映出高校自主办学权的缺失和对人才市场敏锐度的不足。

针对这些问题，王伯庆提出一项"专业预警机制"，即通过数据分析，对全国失业率最高的专业和失业量最多的专业小类进行招生结构与在校生专业调控。比如招生录取过程可以允许就业率高的高职高专与二、三本院校同时进场录取，让就业好的高职高专校能得到更好的生源，让就业率低的个别本科院校的生源萎缩。

除此之外，王伯庆还倡议政府打破高校的计划体制，给予高校更多的自主办学权。在此过程中，由像麦可思这样的民间第三方机构监测高校的就业状况，并以此推动中国大学教育的改革，帮助年轻人获得更多、更好的就业机会。

做好社会大脑

除了大力推进高校管理咨询行业的进步以外，对于麦可思这个"民间智库"的身份，王伯庆也有自己的思考。早在2009年，他开始为高校做付费调研的时候，就有过质疑的声音："是不是你提供专业服务，只要收了钱，就可以替对方做得不真实。"针对这种误解，王伯庆回应："在国外，社会问题的民间机构代表着公正、权威和专业，如美国的兰德、日本的野村；但在中国恰恰相反——中国人不相信民间研究的公正和权威，而这也恰好是中国创业人、商人和民间机构最需要的品质。"

"现在的民间研究机构总想挂个官方协会的牌子或弄个国营大学的帽子戴着，怕人不相信，如同改革初期私营户要戴个国营的红帽子。其实，国营研究机构不总是代表着科学和权威。"而不论是社会公信力，还是智库本身的信心，归根结底，民间智库的发展对社会至关重要。

在王伯庆看来，鼓励、放开民间智库的发展就好比让一个社会在拥有"经济肌肉"的同时又具备了"智慧的头脑"。"所谓民间研究机构，并不是政府说东我说西，而是要能够提供体制内研究所看不到的角度、达不到的层面，能给政府和社会提供不被注意到的信息、更多的政策选择。"

"高龄创业"的王伯庆本来只想在这个行业里专注做几年，但随着时间的推移，他在自己的工作成果中看到了更大的价值和意义。这不仅仅是为高等教育的管理者、研究者和消费者提供帮助，推动中国的人才培养和国家发展，更是通过麦可思的示范作用，推动民间智库的起航。强国须强智。大国崛起，必以大智为导航。

王伯庆的办公室里挂着一幅画：一个七十多岁的老人赤裸上身，轻松地举起一对哑铃，面带微笑，注视前方。这或许是对王伯庆最好的写照。老骥伏枥，志在千里，高校管理咨询行业仍有很大的进步空间，民间智库的发展也有很长的路要走，而对于王伯庆来说，熬过了年龄的门槛和漫长的等待，未来，就在眼前。

·大佬创业谈·

创业者一定要学会坚持、专注,创业成功的关键在于坚持,要坚守"剩者为王"的信念。创业的领域一定要是自己非常擅长的,不能看到什么赚钱就去做什么,要有社会需求。创业者要在创业前对自己将要进入的产业、行业有前瞻性的认识,要清楚如何让自己被市场所认识,以及如何向市场销售自己的产品。

1965年出生于湖北黄冈。

1985年，在清华大学读硕士期间，被时任院长朱镕基指派赴美留学。

1987年，就职于美国摩根大通，是最早进入华尔街工作的大陆留学生之一。

1990年，进入标准普尔评级公司，成为来自中国大陆的第一位高级职员。

1993年，任摩根士丹利亚洲公司副总裁兼北京代表处首席代表。

1998年，在国家开发银行任投资业务顾问。

1999年，成立信中利国际控股有限公司，是国内最早从事VC/PE基金管理业务的独立投资机构之一，成功投资了北大青鸟、百度、瑞星、华谊兄弟、东田造型、麦包包、小马奔腾、龙文教育、长安保险和中诚信等企业。

2005年，宣布投资组建"中国之队"，进军美洲杯帆船赛。

目前，汪潮涌希望完成从一个商业企业家向社会企业家的转型，在家乡设立了李时珍奖学金，做健康产业等。

信中利资本创始人、CEO

汪潮涌

心胸如海，扬帆远航

汪潮涌既拥有投资者的理性睿智，又不失诗人的浪漫情怀。他慧眼独具，豪赌搜狐，击中百度，投资了华谊兄弟、北大青鸟和瑞星，被誉为中国的"风投教父"。他还敢想敢为，独立出资4亿元组建中国帆船队，使150多年历史的"美洲杯"帆船赛事首次出现中国人的身影，将中国的企业家精神展示于世界。

创业前奏曲

神童初长成

1965年，汪潮涌出生在大别山下的湖北蕲春，父亲参加过抗战，退伍后在县政府工作，母亲是位教育工作者。"文革"开始，父母被关进牛棚挨批斗，两岁的王潮涌被寄养到亲戚家。

从七八岁起，汪潮涌每天放牛、砍柴、养猪，或去水田里干活。那时，他最大的理想是能学武术，尝百草，当一名"文武兼备"的医生，平日为人接骨疗伤，逢年过节舞狮表演。直到今天，他习武行医的梦想也没实现，倒是他的太太李亦非，曾获得全国青少年武术冠军。

"文革"结束后，父母把汪潮涌接到身边，让他接受正规教育。

1978年，汪潮涌以全县第二的成绩考进黄冈市的蕲春一中。

1980年，15岁的他考取了武汉华中工学院（现华中科技大学）管理工程系，成为远近闻名的"神童"。

进入大学后，他走起文青路线，最幸福的事是"读万卷书，神交古人"。当时，《乔厂长上任记》《沉重的翅膀》一类改革派文学作品风行中国，其中一篇报告文学的故事梗概是决策不慎导致宝钢多花了国家几十亿资金。它让汪潮涌认识到一个厂长、经理，可以创造出多少科学家和工程师一辈子都没有办法创造的价值。受此影响，他报考研究生时，选择了清华大学管理专业。

1984年，19岁的汪潮涌迈入清华园。接下来，他又一次表现出"神童"本色：英语水平可媲美专业学生，和外国人交流毫无问题；国学和汉语功底也非常深厚，成为校报编辑。

朱镕基当时担任经济管理学院院长，1985年他去美国考察时，带回一个新泽西州州立大学的留学名额。这个名额便落在入学不到一年的汪潮涌的头上。

1985年，20岁的汪潮涌踏上美利坚合众国的土地，开启一段新历程。那时，他便认定华尔街——那个全世界的金融中心，将是自己的下一个目的地。

生命顺势而成潮涌

1987年，汪潮涌放弃新泽西州立大学的工商管理硕士和金融博士候选人资格，经过数轮面试进入摩根大通银行总部，从事不动产融资证券化方面的工作，成为中国留学生中第一批进入华尔街的专业人才。

1990年，标准普尔评级公司通过猎头找到汪潮涌，成功将其挖角到麾下，出任结构融资债券部副主任。汪潮涌由此成为首位来自中国大陆的标准普尔高级职员。

这一年，他25岁。

1993年，摩根士丹利进军中国市场，急需兼具东方文化背景与金融知识的人才来掌舵。汪潮涌成为不二人选。随后，他被派驻到香港亚洲有限公司出任高级经理，主管中国公司股票融资业务。

1995年，他因业绩突出，被提拔为摩根士丹利亚洲公司副总裁兼北京代表处首席代表。

1996年,汪潮涌在工作之余,内心充满迷茫:为什么已经回到了故土,却依然看不到应有的未来?"每个人的参照对象是不一样的,我的参照目标是杨致远、李泽楷、张朝阳、王志东这些人。在很长一个时期,我都是站在同辈人的前列。当新经济到来时,我想,自己同样应该成为排头兵。"

1998年,亚洲金融危机爆发,这让他创业的想法更加强烈。同年,摩根士丹利总裁约翰·麦克受到中国一位领导人的接见后兴奋地说:"中国市场大有可为,汪,你作为驻京首席代表前程远大。"汪潮涌却平静地说:"很抱歉,我正准备向您辞职,我有自己的想法。"

创业进行时

信中利掌门人

从摩根士丹利辞职后,汪潮涌在国家开发银行当了一年顾问,后来计划搁浅,许多当时一起打拼的人又出国了,汪潮涌却留了下来。

1999年,他注册成立信中利公司,担任总裁兼董事长。信中利的市场定位非常明晰,专司投资银行和风险投资业务,为在国内贷款难又没有与海外投资银行家沟通渠道的民营高科技企业提供服务。

创业之后,汪潮涌事无巨细地为客户考虑,之前头等舱、五星酒店的出行标准,悄然换成经济舱和汽车旅馆。而且每次他还"兼职"干起秘书、翻译和司机等,资料、酒店和出行都安排得井井有条。这些精心细致的安排让跟他合作的客户都异常感动,纷纷以相当优惠的条件与他合作。

成立不到一年,信中利已经为15家硅谷和中国高科技公司提供了直接投资,还担任了近20家高科技公司的财务和融资顾问,募集到2亿多美元资金。

2000年,汪潮涌决定扩大主营业务范围,将风险投资纳入公司的主营业务之中。这一年,他还改造了信中利公司内部信息网,并在此基础上推出中华资本网。

网络经济的炽热与顶级金融机构的履历让汪潮涌在风投界一时无二。2000年和2001年,他连续两年被评选为"中国10大最活跃的风险投资人"。2001年,信中利获评中国最具实力的50家VC(创投公司)之一。

投资中的弹指神通

2001年,互联网泡沫破灭后,整个行业非常低迷。搜狐的股价滑到不到1美元。就在大家不看好搜狐时,汪潮涌却大量地收购搜狐股票。"尽管当时看起来风险很大,但直觉告诉我,这种模式肯定会赢。"这次投资得到的回报不亚于早期投资搜狐的VC,汪潮涌也就此写下个人风险投资史上颇为得意的一笔。

2004年,国内还没有创业板,华谊兄弟也看不到上市的可能性,汪潮涌就是在这种情况下投资华谊的。"我觉得中国电影市场肯定会爆发,随着国民收入增加,年轻人看电影的兴趣提升,只要有好片子好的产品,肯定会引爆市场。"事实再次证明汪潮涌是对的。2009年,华谊上市,信中利从中获益良多。

2005年,百度在纳斯达克的成功上市带动中国概念股的飙升,汪潮涌也没有错过这次大事件。"我们对百度一直很关注,2001年的时候我们就已经非常关注。我们是2004年七八月份的时候第三轮投的资,正好是他们上市一年前。当然,当时也有风险,因为百度上市前的融资并不便宜,2004年的融资估值就两亿多美金,用市盈率来讲,可能都有好几百倍的市盈率,所以很多基金打退堂鼓,认为太贵,但我们认为还是有价值。"

此外,信中利还投了中诚信、长安保险、龙文教育等一些新兴产业,"新兴产业中与消费升级、服务升级、产业升级、技术升级相关的项目是我们长期专注的对象"。汪潮涌认为这些产业是反经济周期发展的,受宏观经济和投资环境的影响较小,长期投资也不会有太大的影响和波动。

投资"中国之队"

2005年,一向精于投资的汪潮涌做了一件在别人看来很蠢的事情,砸4亿组织"中国之队"去参加美洲杯帆船赛,让这个运动项目第一次出现了中国身影。虽然西方媒体称赞说这是"中国海洋文化的复兴和企业家的精神追求",但也有很多人说他"砸4亿入大海连个响儿都没听见"。汪潮涌却是宠辱不惊:"在我看来,投资帆船比赛已经完全不同于早期那些纯商业性的投资,这是对商业和社会双重效应选择的结果。虽然投资帆船运动可能有人不理解,但是建立'中国之队'是我的一个投资路径,我们的最终目的是投资中国水上运动和运动器材。并且通过组队参加这样的赛事来提高中国的国际品牌影响力,这样的一个契机是赞助商们所乐于见到的。"

目前,"中国之队"依靠赞助和广告已经能维持运营,对于这次投资,汪潮涌说:"投资与回报能够打平,或者略微有些亏损,就算很成功了。这件事更大的回报在精神上。""埃里森说,他再有钱,也不能创造美国历史上第一支参加美洲杯的船队。我们要做的事情就是创造历史。所以我说,就算我倾家荡产,每天喝稀粥,我也愿意。"

美帆赛点燃了汪潮涌的体育热情,之后他又在2013年携手中视体育娱乐有限公司创办了中视环球汽车赛事管理有限公司承办中国汽车越野拉力赛,正式涉足汽车文化产业。

2013年,汪潮涌还联合意大利私募基金Invest Industrial入股阿斯顿·马丁,成为这家著名跑车公司的中国主人。

入股阿斯顿·马丁是汪潮涌"打造中国领先的跨境并购与重组外币基金"中的一步。

2014年,欧洲私募股权基金A Capital与信中利合作成立欧洲科技与产业并购基金。汪潮涌计划通过"中欧科技与产业并购基金"将欧洲的一些注重品质、设计和文化内涵的品牌,以及欧洲在环保、食品、医疗、纳米新材料等领域的领先技术引入中国,他认为这是"中欧科技与产业并购基金"的历史使命。

"在风投这个行业,在孤独和隐身繁华的背后,我总觉得在都市之中有我自己的一个桃花岛。我就是岛上那个吹笛作诗、孤高自诩的黄药师。不需短兵相接,弹指神功就已达制胜之境。"汪潮涌自比风险投资业的黄药师,喜欢"桃花影落飞神剑,碧海潮生按玉箫"的意境,也向往归园田居、吹笛弹琴、吟诗作赋的诗意生活。就是这样一个双面的他,在波澜不惊的外表下,暗藏着汹涌澎湃的波涛,期待扬帆远航。

· 大佬创业谈 ·

创业者千万不要急着数钱算身价,未来还有变数,没有资本市场什么都是纸上的。

北京法政集团董事长、总裁，北京王府学校董事长、校长

王广发
水到渠成的艺术

1957年生于山东临清市。
1993年，成立北京法政集团。
1996年，涉足教育行业，成立北京景山学校分部。
2003年，聚焦国际教育，依托《中外合作办学条例》成立北京首家中外合作办学——北京王府学校。
2004~2014年分别被评为"优秀中国特色社会主义事业建设者"（2004）、"北京市优秀思想政治工作者"（2008）、"教育产业十大领军人物"（2009）、"中国教育60年60人成就奖"（2010）、"北京市社团系统先进个人"（2011）、"北京市构建和谐劳动关系先进个人"（2013）、"中国教育行业领导力人物"（2014）。

未见其人，便闻其声。

伴随着坚定的脚步声和一阵爽朗的笑声，门开处便是王广发校长真诚的笑脸和热情的问候。这是一位驾驭着现代化、开放型企业集团的总裁，也是一位可以促膝谈心的长者，他的亲和让你瞬间放松。王广发创办的王府学校比他本人更有名气。他很低调，很少谈论自己，却时刻关注国家、产业和社会发展。他沉稳、睿智、温和、激情，传递满满的正能量。

王广发的观点与众不同却闪烁着大智慧。他说："做产业，要有社会责任和担当，你给本区域造福了，政府就会支持你，老百姓也会欢迎你，创业也就不困难了。""在选择一个新的领域时，要先想到怎么给对方创造价值。给别人创造价值了，别人就乐于去配合。""极强的驾驭能力非常重要，处理问题的能力、协调能力要很强。在给政府提意见的时候，要想到政府的前面去，给政府提出产业转型的合理化建议，让他们采纳，这是你得到支持的基础……"

前瞻、睿智、勤奋……这些特质让他总是能抓住时代的脉搏及时转型，带着他的责任，带领他的员工一起走向一个又一个成功，水到渠成地就走过来了。这大概就是王广发做事的艺术。

创业前奏曲

少年：与时代共舞

1957年，王广发生于山东临清，圣人故里的书香风气熏染出他身上的君子之风与君子之责。这可能也是他以后做企业、办教育时念念不忘社会责任的根源。

20世纪70年代初，高中毕业还没有高考，那时候上大学，要通过工农兵推荐选拔。1974年，17岁的王广发高中毕业，选择留校做了老师。当时教师的待遇并不高，民办教师标准月薪5元。虽然收入微薄，但这段经历却让他对教育生出浓厚感情，并在以后的岁月里愈发难舍。他曾坦言："这（留校做教师的经历）是我执着做教育的一个原因。"

1978年，十一届三中全会召开，改革开放的春风吹起。王广发此时已进入公社做文书。他敏锐地嗅到春天的味道，心里涌动着激情。他不想留守家乡，他想走出去看看，想做出一番事业来。

王广发离开家乡投身商业活动。20世纪80年代初，他从事物资采购方面的工作，市场的开放与流通带给他很大思想冲击。他看到社会和市场环境的变化，认识到时代正在发生快速变化，要想不被时代抛弃，就要及时地学习充电，跟上变化的步伐。于是80年代末，他报考了中央政法管理干部学院，选择进入大学读书。之前，通过参与谈判、交易等商务活动，他已意识到法律的重要性，因此选择攻读法律专业。这次"回炉再造"让他受益匪浅，法律意识深植脑海，让他在日后的商务、贸易活动中如虎添翼更加游刃有余。

"十一届三中全会的报告和修习法律专业的经历，让我的人生有了一个漂亮的转型。"王广发如是说。

创业进行时

方向与抉择

20世纪90年代初,王广发大学毕业,留在中央政法管理干部学院。

1992年,邓小平南巡讲话,随后南巡的旋风席卷全中国,掀起又一轮改革开放的热潮。北京的市场经济表现已然活跃,王广发从中看到机会。1993年,他创办法政集团。凭着敏锐眼光和市场判断,他瞄准房地产行业,投资兴建2平方公里、建筑面积近50万平方米的王府大社区,赚到了人生第一桶金。

"赚了钱干什么?"王广发开始了更深层次的思考,他的答案是去承担社会责任。那么"承担社会责任"的方式是什么?关注、关心教育的情结挥之不去,他萌发了做教育地产的想法:"将来,老百姓住到这里来,孩子没学上肯定不行。"做出决定后,他并没有一拍脑门就投身进去,而是细致地思考如何办学的问题。

"从零开始办教育肯定不行,品牌打不出来,教育资源也会相对弱些,对选择在这里受教育的孩子也就没有尽到责任。"经过思索,王广发找到一个解决办法——公办民助,并与景山学校合作办起景山学校分部。当时,这是北京首个公办民助学校。此前,对于这种不是民办又有企业投资的学校并没有相关的政策规定。王广发做了第一个吃螃蟹的人。

经营:有艰辛但没困难

"创业没有困难,水到渠成。""因为我做的事情与市场是接轨的,与本区域的需求是接轨的,与国家产业的战略转型是吻合的。这样哪有困难?各级政府愿意大力支持,提供发展环境。"

没困难,艰辛却是免不了的。

作为开创"民办公助"名校办分校办学模式第一人,王广发注定要摸着石头过河。不管是成功经验还是失败教训,都没有前例可循,他是开创者,是摸索前行的人。当时,王广发面对的最大障碍是政策方面的,没有相关规定,有关政府部门不知道该怎么办。景山学校本部在东城区，分部落地北京昌平区。相当于将东城区的教育体制纳入昌平区的教育体制中，而这两个区的学制、教材等都不同，便面临着"到底怎么管，到底谁来管，属地管什么"的问题。最终，各方达成一致：按投资的所有权与经营管理权分离的办法来解决这些难题。企业参与学校的后勤物业管理；东城区负责学校的课程设置、师资和学籍管理；昌平区更多负责环境安全、卫生检疫、饮食安全、运行保障等方面工作。

学校办起来了，第一步迈出来了。

回忆起那段经历，王广发轻描淡写地说："当时公办民助办学模式也是教育改革的产物，改革必然会触动各方利益，必然会出现这样或那样新的问题，或者说改革会遇到突破，要敢于突破当时政策的一些限制。那时社会力量办学条例还未出台，没有政策法规法律规定，相关体制、机制、政策和配套管理都不完善。那时候，我们是教育改革先行者，那就先按这种体制往前发展。"王广发表情淡然，用短短的几句话概括了当时的艰辛。

转型：高瞻远瞩，居安思危

俗话说"静水流深"，王广发却是清澈透底的一泉活水，他总是在不断地寻找着新的奔流方向。

"我们总是随着时代转型，是转型的范本。房地产开发做两年就开始筹备教育，迅速地转型。"这个决策需要胆识。

学校办起来5年后，在经营中王广发日渐认识并发现这种传统的教育教学模式，并非自己理想的办学模式。生源也逐渐下滑，必须寻找新的出路。

但是，出路在何方？

出路就是跟着国家改革开放的步伐实现教育模式的转变！深度诠释邓小平"三个面向"伟大精神！

2002年法政集团就着手申请中外合作办学模式，时任国务院总理朱镕基签署了国务院第372号令，发布《中外合作办学条例》，自同年9月1日起施行。王广发首个申请在北京合作办学。他要创办王府学校，聚焦接轨国际教育。

"当时住房已经市场化了，不完全是计划体制内的了，那么教育仍然要满足市场多元化需求。多元化的需求打破了区域界限，买房的人全国都有，国际上的都有。我们应该提供多元化的教育，恰逢其时。"再者，"可以从中外合作办学的角度去解决教育发展的瓶颈。中外合作办学肯定要引进先进的教育模式、教育理念、教育资源。这可以弥补传统教育模式的不足"。王广发说。

王府学校办起后，用国际视野和先进模式培养国际化人才，"在中国与世界接轨、产业转型的新时代，中国的教育必须与国际全方位接轨，努力培养适合时代发展的国际复合型人才"。

学校的转型只是一个缩影。在这期间，法政集团也在坚持以市场为标准的持续转型中，不断向着多元化方向发展。"多元化可以风险分担，避免将鸡蛋放在一个篮子里。"

今天，我们看到的法政集团有房地产、国际教育、医疗、文化传媒、法律服务、物业管理、金融典当、出国留学、跨国公司经济咨询与研究所等多元化业务，是不折不扣的全方位、多层次、宽领域经营的现代企业集团。在率领企业转型中，王广发没感觉痛苦，"困难是很多，但困难就是挑战，克服困难就是成功就是发展！没有困难的人生是不正常的"。

王广发认为："我们是以市场标准选择转型产业的发展，要说困难，就是土地资源在开发、建设时，留给法政事业未来再发展的空间不大，但这不叫困难——可以选择京津冀一体化协调发展空间，可以到其他地方去嘛！"他总是用高度弹性的思维去让问题迎刃而解。

工作：每天休息 5 小时

多元化的发展极为考验企业统帅的驾驭能力。

为什么能涉足这么多领域？这与王广发的专业、市场敏锐度、抗风险能力和思维战略、个性息息相关。他精通法律，市场需求什么就愿意尝试什么，而且"有挑战感觉到很开心，越挑战越有激情和动力"。

他能驾驭如此多元化的产业结构，诀窍之一是"不断地充电，不断地产生正能量，不断地开拓创新思维模式，不断地思考高端顶层规划设计，并与产业发展——快速发展、慢速发展、随时调整速度发展、可持续科学发展——保持吻合"。他每天只休息5个小时，其余时间都在工作和学习状态，经年累月，乐此不疲。这样的工作状态坚持至今。

他带领企业持续转型，看似水到渠成，事实上在涉足每个新领域前，他都特别慎重："我决定做一件事情的时候，不调查充分不决策，不研究彻底不行动。调查充分、研究彻底是我投资涉足一个领域或另一个产业的基本策略。"这注定需要他投入更多的时间,"我这里有这么多的产业,需要懂得更多的政策、法律、法规。所有行业都有一套法律法规,倒逼着你必须好好学习"。现实中,他比年轻人更如饥似渴地学习,用前瞻视野率领企业与时俱进。

然而,仅做好一位战略家、决策者、指挥家并不够,还要思维、能力都非常灵活,到每个领域都知道该怎么干,并且能干好。

走进王府学校的校园,你会发现窗明几净、朝气蓬勃,一派欣欣向上。这里既有中国传统文化的基础,又有发达国家先进的教育理念。学校的管理模式、课程设置、教学教法、师资队伍梯队建设、教师国际标准培养、素质设计、走班上课、分级教学,等等,都是王广发自己在主抓。"你不能光会规划设计,还要会执行。在战场上只剩你一个人时,面前还有一位敌人,你必须拿枪把他消灭掉。你说:'对不起,我不会用枪。'那怎么办?你就被别人打死了。如果你会用枪,一下子就可以把敌人打死。或者,你们都没有枪,这时你的块头要跟得上。过去,毛泽东同志讲既能当指挥员、决策者,又要能当战斗员,换句话说就是既会当领导,又能被领导。你要不断地换位思考,不断地调整心态,不断地让自己的思维方式影响所有参与到这个事业里的人。"

每周、每个月,王广发都要给员工开大会,把自己的观念、思想、正能量向他们传达,把经营理念灌输给他们。"要想成功就要走我们这样的路,你不能这也不行,那也不行,这也困难,那也困难。这都不是一个好的员工,也不是一个好的领导。"他以身作则,带领大家把心沉下去,把事情做起来。员工发自内心地尊重他,不光因为他的知识水平高,更因为他的人格魅力、领导魅力、做事的艺术魅力和思维引领的魅力。

责任:一心推动国家、社会发展

国家兴亡,匹夫有责。对此,王广发的理解是:"人人有责,有的有大责,有的有小责。责不可均等,能力大的承担大责,能力小的承担小责,但是不能不担责。如果一个人没有这种责任感,国家之责、民族之责、人民之责、社会之责、领导之责、员工之责、企业之责、家庭之责、朋友之责,那就什么事儿都一事无成。"

他看似做了不少"闲事"：除了担任多种社会职务，还成立跨国公司研究所、生命科学研究院、博物馆，参与中国与全球智库研究、中央党校大战略研究，捐助国家外专局、清华大学、北京师范大学人才交流基金……花钱花精力，目标简单却重大：把研究发现、创新思维和政策思路传递给国家决策层。他捧着一颗中国心，全心全意地推动国家和社会向前发展。他毫不讳言："我是一个实践者，走在了产业转型的前面，是以市场为标准定位事业发展的先行者。"

在公开场合，王广发的发言充满真知灼见，有对国家、产业层面的诚挚建言，也有对企业、同行的谆谆告诫。

在企业经营实践中，他把"责任"二字作为坚守的至高标准。

选择转型方向时，他说："我有两种检测：一种是商业上的检测，先预测这个领域好不好，是否有商业利润支持我下决心投入；一种是个人良心上的衡量标准，就是这个产业到底对别人、对社会有多大的帮助。我选择的都是为社会、为国家造福的事情。"

追逐经营利润时，他说："企业经营当然要获取利益，但获利前提是依法合规，不做对国家、社会和他人有损的事情，另外还要考虑到各方利益。"

面对同行竞争时，他说："关爱他人产业发展，这也是一种责任，我对同行业不是竞争，而是帮助，锦上添花。"

关于用人育人留人，他说："我用人的标准是先培养你，根据你的岗位、知识结构、行为规范培养你，不断地让你参加培训，一方面是学历培训，一方面是业务培训，让你的知识、动力、激情与集团的教育、医疗各个产业发展能量相吻合。如果员工到这里半年选择离开，这是我有问题，不是员工的问题。"

种种负责任的话语，给人耳目一新的感觉。

王广发也善于"下放"责任。走进王府校园，我们会看到到处干干净净。这体现的是"人人责任"，不只是环保人员在打扫，而是人人关注环境。"办学，是一件政府各个部门高度重视的事情，涉及物价、教委、发改委、政府、家庭、国际交流，要求很严谨。孩子无小事，外事无小事。员工跟着创业、发展，也要担起自身的责任。"今天，这种文化已渗入王府人的心田。

对于王广发，他肩上更大的责任是保证企业长期持续稳定科学地发展。"公司的每一次产业转型和定位，都不能不认真慎重地去考虑方方面面的因素。不能一拍脑门就做一个不利于企业发展的决定,决策要对头,思路、思维要契合市场","如果企业走向经营不景气,出现关倒并转,对员工和他们的家庭也是一种不能承受的切肤之痛"。

潘军,在这里工作了20年,亲历了集团业务的多次转型,深知董事长身上的担子有多重。然而,王广发总是能量四射地登场,没有长期承受压力的负荷和沧桑。他富有激情地走来,跟我们分享他的远见、智慧与情怀。

在某次获奖时,王广发赢得的评语是:"他坚守企业家身体里应当流淌着道德血液的人生操守,怀着赤子之心办教育、济世之心办医疗、拳拳之心办企业,是当代企业家依法合规、诚实守信、承担社会责任的典范。"

这,也是对他企业家人生的完美诠释。

· 大佬创业谈 ·

不断地充电,不断地产生正能量,不断地开拓创新思维模式,不断地思考高端顶层规划设计,并与产业发展——快速发展、慢速发展、随时调整速度发展、可持续科学发展——保持吻合。

大连万达集团股份有限公司董事长

王健林
做跟别人不一样的事

生于乡村、长于行伍的王健林，在改革初期试水下海，不想做旧房改造一举惊人；后来他转型做商业地产也做得跟别人不一样，订单地产、组合店、城市综合体，一步步进化出商业地产的完美形态。如今，他又看好文化产业，在商业地产中布局文化产业。

王健林每一次都先人一步，而且一直独辟蹊径，拒绝模仿，想别人所不敢想，做别人所不敢做，凭着这份勇气和眼光打造出一个名扬四海的万达帝国和一份绚烂多姿的人生。

1954年出生于四川绵阳。

1989年，任职西岗区住宅开发公司总经理，开始涉足房地产。

1992年，西岗区住宅开发公司改制为大连万达房地产集团公司。

1993年，担任大连万达集团股份有限公司董事长、总裁，主做住宅开发。

2000年，万达转型做商业地产，并在此后数年内形成三种开发模式。

2006年，万达进军电影产业。

2009年，万达布局文化产业。

2010年，与企业家联合捐资发起瀛公益基金会扶持青年创业。

2013年，推出慈善项目"万达集团大学生创业计划"。

2015年，位列《福布斯》杂志公布的全球最具影响力人物排行榜第68位。

创业前奏曲

部队中成长

1954年，王健林生于四川绵阳，父亲王义全是位老红军，参加过长征，建国后转业回了四川老家。

1958年，父亲被调到大金县森林工业局工作，全家也随之搬到大金县。王健林在那里度过了十几年，并且在1969年初中毕业后进入大金县森林工业局，挖坑、栽树、烧炭。林业工人的生活过了一年，16岁的王健林参军入伍，成为一名军人。

1970年，新兵王健林去了东北，在林海雪原里得到锤炼。每天平均走 60 里地。晚上住在雪洞里的生活连一些老兵都难以忍受，新兵的他咬着牙扛了下来，并在入伍第一年被评为"五好士兵"。

1978 年，王健林升任排长并进入大连陆军学院深造。一年后，他因成绩优异留校当了大队参谋。后来，他又被调到宣传处做了负责动员学院军士报考党政专修班的干事。

1983 年，王健林进入辽宁大学党政专修班学习，3 年后获得经济管理专业学位，并被调任陆军学院管理处副处长。

20 世纪 80 年代，正值国内百万大裁军，调任不到一年的王健林选择转业到大连市西岗区人民政府当了办公室主任。他在这里工作了两年，改革开放的春风让他萌生了新的想法。

创业进行时

旧城改造初试水

20 世纪 80 年代末，下海经商风头正劲。很多人，包括机关干部都下海搏上一搏。王健林也站在潮流风口上，打算逐流而动，谋一份"前程"。

1988 年，他到西岗区住宅开发公司任职。创业情怀可以靠热情鼓动，创业现实却需要真金白银，资金和项目正是面前的两大首要难题。

当时，中国还处于计划经济时期，拿项目需要"计划指标"。他找老战友帮忙拿到几万平米的指标。指标有了，地还需要市领导批。王健林又开始跑地，跑得领导烦了，就甩给他一块稳亏不赚的地，说："你不是想开发吗？把市政府的北侧那块地给你。"

市政府是高大上的地方，市政府北侧却是正相反的所在。当时那一片是"有碍观瞻"的现实版本，房子旧，设施更谈不上，一百多户人的一片区域只有一个水龙头、一个厕所。王健林接手的就是这么一块烫手的山芋。要改造好这块地方，最低成本是 1200 元 / 平米，现在看是不贵，但当时大连最高的房价也不过一平米一千零几十而已。

"开发公司，只有开才能发，你都不敢开怎么能发呢？"王健林给同事鼓劲，豪言壮语过后，他坐下来仔细研究项目。成本已定，公司要盈利房价就要在 1500 元 / 平米，现实房价又摆在那里，怎么办呢？

王健林集思广益，决定在明厅和卫生间上做文章。当时国内的房子没有明厅，进门就是过道，过道连接几个房间。而且这片区域当时是公用卫生间，每家没有独立卫生间。按照设想，王健林将明厅和卫生间改造成这片区域房屋的标配，还"附送"铝合金窗户和防盗门。房屋整体档次就这样提上来了。改造完成后，这片房子的出售均价是1580元/平米，供不应求。

万达诞生

1991年，大连进行股份制试点，首批选取了3家企业。企业一旦改制，编制也就没了。事态还在观望中，没有人愿意做个出头鸟，王健林做了。

1992年，西岗开发公司改制成大连万达房地产集团公司。国有资本退出后，王健林也有了更大的发挥空间。

正逢邓小平南巡讲话刮起市场经济的春风，王健林从中看到南下发展的潜力。然而，当时政策并不支持民营企业跨地区发展。他毅然选择南下，"看准了就要去干，留在大连虽然可以生活得很好，但永远都是一家地方性的企业"。

1993年，万达拿下南下的首个项目——广州番禺的侨宫苑小区，该项目让万达成为国内跨区域发展的首家房企。

足球打造知名度

万达靠房地产起家，"扬名立万"靠的却是足球。"1994年，大连市体委主任找到我，说国家想搞足球联赛。我也算个著名的球迷了，所以就干了！"万达足球俱乐部就这样成立了。

俱乐部成立六年拿下4个冠军，甚至还创造了连续55场未曾一败的战绩。在足球的辉煌战绩下，万达的名字响遍全国，品牌知名度也提升到全国前五名。

2000年，王健林却出人意料地退出了足球领域，将万达足球俱乐部卖给大连实德集团。"六年我们总投入3个多亿，收回1亿多，净投入两个多亿。"促使王健林卖掉万达的不是亏钱，而是当时国内足坛的名声。"一年几千万，我花得起，但把名声搞臭了，我就赔不起了！"

万达足球俱乐部并非王健林关注足球的全部投入，在卖掉俱乐部之后，他将希望放在少年身上，花钱送孩子们去国外训练深造，并有着足够的耐性等待着他们长大、归来。

转型商业地产

2000 年，王健林遇到一件触动他反思公司经营模式的事件。"当时我们公司有两个员工得了重病，一个得了癌症，一个得了肝病，每个员工花了一百多万治疗费。当时民营企业是不可以报销医药费的，你自己有钱给他报销，没有钱你的员工可能就等死。我们是花钱给他治疗了，但也给我一个提醒：如果大量的员工都有了病，再往后发展一二十年大家岁数大了，这公司怎么办呢？我们一定要找到一个安全的、有长期现金流的商业模式。所以，2000 年，我们决定转行去做商业地产，做不动产，持有物业，不再搞单纯的住宅开发了。"

最早开始做商业地产时，没摸到门道的王健林采取将底商全部卖掉的方式。这给他带来无尽的"麻烦"。购买底商的客户，初期三年经营不善就去告万达，结果 2000~2004 年，短短三年多，万达被告了 222 次。疲于应付不说，社会压力还特别大。在公司里一片要求退出商业地产的呼声下，王健林给自己画了一条线：做满 5 年，也就是等到 2005 年，状况还没有改善，就退出商业地产。

摸索三种地产模式

2000 年，万达开始做商业地产之初找到沃尔玛，希望跟沃尔玛合作。不想"第一次上门跟人家说，一口就被拒绝了。后来慢慢谈，一次一次上门谈，整整花了一年"。与沃尔玛达成合作后，万达在很多方面为沃尔玛提供方便，选址确定后会优先告之沃尔玛，根据其需要调整设计方案等。"实际上，沃尔玛也很希望能有这种模式，只是以前地产商们都没这么去干。"

万达与沃尔玛的合作相当成功，一年之内，双方在全国不同城市合作了 6 次。成效显现后，美国百胜、新加坡百胜等也找上万达谈合作，于是"订单地产"的商业模式渐渐成型。这是万达商业地产的第一种模式，相对简单，"建一个大房子，第一层开精品店，第二层开超市，第三层开家居，第四层还可以搞个电影院等，一个店大概五六万平米"。

2004~2005 年，万达的商业地产进入第二个模式——"组合店"模式：

"一个项目有四五个独立的楼,分别作为商业、百货、超市、电影院,通过一个室外步行街连起来做一个广场。"

经过前两个模式的摸索,万达的商业模式升级到"城市综合体"模式。"如果说第二代的管理模式是出于对产业链的把握,万达的第三代管理模式则完全是出于对商业规律更深的认识。"北京的CBD就是"城市综合体"模式的典型代表。

回顾万达商业模式的逐步转变,王健林如此评价:"人家走了一百多年的路我们十五年走完,但面对当时那些困境和失败的教训,如果没有执着和百折不挠的精神,没有一个对预定目标孜孜不倦的追求,是不可能的。"

进军电影业

下海经商、足球、商业地产,王健林总是能快别人一步,于未然处看到先机。

2006年,他又一次成为公司同事的"公敌",因为他打算进军电影业。

当时,中国电影产业并不被看好,内地票房也还不到10亿。"10亿就算20%的利润,也才2亿的利润。每年要投3亿、4亿去做,怎么可能收得回来呢?全中国的利润都归万达么?"这是同事们的看法。

王健林却吃了秤砣铁了心地要做,他说:"电影院对商业中心来说是必须需要的,而现在又没有人愿意来做。现在虽然只是8亿、10亿的市场,但如果我们带头来做,加一点促销,让那个行业有钱赚,可能会激励更多人来做,这个行业可能就做到80亿、800亿,就可能赚钱了。"

前前后后,到万达院线可以自负盈亏的时候,王健林已经在里面投了6个亿。但万达院线带来的利益不只是利润方面。

2009年,万达院线在万达的收益比重中也只占到2%,但带来的宣传效应却无法估量。同年,万达开始向文化产业布局。

布局文化产业

2009年,万达投资的武汉楚河汉街项目就融入了文化的元素。最初,万达设想"打造城市中央商务区"。王健林思虑良久,认为"和每个城市一样打造一个商务区太没有特色了,不如做文化类项目"。于是,便有了现代

"清明上河图"之称、民国范儿十足的楚河汉街：青砖红墙、木制门窗、铜制门环，踏入其中顿生梦回千年之感。这条集历史文化与生态景观于一体的"中国第一商业街"是万达在地产领域的又一次成功转型。

2010年以来，万达先后收购了美国 AMC Entertainment 和4个旅游地产项目，并在地产项目中因地制宜地添加了主题秀或电影乐园等内容，增加文化韵味和文化效应。

他布局文化产业之初，国内的文化地产项目尚处在小、散、乱的状态。"从2009年开始做文化布局到现在，我期间的辛苦和投入是惊人的，如果我做成功了，别人再来模仿，那就已经晚了。"相较于商业地产，文化与旅游都是见效奇慢的产业，王健林却愿意等着花开。"文化的影响力是无穷的，远不是一个商业中心、上万平方米的住宅可以比拟的。""未来5~8年，万达的核心竞争力是文化和旅游，到2020年，万达地产类收入要下降到45%以下。"

凡事早别人一步，又看得长远，这大抵就是王健林的做事方式。王健林说自己经常讲两句话，"到了黄河心不死，撞了南墙不回头"，"到了黄河，搭个桥就过去了，撞了南墙，搭个梯子就翻过去了，只有这种精神，才能获得所谓的成功"。

2015年8月，王健林超越李嘉诚成为华人首富，他正是凭着这种不走寻常路、敢想敢拼的精神，才建立起如今的万达帝国，而今后的万达想必还会有更大的辉煌与绚烂。

· **大佬创业谈** ·

创业、科研基本上是二八定律，成功是20%以内，失败是大多数。但有了10%、20%的成功，会激励我们成为那部分人。先行者绝大部分会成为先烈，少部分才会成为先进，但是这种可能值得奋斗！有梦想就去努力，有目标就去奋斗，人生一定要给自己定一个远大的目标。

金杜律师事务所创始人、管委会主席

王俊峰

智慧"取舍"与尽心尽力

身为金杜的掌门人、中国律师行业的掌舵者,王俊峰却始终在成就前保持谦虚的心态。他回忆自己在美国留学期间,曾告诉导师金杜律师事务所已经是中国最大的律师事务所了,导师却淡然告知最大的未必是最好的,这让他认识到未来的路还很长,创业是个始终在路上的过程。不光眼光长远,王俊峰也胸怀宽广,关注整个律师行业和群体,"我的眼光不只盯着金杜,我更关注整个行业的发展。"他说,"在中国,任何一个律师取得成绩,都让我开心。"

创业前奏曲

"随便"结缘法律

1962年,王俊峰生于吉林省长白山脚下的一个小城。小时候,他的理想是成为一个文学家,诗歌、散文、词曲歌赋将是自己未来生活的主旋律。然而,高考时他却发现,可供文科学生选择的专业非常有限,"那时候文科本来就没有几个专业可以让我们选择,于是就随便填报了一个"。年轻的王俊峰未曾想到,正是这一个"随便",让他和法律结下不解之缘。

1980年,王俊峰考入吉林大学法学院。

入学时,王俊峰不满18岁,是班上最小的学生,

1962年生于吉林省。
1993年创建金杜律师事务所,提供国际方面的、涉外领域的法律服务。
2001年,中国加入WTO,王俊峰带领金杜律师事务所提供反倾销、反垄断领域服务,金杜成为维护国家和企业利益的法律"排头兵",在中国企业"走出去"进程中保驾护航。
2002年,金杜律师事务所成为北京第29届奥运会组委会唯一的中国法律顾问,并被委以重任。
2008年,金杜纽约分所正式开业。2011年,王俊峰当选为中华全国律师协会会长。
现在,金杜作为唯一总部设在亚太地区的全球律师事务所,已经在全球拥有30多个办公机构。

在很多经历过"上山下乡"的同学眼里,他只算是一个"小毛头"。"我那时候就是傻傻的。本科生期间真的是稀里糊涂地过来了,不到18岁上大学就是这样,只知道跟着学习。"就这样,他一心钻研专业课,为日后打下了扎实的学业基础。

王俊峰心中还有一个目标:要过与众不同的生活。虽然年少的他对这个目标感到很朦胧,但它一直存于心中,从未消弭。当时他的班里有一个同学,每天上学或去图书馆都要穿上正装,学习也很努力,更是格外用心地学英文。原来他的理想是当一名外交官,并一直用这个理想激励着自己。后来,此人虽然没有当上外交官,但也在自己的领域取得极大的成就,他便是今天国内著名的证券和并购律师陈瑛明。

与陈瑛明一样,王俊峰也膨胀着一颗进取心,"人的心中始终都要有一颗进取心,这在什么时候都很重要"。在大学时候,他就想去进军国际,"我那时候就对带'国际'两个字的比较感兴趣,经常去国际法系听课"。

1984年本科毕业后,王俊峰继续在吉林大学攻读法律专业的研究生。

读研究生期间,王俊峰对自己的未来规划逐渐明晰起来。虽然他很想出国,但受限于家庭条件,还是选择了在国内完成学业。"小的时候家里比较穷,生活压力也很大,就盼着什么时候不要让家里给我拿钱上学。读研究生之后生活变得从容一些,国家给待遇了,有了学习的方向,将来要做什么都有规划了。"

律师不只是打官司

王俊峰毕业时,国内"下海"的浪潮已经开始。此时,国家机关或纯粹的政府机构的吸引力开始下降,进出口贸易公司、外交部等与海外相关的部门成为毕业生最想去的地方。

除了当律师,王俊峰心底还埋藏着一个当外交官的梦想。他找工作时偶然听朋友提到中国国际经济贸易促进委员会,知道这个机构既有当时国家外经贸部的职能,也有外交的职能,还有贸易促进的功能。于是,当即和几个同学一起坐火车来到北京,直奔贸促会去应聘。

1986年,王俊峰被中国国际贸易促进委员会录用,在法律部做涉外法律服务工作。

虽然读了六年法律专业,但王俊峰真正了解"律师"这个职业,还是在工作之后。"律师不只是打官司而已,这是个综合性、专业性很强的职业。而且我的律师生涯不是从传统的代理民事、刑事诉讼开始的,我刚开始接触的就是比较高端的案件。"一下子进入一个专业平台,王俊峰压力倍增,国际谈判不仅内容专业,工作语言也全部是英文,他只好一边实践,一边学习。"压力很大,材料几乎都是英文的,遇到不认识的单词就利用晚上查词典。"

"九十年代初,大陆的律师拿奖金就是几千元钱,香港的律师来了都是百万的。那时候心里就有点不服气,我看他个子也没有那么高,学历也不过如此,仅仅因为他们在外国工作过就比我们'值钱',心里有一种非常不舒服的感觉。"

这对王俊峰来说是一个刺激,他非常想尽己所能改变这一现状。

创业进行时

取舍之艰

工作一段时间后,王俊峰成为贸促会下属环球律师事务所商事部的负责人。环球是中国首家专做涉外法律服务的事务所,属于国有,有很多束缚,里面也有不少年纪大的人比较保守。

"我们要跟国际接轨,就要跳出来。"王俊峰心里说。然而,想要有所得,必先有所舍;要想有所改变,必先付出代价。"贸促会不让我们出来,相关领导设关卡,我们的档案也受到限制。"

好在到了1993年,司法部开始深化律师行业改革。在大潮流的鼓励和感召下,王俊峰和三个心怀同样理想的同事一起正式"下海",开始了创业之路。这时,王俊峰发现,原来自己是"要钱没钱,要地方没地方"。四个没有多少积蓄的年轻人只能靠着借钱租房子,把事务所张罗起来。看起来,创业远比自己想像得更艰难。就这样,在昆仑饭店的一个房间里,金杜律师事务所正式挂牌开业。

谈到金杜(King & Wood)名称的来源,王俊峰说:"并没有那么多讲究","国际上,律所名称都是合伙人的姓。那时中国不允许这么做,我们就先找两个英国人的姓,是瞎想的,比较容易记,再音译成中文"。

事务所成立了，客户寥寥，门可罗雀。王俊峰等人靠每天打电话、发传真来扩大宣传。他们不放弃任何一单业务，"只要是案子，不管是钱多钱少，我们都接，就算免费的公益活动我们都积极去做"。渐渐地，事务所成长起来，他们终于不必为律所的生计担忧了。

以优势突围

王俊峰始终没忘记自己创办律所的初衷是希望推动中国在国际和涉外法律服务方面的发展。所以，金杜一直主要面对国际方面的、涉外领域的法律服务。起初，他想让金杜和国际同行"硬碰硬"地直接竞争，但很快发现：不论经验还是人员上，都呈现出一种"敌强我弱"的局面。于是他迅速调整策略，"土生土长"的金杜团队虽然在经验和国际化上略逊一筹，但也有着自身无可比拟的长处。凭借对我国政策法律法规的准确了解，金杜能够提供比外国人更加行之有效的法律建议，其优势也逐渐被客户所认可。

金杜成立的第一年，王俊峰和团队就赚了200多万元。"市场机会多，总的来说还是很顺利。"虽然成绩斐然，但年轻的金杜和发达国家的"百年老店"比起来，还存在着一定差距。"知己知彼"、"洋为中用"的古训提醒着王俊峰，要参与国际竞争，必须要到国外去考察和学习。

边留学，边创业

王俊峰刚进入贸促会时，便感觉到专业和语言方面的不足，并发现中国的律师事务所从事国际法律服务的其实很少，"几乎是一张白纸，不要说在经验上没法和国外的律师事务所相比，甚至都没有几个律师能说英语"。当时他格外向往出国深造。"那时同事们的出国愿望很强烈，我身边很多人都出国了。但单位总是今天有一个什么机会，明天提一个什么副处长，所以我就留下来了。"

夺取金杜律所"开门红"之后，王俊峰便将留学提上日程。

1994年，他赴荷兰的律师事务所做访问律师，一边工作，一边学习律师事务所的运作理念。

1996年，他又走访了英国，期间也去过美国，和两地同行进行交流。

1998 年,他再次回到英国,在剑桥大学做了一段时间访问学者,这段经历给了他一个很强的印象——要回到校园里去学习、感受或充电。之后,他申请去美国做访问学者,但当他得知访问学者不必上课之后,便改变了主意。"既然是读书人,就应该认真地读一段时间的书。"于是,36 岁的他开始正式申请去美国留学。

1999 年,王俊峰被加州大学伯克利分校和哥伦比亚大学两家法学院同时录取,两个法学院都很著名,很难取舍。最后,内心向往文艺的王俊峰选择了"加州的阳光",来到了伯克利。

1999 年,王俊峰读完法学硕士又开始读法学博士。一边是律所,一边是大学,王俊峰努力平衡着自己的事业和学业,直到 2007 年才读完博士学位。前后 8 年,王俊峰多次往返于北京与旧金山之间,在他看来,过程虽然辛苦,但是很值得。

读博士期间,王俊峰花了一定时间去当地考察,接触社会。尽管身在学校,他却一直将律所的发展挂在心头。经过反复地考察和思考,他意识到,对金杜而言,在国外收购或拥有一家办公室是很重要的,这将是连接国内外的一个窗口。

之后,经过细致考察,当地的一家华人律师所被他锁定为重点对象。这家事务所在硅谷有三个办公室,业务与金杜的有很大的相关性。在沟通中,王俊峰向他们描述了中国未来发展的潜力,最终打动了该律所的合伙人。"我希望可以打造一个窗口、一个桥梁。希望通过几年的发展,伴随着中国走向国际的脚步,我们能帮助中国企业走出去,同时也能帮助美国的企业进入中国。这是一个尝试,也是国际化、全球化环境下的一个应对。"

就这样,借留学的契机,金杜在美国硅谷拥有了第一家自己的海外办公室。

担当更大的责任

随着金杜日渐走上国际舞台,王俊峰不再仅着眼于律所本身的发展,而是开始寻求更大的社会价值,让金杜承担起更重要的社会责任。"假如一个国家的会计体系、律师服务体系完全被外国的律师事务所控制了,那这个国家就没有什么秘密可言。"

2001 年,中国加入世界贸易组织。一时之间,无数商机和挑战涌来。金杜律所加强反倾销、反垄断领域工作,维护国家和企业利益。

2002年，北京奥组委"沙场点兵"，面向海内外公开招标法律顾问机构。有100多家国际律所提交了项目建议书。最终，金杜和美富律所分别受聘，为北京奥组委提供国内和国际的总体法律服务。据王俊峰回忆，最初奥组委把80%的业务交给美富处理。之后，自己和团队精益求精的工作感动了奥组委，从而承担起更大、更重要的任务。就这样，本来是"配角"的金杜直到奥运会闭幕，都一直承担着80%甚至更多的法律事务。

随着经济发展和改革深化，中国企业也开始向着世界伸出触角。在中国企业"走出去"的过程中，挫折、碰壁、冲突在所难免，因为国家间的法制水平、观念、文化等都存在巨大差异。这时，就需要强有力的法律服务作为支撑，帮助企业在"攻下山头"之后"守住山头"。

然而，中国整个律师行业在这方面并没有跟上节奏，也没有做好充分准备。意识到此点，王俊峰开始积极开拓海外市场。

2008年，金杜纽约分所正式开业，由此成为在美国东西两岸均设立分所的唯一一家中国律师事务所。

2012年，金杜与澳大利亚领先的律师事务所Mallesons Stephen Jaques建立紧密联盟关系。

目前，金杜已经拥有超过30个办公机构，遍布亚洲、澳大利亚、欧洲、中东及北美等地区。

在金杜日益壮大的同时，王俊峰也开始关注起律师行业的未来。2011年，他当选为中华全国律师协会会长。

从律所掌门人到律师行业的掌舵人，王俊峰很关注青年律师的培养。展望未来，他希望可以建立一个法律服务的互联网平台，尽快地给青年律师带来新变化和新希望，以此推动整个国家的法律服务行业的新变化。

尽心尽力，无悔于事业；有舍有得，无愧于家国。从梦想成为外交官的法学院学生，到声名远播的国际法律人，王俊峰在"下海"、"留学"和"国际化"的几次转折中智慧选择，走出了一条独一无二的创业之路。他秉信"凡事尽力而为"，终于将金杜律所从一个法律行业改革的试验田，打造成一个办公机构遍布全球的国际化律所。未来，他也会和金杜一道，继续为中国法律事业开疆拓土，为中国的海外企业保驾护航。

谈到将来，面对选择留在国内与国外的权衡，王俊峰再一次选择了祖国。他曾说："我是一个民族情结比较重的人，虽然想到去海外生活有很多的诱惑。但我还是会留在这里，一个人的生命并不只是生存，他还要去改变很多。中国人骨子里的民族情感、爱国情怀是很重的。"

· 大佬创业谈 ·

每一天都面对一个变化的市场，过去了就归零了，创业要不断去面对新的市场。现在是大变革时期，科技的发展带来颠覆性的改变，也就是生产力和生产关系的改变。今天我们看到的变化，没有现在科技导致的人类文明和思想观念的变化大，这些影响还远远没有显露出来。所以，说创业在路上，是因为如果你不跟着走，你就落伍了。

1951年出生于广西壮族自治区柳州市。

1984年，组建深圳现代科教仪器展销中心，任总经理。

1988年，深圳现代科教仪器展销中心正式更名为"万科企业股份有限公司"，涉足房地产业。

1991年，万科正式在深圳交易所挂牌上市，是深交所第二家上市公司。

2012年，万科销售额高达1412亿，位居当年中国房地产企业销售金额TOP50榜首。

2014年，万科成为全球首个房地产业务年销售额超过200亿美元的公司。

万科集团创始人、董事会主席

王石
多重人生协奏曲

他是中国最大房地产企业的掌门人，创立并领导着公司，但他本人却并非公司的所有者；他也是登山家，是运动员，是极限运动爱好者；他做生意、写书，也做代言、环游世界……从"企业家"到"登山者"，再到"环保主义者"，王石的身份不断转变，不断挑战自我，超越身份的局限。王石酷爱猎奇，凡事争先，手握巨额资产，饱受争议。但他依旧我行我素，按照自己的原则设计着自己的生活。在他看来，人生从来就不是静水深流，多彩的人生协奏曲，才是他最好的写照。

创业前奏曲

蠢蠢欲动的商业梦

1951年，王石出生于广西柳州市。父母都是军人，受家庭影响，1968年，17岁的他进入空军汽车三团服役，成为一名运输兵，在徐州和吐鲁番盆地一共驻扎了五年。

1974年，王石23岁，复员到郑州铁路局当工人。当年，铁路局有两个推荐上大学名额——他进入兰州铁道学院，攻读排水专业。大学期间，他自修完《政治经济学》，这本书算是他的商业启蒙。

1977 年，王石大学毕业，被分配到广州铁路局。工作中，他逐渐意识到，自己对铁路工作并不太感兴趣。大学时种下的经商种子正悄然萌芽。

1980 年，王石决定离开铁路系统，去追寻"商业梦"，于是报名参加招聘考试，进入广东省外经委，负责招商引资，算是迈入"商业圈"。在外经委，王石第一次系统地接触商业运作，也积累了大量商业经验，为日后的"单飞"打下良好基础。

创业进行时

差点成了"饲料大王"

1983 年，王石 32 岁，他辞去政府公职到深圳经济特区学习做生意，"单飞"之行正式启程。

"下海"不久，他就在身边寻觅商机，当时深圳有两种进口商品很赚钱：一是日本味精；二是台湾的折叠伞，进口多少就能售出多少。王石没有一头扎进去，经过调查，他发现两块市场已趋于饱和，现在入行并不占优势，便决定另辟蹊径。

当时，深圳有两大饲料厂均年产 20 万吨以上饲料，但其主要原料玉米大部分从香港进口，其中很大一部分是从北方的大连、天津、青岛出口转内销的。这让王石产生疑问：为什么国内的玉米不直接销到深圳，而是转道香港呢？之后他了解到，主要原因是解决不了从北方到深圳的运输工具问题。于是他找到广东省海运局，了解能否组织货船从大连往深圳运玉米。恰逢海运局正在研究开辟北方航线，苦于没有货源。就这样，王石当上中间商，靠着倒卖玉米赚了三十多万元。

次年，他的生意几经起落，渐趋稳定，收入也不断增多，有了 300 多万元资产。"如果当时我不转行，'饲料大王'的名分怕就是我的啦！"

在外人看来，王石"一举致富"，风光无限，然而创业初期的辛酸只有自己体会最深。"后来公司出了名，风光的一面百分之百地被外界传诵，经历的酸甜苦辣、切肤之痛只有自己知道。那时一块面包当一顿午餐在我看来很正常。低潮时情绪低落到一句话也不想多说，就像患了自闭症。怎么熬过来的？有一点，自信心还没失去……"

曾经"唯利是图"

1984年1月24日,王石正在不亦乐乎地倒卖着玉米,经过深圳国贸大厦时看到了很多聚集的人群,原来是邓小平来此视察,俯瞰特区全貌。这一下击中王石:"我好像感到,干大事情的时候到了。"

凭借倒卖饲料赚到的300多万元,王石注册了深圳现代科教仪器展销中心(万科企业股份有限公司前身),并出任总经理。

企业成立之初,王石涉足多个领域,销售日本进口电器、仪器,还搞服装厂、手表厂、饮料厂、印刷厂等。"回过头来看上世纪80年代深圳的企业,几乎都是什么赚钱就干什么,从贸易到股票、地产、期货,赚的都是高额利润。创业的概念就是要打破秩序,而这个秩序又存在,所以不可避免要走边缘政策,我那时也是投机高手,除了黄、赌、毒、军火不做之外,基本万科都涉及了。"

1985年,国务院全面清理计划外调汇和机电产品进口,银行收缩银根,进口电子器材、影视器材市场即将萎缩。此时,市场尚未来得及反应,很多经营商还沉浸在供不应求的假象中。

此时的展销中心刚刚签下2万台放像机合同,另一家公司预计又有5万台到货。7万台同时到货意味着大面积滞销!为了防止企业陷入困境,王石迫不得已进行了一次"不正当竞争"。他打出"急购放像机两万台"的广告,迅速抬升市场价格,随后快速将存货出手。事后,他说,那时的超高利润是不合理的,但压力所迫,他"也曾惟利是图"。

万科诞生

深圳现代科教仪器展销中心成立之后,遇到的困难之一就是由于公司产权不明晰,体制对公司发展束缚很多,上级单位对它的日常干预过多,限制了公司的进一步发展。

1987年前后,深圳政府在国营公司系统推行股份制试点,王石自告奋勇地做起了吃螃蟹者,通过了万科的股改方案,1988年,企业改名为"深圳万科企业股份有限公司"。同年12月,万科发行中国内地第一份《招股通函》,发行股票2800万股,集资2800万元,这是万科发展史上的关键一步,为后来万科上市打下基础。当时王石亲自带队上街推销公司股票,甚至到了菜市场,和卖大白菜的一起叫卖。

把蛋糕做大

发行股票之后，王石一改创业初期锱铢必较的作风，洒脱地放弃了个人股份。"把蛋糕做大，分一点就不得了，要那么多钱干什么？"如何才能"把蛋糕做大"？王石盯上从未涉足的房地产行业。

1987年，深圳市政府划出一块面积为8588平方米的土地进行有偿出让拍卖，使用年限50年，这是建国以后，土地首次作为商品拍卖。王石敏感地注意到，这将意味着房地产业成为一个很有前途的事业。然而此时进入房地产市场，已经算不得占据先机。何况，非房地产公司只能靠投标竞价来拿到土地。王石没有因为重重阻碍而退缩半分，在首次投标中，万科这个"初生牛犊"以高出市场价10倍以上的价格拿到第一块地。当时深圳市规划局局长都不禁感慨："你们怎么出这么高的价格，简直是瞎胡闹，不过，还是祝贺你们。"万科职工对此有一个形象的说法：当年万科就像个野孩子，别的孩子有饭吃，万科却得自己找饭吃，甚至是去抢饭吃。

正是这次"猛打猛杀"让王石"杀"进房地产行业。

高于25%的利润不做

1992年，随着经济发展，房地产市场开始升温，一度出现房价虚高的泡沫。此时，国内的地产商都陶醉于眼前的"大好时光"，不断圈地圈钱，将业内"低于40%的利润不做"的说法奉为圣典。此时王石没有沉迷于当下的泡沫，他破天荒地提出，对万科来讲，"高于25%的利润不做"。

舆论一片哗然，房地产商们也纷纷质疑。王石却坚持自己的观点："万科不是不想赚钱，而是从长远来看，市场必然向平均利润率回归。"

事实证明，王石的选择是正确的，虽然利润率不及同行公司，万科却在大家圈地来增长利润的时候，坚持快速开发。这也让万科躲过了危机，以至于在之后一路稳健，挺过了金融整顿之后房地产市场的大起大落。

居有万科

1995年，王石已经为万科树立了明确的企业架构，当很多企业都在搞多元化的时候，王石果断地卖掉万科蒸馏水公司、零售公司、电影公司、广告公司，一门心思将万科打造成一个专业房地产公司。1998年，在金融风暴影响下，为了释放消费能力，朱镕基决定催热房地产，还由此询问了王石对房地产市场走势的看法。

万科稳健地攻城略地，步步发展。2000年，万科投资深圳、上海及北京的住宅项目和零售业务，公司实力增强；两年后，万科进入广州、中山、大连、鞍山的房地产市场，初步形成"3+X"的区域发展模式；2005年，万科进入江浙市场。2008年，万科实现了31个城市、超过15万户家庭的居住梦想。

"放养"万科

在万科高速发展的同时，王石逐渐和管理层拉开距离，开始采取"放养"的方法管理万科。1999年，他辞去总经理职务，转任董事长。

2001年，万科再次对旗下公司进行股份转让，全面完成战略化转型，成为单一业务的房地产集团。此时，王石通过锻炼已达到"健将"的身体水平。

2003年，52岁的王石成功登顶珠峰。紧接着，铺天盖地的质疑声砸来："你登珠峰的做法令人佩服，但作为上市公司的董事长，这样做对股东负责吗？"王石的回答非常洒脱："我认为，不能因为是上市公司的董事长就没有个人生活。我的行为会尽量透明，让广大中小股东在我登山之前了解情况。有的人认为王石登山可能遇难，应该在他登山之前把万科的股票卖掉；另一种判断是，即使万科董事长遇难，公司也会正常运转，否则他不会去登山，这正说明公司运行良好。"

这番自信的言论真的料中了万科一路向好的走势。随着王石不断"攀登"，万科业绩也一路向上。

2010年，万科回款突破千亿。

2014年，万科回款突破2000亿。

"+互联网"与绿色建筑

敢对企业"大胆放手"的王石，丝毫没有放松对万科未来走向的把握。作为行业领跑者，他要求万科率先结合互联网进行发展。在他看来，既然身处传统行业，面对互联网的挑战，万科应该考虑怎样利用好互联网，不是"互联网+"，而是"+互联网"。"传统行业要把这个工具用上，否则就会被淘汰掉。"

2015年，万科推出了"万科云"，这是基于"跨界聚集"和"行业重构"的"不动产+服务"的产品，目的在于打造"+互联网"的线下工作云平台，通过产业聚集和专业产业服务来帮助小微企业的发展，用资源共享的方式来降低创新企业合作的成本。

同时，王石也督促万科要加大在环保产业方面的关注。"万科规模已经这么大了，等到未来政府说你必须搞绿色建筑的时候再动手，就已经来不及了，所以我们要打提前量，冒一些风险。"万科在绿色建筑领域不断探索，2013年，根据国家绿色建筑认证标准，2013年万科绿色建筑的认证面积为596.4万平方米，其中绿色三星住宅为141万平方米，占全国34%。

再攀高峰

继登顶珠峰之后，2004年，王石完成世界七大洲最高峰的攀登。

2005年，他先后抵达北极点和南极点，再一次刷新了自己的人生纪录。

2007年和2008年，"股票门"和"捐款门"把他从被大家崇拜的高点拉了下来，同期他的"拐点论"也得罪了地方政府和同行。虽然财富未变，职务照旧，可他的日子却变得艰涩。这些经历让王石益发成熟。"我们看到高点，也应该看到低点。如果你有这样的格局，低点将是你的财富。如果没有，低点对你就是一个灾难。"身处"低点"，他这一次终于看清自己人生中的高峰所在，它不是珠峰，不是极点，而是真正让心灵有所积淀的知识殿堂。"求知的道路很漫长。人生苦短必须要进行选择，我放弃物理登山，选择去登知识的高峰，这对于我来讲是又选择了一个高峰。"

2011年，他游学美国，在哈佛大学和一群比自己女儿还小的青年一起上课、一起讨论、一起写作业和参加考试。

2013年，他来到英国，和剑桥的学生一起，身着长袍，聆听祷告，在深厚历史中寻觅心中平静。

在王石眼中，有生之年，他面前还有一座高山——70岁后去戈壁沙漠上办一个农场。"中国的国土资源27%是戈壁和沙漠，我们要向以色列学习，把它们变成良田。2004年我有幸成为阿拉善的发起人，这为我实现未来的愿望、征服最后一座山做了很好的铺垫。"

今天的王石显得格外洒脱达观：而立之年始创业，耳顺之龄仍攀登。他不断挑战着自我，也不断超越着人们对于"企业家"的传统定义。人生高低之间，事业起落之后，或高亢，或深沉，王石的人生恰如一支多重协奏曲，因多彩而灿烂，因丰富而美好。

· **大佬创业谈** ·

不是说你想做什么就做什么，而是要问你真心想做什么？往往你都会回避，用各种理由欺骗自己。所以简单来说，你做什么事情不做什么事情，不要太多理由，一个理由就够了。（这点你是多少岁想清楚的？）这是我到深圳创业的体会。很多人问我有没有后悔的事情，我没有后悔的事情。这有两个含义，一个是生活态度，你后悔一件事肯定就会有第二件事，因为人生中有相当的偶然性。第二只有这样你才有可能成功。因为本来成功就带有偶然性，你再患得患失，再留后路，那就不可能。你内心呼唤的一个理由就够了。包括我的工作作风也是这样。你往往会找很多理由不做，我就告诉你一个做的理由就行了。

顺丰速运集团创始人、总裁

王卫

带着信仰飞奔

顺丰快递是仅次于EMS的全国第二大快递企业，王卫便是这个"快递王国"的缔造者、掌门人。

王卫幼年移居香港，很多人借此推断他是富家子弟，却不知道初到香港时他一家人的窘迫和辛酸；他22岁成立公司，很多人以为他是大学毕业去创业，却不知道他高中毕业后就在工厂做小工。

王卫在生活中低调内敛，笃信佛学；在企业管理上爽快果敢，说一不二。他管理着庞大的商业帝国，却坚持"不圈钱、不上市"。在他看来，做企业的全部目的就在于"让企业长期地发展，让一批人得到有尊严的生活"。如今，他正在用自己的行动践行着这一点。

1971年出生于上海。
1993年，在顺德注册了顺丰速运。
1997年，通港公路上的快件货运车有70%都归顺丰所有。
2002年，在深圳设立了顺丰总部。
2003年，与扬子江快运签下包机协议，成为第一个将民营快递业带上天空的人，实现全天候、全年365天的无节假日派送。
2010年，顺丰业务扩展到海外，正式进驻新加坡与韩国。当年，顺丰的利润额达到130亿元，仅次于中国邮政的EMS。

创业前奏曲

拉杆箱里的商机

1971年，王卫出生于上海。父亲是一名空军俄语翻译，母亲是江西一所大学的老师。两人都受过良好教育，在上海时生活优渥，受人尊敬。

1978年，7岁的王卫随父母移居香港。父母的学历在香港都不受承认,只能从工人做起,家境一下子变得窘迫起来。回忆起这段时光,王卫说:"我穷过,相当清楚贫穷和被人歧视的滋味。"

高中学业后,王卫没有继续升学,开始在香港的叔叔手下做小工,做了印染行业的一个无名小卒。当时,印染厂大都设在广东省内,客户往往集中在香港。为了保证成品质量,印染厂做每一单生意时都要把样品寄到香港给客户过目。受到政策和交通影响,寄送手续很复杂,时间也很长,无法满足双方的需求。所以,很多印染厂家都拜托熟人帮忙,捎带样品到香港。

王卫在香港长大,因工作常往返于大陆与香港,业内许多朋友都拜托他捎带样品出入境。进入20世纪90年代,受邓小平南巡影响,香港的许多制造工厂迁移到内地,落户珠三角的就有5万多家。一时间,香港与珠三角之间的信件、货运往来频率暴增。王卫"捎带"的东西也逐渐由"样品"变成"货物",工具也从皮包变成了拉杆箱。随着需求越来越大,当他的拉杆箱装不下的时候,王卫忽然意识到,商机就在眼前。

创业进行时

顺丰起步

1993年,王卫22岁。他跟父亲借了10万元,在广东顺德注册了顺丰速运,又在香港砵兰街租了三十几平方米的店面,专门替企业运送信件到珠三角。初期只有六个人,业务量稍大就需要全员出动,他跟大伙儿一起用背包和拉杆箱运货,早出晚归,一度被戏称为"水货佬"。

一位顺丰早期员工说:"大家围在王卫身边,同吃同住,每天唯一的任务就是跑市场。我们这些业务员都像疯了一样,每天早出晚归,骑着摩托车在大街小巷穿梭。"当时,砵兰街的街坊们对王卫印象深刻,说他每天凌晨开始工作,晚上才离开。"那时候这条街没什么人,他来了之后,一直有货车上上下下拉货,慢慢这里开始有别的物流公司,还有足浴店。他带旺了整条街。"正是这段当一线"背包客"的经历让王卫极为重视公司旗下的收派员,从而造就了之后顺丰直营式的经营风格。

野蛮成长

"别人 70 块一件货,顺丰收 40 块!"最开始,王卫"割价抢滩",只为快速拿下市场。事实证明,该策略相当有效,大笔业务蜂拥而至,一时之间应接不暇。

由于市场需求旺盛,顺丰很快将业务开展到广东各地。为了迅速占领市场,顺丰采取合作与代理的方式来实现扩张,四处建点的方式注册新公司,分公司归当地加盟商所有。这让顺丰快速壮大,牢牢占领了珠三角的快递市场。但在当时这种方式却被人喊打,斥之为"野蛮",顺丰也因此被冠以"老鼠会"的诨名。

到了 1997 年,通港公路上的快件货运车有 70% 都归顺丰所有,这一年王卫仅仅 26 岁。他不觉有些飘飘然,自 7 岁来港,近 20 年来一直生活得很辛苦,顺丰的生意让他在短短四年间就改头换面。一时间,王卫身上出现一些"暴发户"的习气!"有点目空一切的感觉,恨不得告诉全世界,我王卫再也不是从前那个样子了,我也是有钱人了!"

进行"拆迁式"改革

当"暴发户"带来的满足感并没有持续很久,随着业务不断扩大,王卫不再一味纠结于年少贫困的经历,转而把目光投向别处。正是在这个时期,他开始笃信佛教,找到了自己的信仰,也因此对于事业有了更成熟的想法。另一方面,妻子也一直劝诫他要保持冷静和清醒,客观看待自己的事业。在内外作用之下,王卫开始重新审视自己的"快件帝国"。

1997 年,顺丰的经营初具规模后,王卫开始对公司采取"放养"模式。在初始阶段,顺丰大量采取合作与代理的管理方式,加盟商需要向顺丰缴纳加盟费和运单费,运单费每天都用发票结账,虽然不便,但也没有给公司发展造成太大阻碍。当王卫对公司"放养"之后,下属分公司的权力进一步扩大,更多问题凸显出来:有的加盟商夹带私货,有的延揽业务自己开业做老板……一时间,王卫遭遇巨大的控制危机。

此时,他意识到:如果不能将所有加盟店化为己有,那么自己辛苦创办的公司很快就会分崩离析。于是,他一改之前的松散作风,展现出铁腕的一面,于 1999 年开始对顺丰实施从加盟到直营的模式改革。这次改革可以说是"拆迁式"的,旧的模式全部被废除,顺丰出资对全部加盟商进行收购，如果加盟商拒绝被收购，那么将面临被撤销的命运。王卫曾说："顺丰提出差异化经营后，承包网点收回直营便遇到很多麻烦。当时一个承包网点就是一个小王国，根治这些问题，压力非常大。"这项改革直接触犯了很多大加盟商的利益，难度与风险可想而知，甚至有传言说王卫曾因此被香港黑社会追杀。

"铁腕政策"一推行就是三年。到 2002 年，王卫重新把顺丰的控制权掌握在手中。同一年，他在深圳设立了顺丰总部。

低潮中大跨步

2003 年，王卫迎来了一个新契机。这一年，由于"非典"肆虐，中国航空业陷入低谷。此时，顺丰在陆上快件运输方面已然占据了"民营老大"的交椅，但在航空运输方面尚未涉足。

"非典"带来服务行业的大萧条，王卫借航空运价大跌之际，顺势与扬子江快运签下协议，包机 5 架，成为首个将民营快递业带上天空的人。除了包专机，顺丰还与多家航空公司签订协议，利用国内 230 多条航线的专用腹舱，进行国内城市之间的快件运送。就这样，顺丰一举实现了全天候、全年 365 天的无节假日派送，在北京、上海、深圳等主要城市更是经常一晚就能拿到货。

确立经营思路

经过两次转折，顺丰的经营思路也开始固定下来。王卫对于顺丰有自己的定位，他坚守快递领域，而且只做小件，不做重货。不仅如此，为避免过于激烈的竞争，他不做与四大国际快递重叠的高端件，也不收五六元钱的同城低端件，"1 公斤以内，不超过 20 元的邮费"成了他最终的选择。为了坚持小型快递，他甚至还曾拒绝过摩托罗拉的大宗货单。

同一年，顺丰也开始投入使用 ERP 系统，并从这时起，开始从华南地区向华东、华北发展，由此在全国展开商业蓝图。

谁是"最可爱的人"

创办顺丰之前，王卫是一个"背包客"，在"带货"过程中窥得商机；

顺丰起步时，自己也需要出马，收件派件。如今，在顺丰，所有高管，包括王卫本人，都必须定期下基层点部锻炼，和基层员工一样收货、发件。

王卫一直信奉"员工是因，企业是果"，曾说基层的快递员是顺丰"最可爱的人"。自2002年变为直营后，为节约成本，加强管理，王卫在快递员身上下足功夫，为此制定了两条政策：第一是承包。每个快递员都有自己的片区，其他人不会干扰，但片区内业务量增长缓慢，一定时间内没有起色，那么就要面临换人的后果。第二，就是计件工资。在快递业中有句行话叫"收一派二"，就是说如果要保证收发质量，最有效的方法是一个快递员在收一个快件的同时，应该派两个快件。真正挣钱的也恰在这个部分。在顺丰，你送得越多，挣得越多，上不封顶。

在这样的管理模式下，每个快递员相当于顺丰旗下的"个体户"：工作干得越好，收入越高；工作没有成果，也会有相应的淘汰机制。由于计算方法透明，快递员的收入基本可以预期，这在无形之中维护了快递员群体的稳定性。据说，顺丰中有一半以上的高管都是从基层收派员做起来的。

带着信仰飞奔

截至2014年，顺丰在大陆已建有3个分拨中心、近100个中转场和2000多个营业网点，覆盖32个省近200个大中城市及900多个县级市或城镇。此外，业务还覆盖了港澳台地区，并扩展到海外。

纵观顺丰的发展，20多年来，王卫和员工都一路飞奔在创业之路上。顺丰最大的特点就是"快"：按件计价，速度快；直营模式，管理快；思维超前，布局快；坚持变革，创新快。

在顺丰高速发展的背后，是不可避免的高额成本支出。为此，从2004年起，他曾经九次前往银行做抵押贷款，以此获得现金来开设网点。2005年更是将整间公司抵押给中银，获利后再将物业赎回。但王卫坚持不引入PE、VC的机构投资，他曾说："上市的好处无非是圈钱，获得发展企业所需的资金。顺丰也缺钱，但顺丰不能为了钱而上市。上市后，企业就变成一个赚钱机器，每天股价的变动都牵动着企业的神经，对企业管理层的管理是不利的。""我做企业，是想让企业长期地发展，让一批人得到有尊严的生活。上市的话，环境将不一样了，你要为股民负责，你要保证股票不断上涨，利润将成为企业存在的唯一目的。这样，企业将变得很浮躁，和当今社会一样的浮躁。"

王卫信佛，十分低调，在公开场合极少露面，也很少凑热闹，连企业内刊都难得拍到一张他的照片。与此同时，他极为注重员工，努力提高基层快递员的收入，鼓励管理人员参加各类培训。他认为："个人事业上的一些成绩不值得渲染。低调一点对于管理企业也有好处，没有员工认得出你来，你才可以深入到基层去了解到最真实的情况。我认为，做企业的目的不是为了赚钱，我是想做成一个平台，通过这个平台我可以实现我的价值和理想。"

如今，当年的"背包客"已经成为快递业的"龙头老大"。一个拉杆箱里的偶然创想，历经20多年已经成长为一个让人啧啧称奇的商业帝国。而王卫，经历了早年的贫苦、创业的暴富、发展的坎坷之后，终于在创业路上找到了自己的信仰和继续实现理想的方向。带着信仰飞奔，王卫和他的顺丰，一直在路上。

· **大佬创业谈** ·

人生有百分之九十九的东西你都控制不了，只有一个百分点你可以掌控，那就是做事的态度。这个态度有两面，究竟是采取积极的态度还是消极的态度，是接受正念还是邪念，由你自己来决定。如果你在这方面做出了正确的选择，就会把这一个点又放大成一百个点，弥补很多其他方面的不足。

IDG 资本创始合伙人

熊晓鸽
飞翔、追寻、圆梦

熊晓鸽是最早将西方技术风险投资实践引入中国的人。在 20 多年的投资生涯中，他促成 70 多家企业上市，成为许多商业王者背后的男人，其中不乏张朝阳、马化腾、李彦宏等天之骄子。在创业圈也流行着这样一种说法，那就是谁要被熊晓鸽"看上了"，就已经走出成功的第一步。

作为中国风险投资领域的"拓荒者"和"教父"，熊晓鸽经历过迷茫地寻找、孤独地等待，也见证了风投业的起起落落。在互联网时代，他和他的风险投资一起书写着自己的中国故事。

创业前奏曲

从工人到研究生

1955 年，熊晓鸽出生于湖南省湘潭市。据说出生当天有只鸽子飞进家中，于是父母给他起名"晓鸽"。

他从小喜欢物理，动手能力强，长大后成为一名钢铁厂的电钳工，在马达轰鸣、钢花飞溅中度过不少日子。

1977 年，中国的高等学府在"闭关"多年后重新向百姓子弟们打开大门，熊晓鸽从工厂广播中获悉这个消息，他欣喜若狂，好像眼前

1955 年出生于湖南省湘潭市。
1993 年 5 月，出任 IDG 亚太区总裁，IDG 在中国成立第一家风险投资公司——IDG 资本，熊晓鸽成为"中国风投第一人"。
1998 年，与中国科技部建立科技风险投资基金，7 年内向中国的技术产业提供 10 亿美元创业基金，先后投资了腾讯、百度、携程、如家、搜房等企业，支持过李彦宏、莫天全、沈南鹏、季琦等商业巨子。
2005 年 11 月，IDG 与 Accel Partners 共同发起 IDG-Accel 中国成长基金 I，IDG 资本开始大规模扩张。
2010 年，IDG 资本人民币基金成立。目前，IDG 资本在中国已投资约 400 家公司，被投资企业市值总额超过 8000 亿元，超过 80 家公司已实现上市或并购，熊晓鸽也被封为"风投教父"。

一扇通往光明的大门豁然打开。他本能地觉得机会来了，一定要试一试，便请了半个月假，捡起课本拼命复习，最终换来湖南大学的入学通知书。在工厂的工作让他心仪工业自动化控制专业，可被学校"擅自"调换到英语系。从此他脱掉油腻腻的工作服，与 ABCD 为伴。

大学期间，熊晓鸽对新闻萌生兴趣。1978 年，他写了一篇《来自大洋彼岸的友谊》，登上《湖南日报》，这次小小的成功激发了他的记者梦。

1981 年，他备考新闻专业研究生，却折在政治科目上。而后，他被分配进机电部当了翻译和英语教师。

1984 年，他再次考研，考入中国社科院，如愿以偿地成为一个"新闻人"。

读研期间，一位来自哥伦比亚大学的老师特意叮嘱他要出国走走、看看。后来，这位教授不仅给他写了推荐信，还把他发表的习作邮寄给美国的大学。不久，熊晓鸽收到美国新闻传播教育的翘楚——波士顿大学的录取通知书。

弃文从商

1986 年，熊晓鸽进入波士顿大学深造。学校给了他一年奖学金。带着 38 美元来到美国的他，当即找了两份兼职，以减轻未来生活负担。

1987 年，他获得波士顿大学大众传播学硕士学位，准备继续在这里攻读博士。之后，他收到弗莱彻法律与外交学院的奖学金，于是转学到弗莱彻学院，攻读国际经济与商理博士。

1988 年暑假，一位导师帮朋友找一个有新闻背景又懂电子的中国人一起做一份中文电子杂志。熊晓鸽前去应聘，被录为助理编辑。该公司做的是美国老牌出版公司卡纳斯出版集团旗下新创刊的《电子导报》中文版。熊晓鸽熟悉国内情况，上手很快。由于《电子导报》针对电子行业、IT 行业的高级管理人员发行，熊晓鸽在办杂志过程中学到许多知识，在采访企业家的过程中也结识了硅谷一些大的创投机构，对风险投资有了初步了解。

创业进行时

邂逅麦戈文

IDG 董事长麦戈文是真正把熊晓鸽这个"门外汉"带入风险投资领域的人。

1988 年,荣毅仁赴美国访问,到弗莱彻学院做过演讲。熊晓鸽所在的杂志社出资赞助了招待会和晚宴,并邀请了很多广告客户,其中就包括 IDG 董事长麦戈文先生。熊晓鸽恰好为荣毅仁和麦戈文做了翻译。就这样,熊晓鸽结识了麦戈文。

1991 年 7 月,熊晓鸽拿到美国绿卡,同时出版社决定派遣他到香港工作。熊晓鸽表示:"当时我希望去内地发展,却没有得到公司允许。而且我觉得长时间做记者,遇到了职业瓶颈。"经过反复考虑,熊晓鸽决定去投奔他的"旧相识"麦戈文。

1991 年 12 月,刚进入 IDG 就职的熊晓鸽就做出了一个决定,他把当时的《国际电子报》合并到 IDG 旗下的《计算机世界》中。麦戈文对他的做法十分满意,特意带熊晓鸽环游亚洲,询问他关于新的商业计划的看法。熊晓鸽没有让麦戈文失望,给出了许多建设性意见。

此时,麦戈文已经对熊晓鸽刮目相看,但是还没有决定让他担任何种职务。于是他叫来熊晓鸽和其他两位候选人,让他们每人分别写一份商业计划,根据这份计划来决定谁担任 IDG 亚太区总裁。当时正值圣诞节,两位经理人都外出度假。当熊晓鸽完成漂亮的商业计划书并把它放到麦戈文桌上时,另外两位还没有开始做。麦戈文看到后对熊晓鸽说:"既然这样,那就按你说的做吧。"

最终,熊晓鸽被委任为 IDG 亚太区主任,并从事多方面的工作——包括媒体出版、市场调研和风险投资等。两年后,麦戈文提升熊晓鸽为 IDG 亚太区总裁。同时,IDG 在亚洲多年亏损的项目开始全面盈利。

再找来 1000 万美元

1991 年,熊晓鸽出任太平洋比特健身器材有限公司董事,这是北京理工大学的校办工厂，由 IDG 旗下太平洋技术投资基金入股 50 万美元。公司持续亏损。熊晓鸽调查后发现，技术没有问题，只是产品与市场不对路。知道症结，解决就非难事，后来，他在美国佐治亚州的一次展会中，与美国健身公司 Pacific Fitness 谈下一笔 600 台器材生产合同，让健身器材公司立刻扭亏为盈。麦戈文十分高兴，承诺给熊晓鸽投资 1000 万美元，并许诺只要他能在中国再找 1000 万美元，就可以成立一只合资基金。

1992 年夏天，为募集资金，熊晓鸽在深圳筹备了一场风险投资研讨会。通知发出后报名者寥寥，学新闻出身的他灵机一动，将会议名称改为"亚洲 IT 信息产业投资论坛"，议题不变，参会者一下子多起来。然而，会议反响并不大。"当时在深圳大家就忙着两件事，一是炒地产，二是炒股票，根本不知道什么是风险投资。"熊晓鸽回忆道："而那些有经验的外国投资人，普遍认为中国股市才刚启动，缺乏退出机制，风投进入中国为时尚早。"

但他没有气馁，事后，带着与会的几位重量级嘉宾前往上海，拜访时任副市长刘振元。刘振元刚从硅谷考察回来，对风险投资颇有兴趣，想在上海市科委成立一家投资公司。于是，熊晓鸽就从上海市科委拿到另外 1000 万美元。

1993 年 5 月，麦戈文兑现了他对熊晓鸽的承诺，IDG 在中国的第一家投资公司，也是中国的第一家风险投资公司——上海太平洋技术创业投资公司，注册成立。

破冰前行

公司成立后，缺乏管理者成为大难题，于是在香港《南华早报》登了招聘启事，面试 200 多人，却招不到合适的。麦戈文也请来顾问到北京、上海搜罗，依然招不到管理团队。

IDG 总部的一名董事来中国考察后，对熊晓鸽说："机会确实不错，但也确实没人能管，要不你来吧。"于是，熊晓鸽就成了 IDG 中国的"掌门"，也因此成为"中国风投第一人"。

公司成立之初就赶上国内的引资热潮，但作为拓荒者，遭遇的坎坷也让人唏嘘。第一个难题是向创业者、政府监管层说清什么是风险投资。再者，当时法律规定自然人不能和外资股东合资成立公司，所以 IDG 只能在中国设立合资风投，由创业者注册公司，再以该公司与合资风投成立合资企业。这种"合资公司模式"给被投企业的管理带来很大困难。另外，缺乏退出机制，也使得 IDG 资本在中国早期的发展步履缓慢。

1996 年，太平洋技术创业投资公司更名为 IDG 资本。

从 1993 到 1999 年，IDG 资本在中国市场上度过整整七年的漫长摸索期，而后从"合资公司"的泥潭中脱身，转型合伙制。

2000 年，IDG 在中国市场有了第一笔通过股权转让实现的退出。"那时美国那边老问我们为什么还不退出，其实是退不了。"熊晓鸽回忆说。

投资的要义

投资的目的在于促进更多新兴企业的发展，光拿来钱不够，能把钱用在恰当的地方，才是投资的要义所在。

1998 年，熊晓鸽代表 IDG 集团与中国科技部共同建立科技风险投资基金，并承诺在 7 年内提供 10 亿美元创业基金用来提高中国的技术产业。这样一来，IDG 资本在中国的投资变得更加具有针对性。

随后的几年中，在熊晓鸽的带领下，IDG 陆续投资了众多中国公司和项目，包括腾讯、百度、携程、如家、搜房、天极网、分众传媒、迅雷、网龙、万网、金融界、《时尚》、A8、3G 门户、金蝶等。李彦宏、莫天全、沈南鹏、季琦等商业巨子都曾受益于 IDG 的投资，熊晓鸽则成为他们身后的坚实后盾。

而在这些成功的投资案例背后，最具传奇色彩的莫过于投资搜房网。1996 年，当搜房网进行第一轮融资时，IDG 以 100 万美元获得搜房网超过 20% 的股份。在 2008 年金融危机时，由于国外一家 VC 急于退出，以不到 5 万美元的价格出售股权，那些股份此前以数百万美元购入，IDG 抓住了这次机会，大量买入。2010 年 9 月搜房网成功上市，IDG 获得超过 100 倍的回报。麦戈文曾公开表示，IDG 在全球有那么多投资，但是在中国的回报率最高。

自 2000 年以后，IDG 的基金规模开始以更加惊人的速度扩张。

2005 年 11 月，IDG 与 Accel Partners 共同发起成立了 IDG-Accel 中国成长基金 I，初定规模为 2.5 亿美元，最后实际募资达到 3.1 亿美元。从此，IDG 资本一改此前十年仅有 IDG 集团一个有限合伙人的格局，引入外部颇多有名的合伙人，开始大规模扩张。

从 2006 年底到 2008 年底，IDG 资本分别以旗下早期基金、成长基金向暴风科技投入三轮美元资金。

2010 年，适逢 IDG 资本人民币基金成立，同时熊晓鸽又不是很看好中概股在美国市场的表现，于是在与合伙人及暴风科技各股东开会协商后，启动了暴风科技 A 股上市的计划。

2011 年，IDG 资本撤出了投在暴风科技中的全部美元资金，其管理的和谐成长基金主导了暴风科技拆 VIE 结构的投资。

熊晓鸽曾谈到，IDG 擅长于技术、媒体与通信有关的领域，以及娱乐、服务相关的项目，腾讯、百度、小米、携程、如家、汉庭等都属于此类。在判断项目上，熊晓鸽主要看 6 个方面：企业或行业的产品或服务是否达到了饱和、公司的商业模式、核心竞争力、市场护城河、成长性和回报率水平。

如今，IDG 资本在中国 22 年已投资 300 余家中小企业，被投资企业市值总额超过 8000 亿元，70 多家公司已实现上市或并购。

向新梦想起飞

从梦想当工程师，到梦想当记者，再到梦想进入投资行业，熊晓鸽一路追梦。如今，功成名就的"风投教父"又为未来找好了方向。

熊晓鸽的第一个梦想是人脑研究。这个梦想和恩师麦戈文有关。麦戈文在事业上是熊晓鸽的"伯乐"，在生活上则是熊晓鸽的挚友。2000 年，麦戈文和夫人共同承诺将于 20 年间捐献 3.5 亿美元，在美国麻省理工学院设立麦戈文脑科学研究院。麦戈文生前最后一次访华时，对 IDG 在中国未来的投资作出新承诺：IDG 将在清华大学、北京大学和北京师范大学捐建 IDG/麦戈文脑科学研究院，这些项目已经全部签约，并陆续启动。

因为这种情结，熊晓鸽成为除麦戈文夫妇之外的第二大捐赠者。他不仅在资金上进行捐助，还参与研究院管理，对研究院尽心尽力。每年他都请中国学生到国外交流，希望中国的三个研究院在未来十年能够为中国培养出自己的诺贝尔获奖者。

他的第二个梦想是清洁能源推广，IDG 本身也在这个领域进行投资。熊晓鸽在美国的时间很长，他看到国内空气污染严重，认为美国的空气质量优良是因为用了清洁燃料和非常规性能源。未来熊晓鸽希望在这方面有更多投资，他还希望建立规模较大的技术论坛，或者建立能源方面相当于诺贝尔奖的奖金来推动技术突破。

第三个梦想则与电影有关。熊晓鸽参与投资了近几年的一些知名电影,比如《山楂树之恋》、《同桌的你》等。IDG 中国甚至还曾投资过美国传奇电影公司和美国相对论传媒公司。

在熊晓鸽看来,他最希望通过电影的方式,把发生在中国的事情讲给全世界听。所以他在南加州大学和美国电影研究院设立了中国故事奖学金,让美国人来写中国故事并拍成电影。"我希望未来 10 年内,我参与制作的关于中国的电影能得个奥斯卡奖。"熊晓鸽说。

> 熊晓鸽问过麦戈文,你已经那么有钱,为什么还要一天到晚忙忙碌碌?麦戈文说,记得母亲说过:人生有三大乐趣——第一是找到喜欢并富有激情的事做;第二是有志同道合的伙伴;第三是不断实现新的期待和梦想。熊晓鸽恍然大悟,对他而言,也要在新的梦想中不断追寻,不断前行。

· 大佬创业谈 ·

我一向以为,要投资一个行业,一定要亲自试水,否则永远只能在浅滩徘徊,无法享受大海弄潮的终极挑战和快乐。而对一个行业的深入了解,也往往会成就日后投资的神来之笔。一个优秀的投资人,在追求可观的资金回报之外,不能放弃的,还有梦想和激情。

1956年生于江苏泰兴。
1996年,创办新东方留学咨询处,从事新东方出国咨询和人生咨询事业。
2002年,出版图书《图穷对话录》,总结新东方的留学理论,突出人生选择,着眼人生设计,反对留学无意识,被誉为"中国人生设计第一人"。
2006年,新东方集团上市,徐小平退出新东方的经营管理,开始进行天使投资。先后投资世纪佳缘和聚美优品等。
2010年,创立真格基金。
2011年,红杉资本中国基金加入,真格基金进入2.0时代。

真格基金创始人、新东方联合创始人

徐小平
执着地寻求生活的意义

徐小平的名字对很多人来说并不陌生。他是"中国人生设计第一人",是新东方学校的"三驾马车"之一,也是人生咨询和职业规划方面的大师。但在辉煌的光环下面,很少有人知道,他还曾是江苏一个乡村剧团的演奏员、一个北大的旁听生、一位艺术教师、一个刷碗工、一个像芸芸众生一样追求自己梦想的人。

徐小平的职业生涯跨度很大,从教师到企业管理者再到风险投资人,他横跨多个领域,在不同行业创造了巨大的价值。在这些成就背后,他不忘初心,始终保有培养人才的高涨热情,并以帮助别人实现梦想为自己的梦想。

开创新东方签证咨询,他将一个个胸怀远大的年轻人送出国门,让他们在大洋彼岸学习知识;创立"真格"投资,他将一个个满怀抱负的海外学子引回祖国,让他们在这片养育自己的土地上施展才华,有所作为。这就是徐小平,一个不忘初心、执着于生活意义的连续创业者。

创业前奏曲

一波三折成长路

1956 年，徐小平出生在江苏泰兴城的深井巷。出生不久就赶上了"三年自然灾害"，填不饱肚子，过年时才能吃到几个星期以前挂起来的"风干肉"。贫乏的物质生活给年幼的他留下深刻的印象。

长大后，徐小平的求学之路走得一波三折。正是汲取知识的年纪，"文化大革命"迫使他中断学业。

1974 年，他高中毕业，为了逃避"上山下乡"的命运，加入了泰兴文工团，表演小提琴和手风琴。就这样，徐小平跟着文工团从这一个村子到那一个村子，从这一个公社到那一个公社，一直奔波在演出的路上。

"游吟诗人"式的生活培养了徐小平随性浪漫、热爱生活的品质，却没有抹去他求学的梦想。每当深夜演出归来，他就在稻草地铺上如饥似渴地学习古文、汉赋、唐诗、宋词等，期待有朝一日这些知识能够有用武之地。

1976 年，20 岁的徐小平按捺不住对大学的向往，心急火燎地让父母找人疏通关系，希望获得一个工农兵大学生的指标，却未能如愿。

1977 年，国家恢复高考的消息一下子燃起徐小平内心的希望，他填报了音乐界的最高学府——中央音乐学院，并从几万人中脱颖而出被录取。

邂逅未来合伙人

1978 年，初到音乐学院的徐小平完全沉浸在梦想实现的兴奋之中。他研读西方艺术史，在艺术巨匠的经历中体味他们的人生追求。他聆听巴赫的音乐，在不眠的深夜感受音乐带给灵魂的冲撞。然而，当最初的激情退去，他又陷入迷茫之中。

为了摆脱心中的迷茫，也为了寻求未来方向，徐小平开始到北大旁听课程，甚至赶很远的路到北大参加活动。在这段日子中，他遇到了钱理群、谢冕等资深教授，接受了北大人文与艺术精神的熏陶，身上也打上了北大浪漫开放、自由乐群的烙印。

1983 年，徐小平结束了在中央音乐学院五年的学习，这时他已经 27 岁了。

因对北大怀有深厚感情，他拒绝了来自文化部的邀请，而是到北大当了一名艺术教研室的教师。北大的自由氛围让他如鱼得水：在这里，他体会了北大的历史意识与时代精神；在这里，他第一个对北大学生在天安门打出"小平您好"的条幅进行了报道；在这里，他还担任了北大艺术团的指导老师，成为北大团委的文化部长，甚至还作词作曲写下那个年代脍炙人口的《星期天》。

徐小平不仅醉心文艺工作，还发现了自己对于学生工作的热爱。他常常召集学生，给他们的生活提出建议，为他们的未来提供指导，"做青年学生的精神导师"成了他的追求。最重要的，他在这里结识了两个同样心怀梦想的年轻人——俞敏洪、王强。说起这段往事，徐小平十分幽默："那个时候俞敏洪还不是明星。我，北大团委文化部长；王强，北大艺术团团长；俞敏洪，观众，而且是大礼堂某个角落里的站票观众！"

品尝"美国的滋味"

在北大任教时间一长，徐小平出了问题。他不想一辈子只当老师，不想搞学术，也没有创业梦，更不适合从政。他对前进的方向分外迷茫，考虑再三，只有出国一条路。

1987年，已过而立之年的徐小平登上飞往美国的飞机。

初到美国，身上只有20美元，他做的第一件事不是观光游览、求职落脚，而是买了一个从未见过的热狗。虽然味道并不好，但这毕竟是首次尝到了"美国的滋味"。

欣喜与惊奇消失后，徐小平开始半工半读生活。为了完成学业，他在中餐馆里打工，擦桌子、洗碗、送比萨，体味了世界最发达国家的底层生活，也理解了美国是怎样一步一步建成的，自己身上也逐渐具备了能上能下的气度与实际动手能力。日子艰难，但有一种信念一直支持着他：要完成学业，要向西方学习，要为祖国的发展寻找路径。

在美国打工学习，待了8个月以后，徐小平获得了加拿大萨斯喀彻温大学的全额奖学金。

1988年，他转赴加拿大求学，并于1990年从萨斯喀彻温大学毕业，获得音乐硕士的学位。

兴趣与生存

徐小平毕业时恰逢北美经济低谷，失业率极高，他的求职道路举步维艰。熬到1993年，他终于打定主意回国创业。回国后，他和几个北大朋友一起开办了一家唱片公司，然而由于缺乏经验，唱片制出来还未流向市场，就直接进了垃圾回收站。

1994年，创业失败的徐小平回到加拿大，这次失败经历让他深刻反省了自己身上的理想主义，开始重新审视自己，看自己能不能突破重围，从一个知识分子、教书匠，成为一个经营者、商人。

创业进行时

加盟新东方

1995年，徐小平在北大的好友、新东方创始人俞敏洪来到温哥华。

相隔十年再次重逢，两人一连聊了几个通宵。温哥华的月色下，徐小平问俞敏洪："你都这么有钱了，还追求什么？"俞敏洪沉吟半晌说："还缺少崇高感！"这句话，一下点燃了徐小平的内心，多年来对祖国的热爱和对留学事业的执著让他心潮澎湃。面对俞敏洪的邀请，徐小平决定再次回国，"我觉得应该把多年的经验传给学生们，我不愿意有更多的人在出国深造路途上不断地走着弯路"。

新东方是个英语教育机构，音乐专业出身的徐小平又能做些什么呢？他没有局限于英语教育，而是敏锐地察觉到英语教育背后的目的——出国。看着学生们一张张充满渴望的面孔，他找到了自己的价值。

1996年，徐小平创办了新东方咨询处，从事新东方出国咨询和人生咨询事业。虽然是以签证面试作为切入点，但他始终把眼界放宽到学生的人生发展上。他坚信，做留学要与众不同。他从不问对方是否能出国，而是考虑该不该出国、出国将给对方带来怎样的人生价值。他的目光绝不局限于眼前，有时甚至会刻意避开生意的目的，着力打造个人潜能，突出人生选择，着眼人生设计。这不仅成为徐小平的咨询理念，也奠定了新东方的精神，化为新东方品牌里闪光的一部分。

之后，徐小平走访了新东方上上下下的精英骨干，编撰了《新东方精神》一书。他在序言里，把这个原本做留学应试的培训机构的使命升格为"我们要参与改造、更新我们古老的文明"！

2001年，新东方教育科技集团成立。

徐小平开始积极推进公司内部的企业治理，包括新东方内部投票权、分红权和知情权等权益的制度化建设。他曾这样说自己的愿景："在国家现行法律体制允许的框架内，建立并尊重新的企业制度、建立并尊重新的游戏规则、扩展新东方精神、重建新东方文化，从而进一步把新东方教学与思想的艺术向更广大的中国青年传播。"然而，过于激进的改革措施引发了他和俞敏洪之间的严重分歧，双方僵持不下，他们共同的好友王强在中间左右为难。后来，俞敏洪主持召开股东大会，提出一条"关于徐小平是否担任董事重新投票"的提案，请股东们在自己和徐小平之间作出选择——要么俞敏洪离开，要么徐小平离开。股东们权衡再三，最终选择了俞敏洪。出乎大家意料的是，徐小平并没有负气离开，而是走上前去，拥抱了俞敏洪。

2002年，走出新东方的徐小平写下了《图穷对话录》，把原来的留学咨询进行总结、提炼和升华，上升到人生咨询的新境界。该书系统总结了新东方的留学理论，明确提出"反对'留学无意识'"。这本书一出版，即引起轰动。当年9月，俞敏洪在新东方为徐小平的新书举行庆祝会，就这样，徐小平又被俞敏洪"请"回了董事会。

2005年，新东方大楼落成。

2006年，新东方教育科技集团在美国纽约证券交易所挂牌上市。

从1996年到2006年，整整十年，徐小平在新东方开拓出留学咨询的新天地，用人生规划的方式将无数心怀梦想的年轻人送往海外，用圆别人梦想的方式圆了自己的咨询梦、创业梦。

创办真格基金

新东方上市后，持股10%的徐小平成为亿万富翁。

他逐渐淡出新东方的工作。"不在新东方浇水，我就去全社会下雨"，这是徐小平的愿望。他自己很清楚，他要继续帮助青年人，只不过这一次，要以一种属于他自己的方式。他不再满足于撰写文章和书籍帮助年轻人或为青年人做人生职业规划，而力求用一种更直接、更大胆的方式，让更多的有志青年获得实现梦想的机会。

早在一年之前,他参加斯坦福大学搞的一个教育与商业研讨会时,结识了一大批斯坦福学生。后来其中有些人毕业回国创业但缺钱,徐小平给了投资。这个偶然的机会,让徐小平开始注意"天使投资"这一领域。所谓天使投资,是指富有的个人出资协助具有专门技术或独特概念的原创项目或小型初创企业,进行一次性的前期投资。

2006年,徐小平开始进行天使投资。他无比兴奋和激动:"天使投资是我在新东方之后继续帮助年轻人并以此来实现自我价值的另一条路。"

2007年,他投资"世纪佳缘"。四年后的2011年5月11日,"世纪佳缘"在纳斯达克挂牌上市。

2010年,徐小平正式对外宣布创立真格基金,进军天使投资领域。"真格"取自英文单词"Integrity"(完整、正直、诚实),他将其翻译为"真格",因为"一个人要做成事,就必须要'动真格的'"。"青年人创业失败率是很高的,你可以丢了公司,但不能丢人;财务可以破产,但是你的人格和信用不能丢,'真格'不能破产。所以我的基金就叫真格基金,我想通过这个倡导一种创业、创人的价值观,这个价值观在国内的教育中是比较缺乏的。"

2010年,徐小平向陈欧的"聚美优品"提供了30万美元的天使投资。2014年5月16日,聚美优品在纽交所正式挂牌上市。

2011年,随着王强和红杉资本中国基金的加盟,"真格"基金正式进入2.0时代。

自成立以来,真格基金专注于TMT行业,包括物联网、移动互联、游戏、企业软件、O2O、电子商务及教育培训等领域的种子期投资。世纪佳缘、兰亭集势、聚美优品、一起作业、美乐乐、找钢网、大姨吗、51talk等多家公司已经成为真格投资的明星企业。

2014年,在"第十四届中国股权投资年度论坛"中,真格荣获2014年中国最佳天使投资机构奖。

徐小平认为:"我的钱来自于学生,也要用在学生身上。无论是最终把钱都还给学生也好,怕后悔错过大机会也好,或者相信青年人也好,我最后投的其实是我自己。我投资的是我自己心灵层面的一种东西。""如果谈话谈到最后,我爱这个学生,我就想帮他,因为我会从他的身上看到我的影子。所以当我投资给他的时候,我相当于投资给我自己未遂的青春梦想。

所以每当我决定投资，看到创业者欢乐的神情，那是我最大的快乐之一。"

在新东方的十多年里，徐小平做学生咨询工作、帮助学生求职求学，现在则是帮助学生创业、创造财富，在帮助别人圆梦的路上，徐小平也渐渐实现了自己的梦想。"从良师到天使，从就业指导者到创业指导者，"徐小平有些得意，"我还延续着新东方的光辉路径。"

· **大佬创业谈** ·

创业你要怎么做，有三个东西，第一个问一下你会什么，第二你爱什么，第三就是你有什么资源。这三点你如果清楚了，你为之奋斗，如果跟别人不一样，就可以。创业最难的是什么？就是许多人不知道从哪起步，他忘记了什么。我们做人做事是要回归自我。当你创业的时候，你要回归自我，你到底想做什么东西。

北京启明星辰信息技术股份有限公司首席执行官

严望佳
创造价值成就别人

看上去柔弱温和、说话细声细气的严望佳，来自彩云之南，求学东海之滨，也曾远渡重洋，学习信息技术，最终回到祖国，担起网络安全的重担。1996年，她回国创业，"试试看"地创办起启明星辰，近20年后竟成长为中国最大的网络安全技术创新和产品研发中心。她被业界誉为我国"网络安全第一女守门"。

虽然研究的是尖端网络科技，但严望佳心中却常存着一份古朴的书生情怀。在她眼里，财富名望多为身外之物，她心之所系并非如何成就自己，而是如何用自己创造的价值，成就别人，造福社会。

1969年出生于云南昆明。

1996年，创立北京启明星辰信息技术有限公司，致力开拓中国网络安全产业，填补中国互联网安全问题领域的空白。

2000年，启明星辰自主完成的世界第一款IDS硬件产品"天阗入侵检测系统"，轰动业界，获得了"E时代的网络侦察员"的美誉。

2008年，启明星辰在北京奥运会的网络安全竞标中一举夺魁，承担起奥运信息安全保护的重任。

目前，启明星辰成为中国最大的网络安全技术创新和产品研发中心，严望佳也被业界称为"网络安全第一女守门"。

创业前奏曲

爱上不爱的计算机

1969年，严望佳出生于云南昆明。父亲是一位外科医生，母亲是一位数学教师。她身上寄寓着父母的殷殷厚望，先是跳级读完小学，随后考入云南省最好的中学之一——云南师大附中。

她对理科十分感兴趣，数理化成绩十分突出，15岁高二那年便获得全国数学竞赛一等奖。她崇拜爱因斯坦，迷恋相对论，一直向往能成为一名科学家。于是高考填报志愿时,她选择了中国科技大学的物理二系,即核物理专业。但这个选择遭到父母的强烈反对。

"女孩子学核物理太尖端了,我舍不得女儿吃苦,而且我家有海外关系,我怕搞核物理,她以后会工作不顺。"母亲尤为反对。严望佳最终听从父母的安排,改了志愿,考入复旦大学计算机系。

在大学里,严望佳对"科研梦"念念不忘,特意找到复旦大学的谈家桢教授,提出希望转到生物工程系学习。然而,由于手续复杂,转系的事一拖再拖。与此同时,随着学习深入,她逐渐发现自己萌生了计算机方面的兴趣,便把转专业事宜搁置一边,全心投入计算机专业的学习中。

1990年,严望佳赴美国费城的坦普尔大学继续攻读计算机专业硕士,1993年毕业后决定继续深造,这一次她选择了以创新著称的宾夕法尼亚大学。

在宾大,她到著名的沃顿商学院兼职打工,负责学校的计算机系统安全。为了完成工作,她不仅要当网络设计师,还要扮演网络警察,这是她首次接触网络安全。正因为这份兼职,她对企业管理开始了解。此时,她还不知道,这份"无心插柳"的工作将会彻底改变她的人生轨迹。

时间过得飞快,转眼就到了1996年,严望佳已经取得博士学位,也建立了家庭。"安定的生活和积极创业,哪个更重要?"她内心陷入矛盾中。"科学家对社会的贡献很大,但有的时候比不上企业家,因为企业家能够把科学转化为生产力,对社会财富积累起到实质性作用。"这是读博期间一位美国教授说的话。经过反复权衡,严望佳打定主意——回国创业。

创业进行时

东方升起"启明星辰"

此时,在中国,信息产业方兴未艾,发展迅速。严望佳敏锐地注意到,网络安全在国内却几乎是一个空白,于是她果断地选择了这个领域。

1996年,北京启明星辰信息技术有限公司成立,办公室设在中关村,致力于开拓中国网络安全产业。创业伊始,严望佳资金匮乏,此时丈夫严立几乎拿出两人在美国的全部资产,倾其所有支持,只为妻子那一句"中国人的网络安全,要由中国人自己来维护"。当时国内民众对互联网了解有限，对于网络安全更是知之甚少。听说严望佳要做网络安全，朋友们纷纷劝阻，有的甚至劝她"跟风"去做门户网站。严望佳很坚定："没有网络安全保证，我们国家在 IT 行业的投资说不定都会被浪费掉。"

理论和现实总有差距，网络安全虽然在理论上是刚需，现实中的需求却几乎为零。为此，严望佳选择了"曲线救国"，决定通过出书这一方式，来向社会宣传说明网络安全及重要性。"或许我的骨子里还是有股书生气吧，我们决定先从著书着手，改变人们的思想观念，推广网络安全知识的同时，加强用户的安全意识。"

于是，严望佳联合清华大学、北京航空航天大学的朋友，与国家信息中心、国际计算机安全协会一起，合作出版了《网络安全基础》、《网络安全结构设计》、《计算机网络安全工具》、《防火墙的选型、配置、安装和维护》、《黑客分析与防范技术》等图书，系统介绍网络安全的相关知识，这是国内首次介绍网络安全的丛书，为网络安全播下了星星之火。

靠着图书出版，严望佳和她的启明星辰熬过了开始最困难的三年。

事实上，启明星辰刚成立时，有来自国家信息安全中心的订单和来自硅谷的风险投资，但是严望佳出于企业长远发展的考虑，都拒绝了。尤其是她对拒绝硅谷风险投资商的考虑，更表现出她的信仰："我只是以纯技术的背景来做公司，不想依靠外来资本迅速扩大市场。我做的是网络安全，中国的网络安全需要中国人自己来维护！"

持续的亏损和困境并没有让严望佳半点放松。三年左右，她的坚持终于迎来了曙光。1993 年，海淀留学人员创业园成立，启明星辰得以进驻，并先后获得中小企业创新基金上百万元。在创业园的支持下，启明星辰的经营逐渐走出了困境。

打造网络"万能锁"

1999 年，中国的互联网飞速发展，网络安全的重要性日益彰显，此时，启明星辰的第一个网络安全软件"天阗入侵检测系统"的首款产品 Webkeeper 问世，当年就使得启明星辰实现了盈亏平衡。

市场打开了，日子好过了，竞争对手也变多了。大大小小的 IT 企业蜂拥而至。一边是国外大企业的虎视眈眈，一边是国内小企业的低价竞争，严望佳没有乱了阵脚，始终对启明星辰保持着稳定的定位："应对国外大企业，我们必须要有自己的专利，代理别人的产品不会有出路；面对国内同行,我们不打价格战,要寻找新的利润空间。"

于是,她决定把重点放在"入侵检测"上,把关注面缩小,把技术做到最好,打造一个"一寸宽,一公里深"的产品模式,而能否做好这把"万能锁",保证文件不受黑客攻击,那就要看启明星辰的技术了。

严望佳将所有资源集中于入侵检测上,成立积极防御实验室(ADLAB)。在团队全力以赴的工作下,2000年,由启明星辰自主研制的"天阗入侵检测系统"轰动业界,创造了多个国际国内第一,带来了巨大的经济效益,还有了"E时代的网络侦察员"的荣誉。为了表彰启明星辰的贡献,2000年1月24日,江泽民、李岚清等党和国家领导人来到启明星辰视察,并接见了严望佳。

2001年,中美之间的黑客进行了一次相互袭击,双方剑拔弩张,这时候严望佳挺身而出:"袖手旁观不是我的风格,我抛弃美国那么好的工作生活条件跑回来,不正是想为国家网络安全做点事吗?"她带领着公司员工一起日夜奋战,展开"网站光明行动",密切关注着黑客们使用的技术和被黑网站的漏洞。

黑客大战也使得国内对网络安全的需求大增,启明星辰在此期间为十多家单位进行上门服务,为多家单位提供了安全产品,并在网上公布了系统安全配置修补意见,被下载了几千次。这使得启明星辰在业界内广受赞誉,严望佳也体现了她非凡的能力。

一次次专业优秀的表现使得启明星辰在国内拥有了很高的声誉。

2008年,在北京奥运会的网络安全竞标中,启明星辰一举夺冠,承担起奥运信息安全保护的重任。严望佳和团队建立了 7×24 小时值班制度,齐心协力,全力以赴,出色地完成了"平安奥运"的任务。

互联网女神的书生意气

在严望佳的办公室里,有一幅书法横幅挂在书桌对面,上面写着"铁肩担道义,妙手著文章",俨然一派大丈夫气概。座椅背后的屏风上,则写着温软诗意的"彩云归"三个字,透露出几分小女子情怀。

在启明星辰的团队中,严望佳就是这样一个有着书生意气的互联网女神。每每被问及成功秘诀,她总是谦虚地回答说:"首先离不开一个高度凝聚力的团队,其次就是将西方文化与本地智慧相结合。"

很多企业领导人喜欢突出自己的权威,严望佳却不同,她更喜欢和员工打成一片。她的温婉谦逊不仅让同事如沐春风，也影响着整个团队的风格。在启明星辰，很难看出哪一个是公司领导，哪一个是普通员工，大家直呼对方的英文名字，简单随意，没有隔阂。严望佳有时会被客人错认成公司秘书。有人建议她"拿起架子"，严厉一些。她却带着一份书生的理想主义，坚信互相学习和互相尊重才是"带队"的最好方法。在这种精神的感召下，启明星辰的核心团队一直十分稳定，除了少数人中途离职，剩下的人十几年携手同行，这在跳槽频繁的IT界堪称奇迹。

有人说，企业文化就是企业领导人人格素养的真实演绎，甚至企业文化就是CEO的文化。启明星辰的文化核心则是"中和，中正，自强"。

所谓"中和"，是因为在互联网行业，尤其是互联网安全行业，没有所谓的"绝对"。那么，企业便需要掌握一个尺度，既让用户避免过大的投资，又把风险降到用户可以接受的程度。

所谓"中正"，是指"走正道"。严望佳相信，只有走正道才能成就真正的事业，因此她不浮躁、不投机，踏踏实实专注于自身领域。有员工埋怨她"书生意气"，让公司错失了很多赚大钱的机会，她却不急不恼，用行动和结果来证明自己的选择正确。正是这份沉静的力量，成为启明星辰发展的稳定保障。

所谓"自强"，就是敢于创新、敢于走出自己的发展道路。从Webkeeper到全套的"天阗入侵检测系统"，启明星辰一直在这条路上坚持着、努力着，严望佳也在这个过程中，历练出了自己沉稳低调的风格。

在严望佳看来，启明星辰远算不上成功；对于她个人，谈成功也太早。在她的观念中，财富和官职都是虚幻的存在，个人修养和心性塑造才是成功真正的考量标准。"在生命的最后，我希望可以告诉自己，我做了一个自己想做的人，在人生路上有所收获，在人世间没有白走一回，我想这也是一种幸福。"

·大佬创业谈·

成就别人,(也就是)成就自己,创业不是短期的事,是人的一生都要做的事情,与其急功近利进行短暂定位,不如为了长远发展每天都在积累地进行定位。每天都在积累,可能十年下来,你积累很多,奠定了你成功的基础,但如果你是短期的急功近利的,十年下来,你不但没有成功,而且你可能一点积累都没有。

新东方创始人、洪泰基金创始人

俞敏洪
到底怎样才能成功

1962年生于江苏江阴。1993年，成立新东方学校，推动中国留学教育事业的发展，被社会誉为"留学教父"。
2006年，新东方在纽约上市，是中国首家在美国上市的教育培训机构，俞敏洪由此成为"最富有的老师"。
2014年，与盛希泰合作成立洪泰基金，通过资本力量支持互联网教育创新，为创业者提供接近和实现梦想的机会。

高考两度失利，步入大学又因肺结核休学一年，工作后又因兼职被通报处分，想去留学却拿不到奖学金，如此一波三折的人生，听的人都会大呼："这也真是醉了！"这样的经历似乎跟成功搭不上边，何谈怎样成功呢？事实上，这就是俞敏洪的人生经历。在新东方之前，他只是个默默无闻的小人物，而且还多灾多难。正是小人物时经历的这些灾难打磨出他宽厚、坚韧和"笨办法"的处世与行事风格，帮助他从创立新东方、变革新东方和推动新东方上市时遇到的艰难中走了出来。创业成功不是一蹴而就的，而是慢慢打磨出来的，在这段历程中经历的每一件事儿都是锻造成功的必需品。

创业前奏曲

捡砖头的哲理

1962年10月，俞敏洪出生在江苏江阴一个普通农村家庭，父亲是一名木匠，母亲是生产队的妇女队长。父亲宽厚洒脱，最擅长架大梁。当地有个风俗，盖新房架大梁的当天，主人家要请喝酒，父亲酒量不高，喝高兴了工钱也不要了。母亲常为此与他吵架，父亲却不甚在意，照常喝酒干活。母亲干练有担当，处事公正，很有威望，家族矛盾、村里事情都会请她来决断。

对于父母的耳濡目染，俞敏洪回忆道："我从父亲那里学到了宽厚，学到了退一步海阔天高的态度；我从母亲那里继承了坚忍不拔、绝不放弃的精神。我父母成就了我的个性。今天我做事的风格和为人处事的态度，几乎每一点都能够从我父母身上找到根源。"

小时候，父亲做的一件事儿深刻地印刻在俞敏洪的记忆里，影响了他之后的人生。父亲经常要出去做木匠活儿，有时候回来会带一些废弃的碎砖头，次数多了之后，堆积起来挺占地方。俞敏洪疑惑不解：捡回这么多砖头，碍事又难看，到底要干啥？在碎砖头眼看无地可放时，父亲开始动手在墙角开沟挖槽砌砖头。

俞敏洪慢慢长大，逐渐惊讶于这个"奇迹"，他说："我生命中的三件事证明了这一思路的好处。第一件是我的高考，目标明确：要上大学，第一年第二年我没考上，第三年我继续拼命'捡砖头'，终于进了北大。第二件是我背单词，目标明确：成为中国最好的英语词汇老师之一，于是我开始一个一个单词背，在背过的单词不断遗忘的痛苦中，父亲捡砖头的形象总能浮现在我眼前，最后我终于背下了两三万个单词。第三件是我做新东方，目标明确：要做成中国最好的英语培训机构之一，然后我就开始给学生上课，平均每天给学生上六到十个小时的课。很多老师倒下了或放弃了，我没有放弃，到今天为止我还在努力着，屹立在北京中关村最繁华处那座闪烁着蓝宝石般光彩的新东方大厦，就是这样建起来的。"

俞敏洪的童年时光与大部分农村孩子并无太大区别，除了上学读书，还要帮家里干活。对于生命中最初的18年的农村生活经历，俞敏洪说："我觉得自己的经历得益于我在农村的生活。我生命中的前18年完全是在农村度过的，农村人有习惯性的坚韧精神。同时，我也得益于我不太聪明的头脑。我脑子的运转速度相对来说比较慢，当然不能算低智商，但也不能算高智商。"

1980年，俞敏洪终于考上了大学。迈入北京大学，他还没来得及高兴多久，就在一群天之骄子中感到些许自卑。普通话不会讲，英语听力跟不上，北大陌生的一切也让他惴惴不安，心理备受煎熬。大三那年，一场意外的疾病让俞敏洪措手不及，也让他并不十分顺畅的大学生活显得更加多灾多难。他因患肺结核休学一年，返校后进入新的班级，这让他更加局促。新环境对于腼腆、自卑的俞敏洪来说，总有着莫大的挑战性。

大学生活虽不如意，俞敏洪少年时习得的坚韧却一直督促着他学习、读书。听力不好，他就抱着一套《新概念英语》狂听狂背。正是这份坚韧让他背下了8万单词，读完了800多本书。

逼上梁山"落草为寇"

1985年，俞敏洪大学毕业留校任教，一教就是7年。期间也不是没有动摇过，80年代中后期，留学潮渐起，俞敏洪也动了赴美留学的心思。

1988年，俞敏洪顺利通过了托福考试，美国梦似乎近在眼前。他收到了几所学校的录取通知书，却没有一所愿意给奖学金。在北大，他的工资是一个月120元，显然不够出国留学的费用。俞敏洪出国无望，意外地在国内发现了商机：出国潮带动TOEFL和GRE培训兴起。他开始在各个培训机构谋求兼职授课的职位。对于这段时光，俞敏洪说："当时教书的目的最初就是谋生赚钱，赚钱有两个目的，一是把家庭维护好；二是如果有余额的话，我把它存起来，存到一定数量的时候就可以自费出国。"兼职授课让俞敏洪的经济状况得到一定改善，也带来意想不到的麻烦。

1990年，一个细雨如丝的秋夜，俞敏洪正与朋友喝酒闲聊，意外地听到学校广播里正播放着处分自己的决定。原来，他在校外兼职授课的事情被学校知道了，学校以此表达对这位"离经叛道"的老师的处罚和不满。学校如此"高调"的行为大大地提高了俞敏洪的"知名度"，让他在学校的生存状况日益尴尬和别扭，最终不得不选择辞职。对此，俞敏洪的同事李杜曾调侃地总结道："老俞被北大处分，作为三流文人，既想保留文人的体面，又缺乏一流文人的风骨，不敢自沉未名湖。于是退而求其次，唯有辞职，落草为寇。此谓置之死地而后生。"

创业进行时

招生之艰

1991年，俞敏洪从北大辞职，出来办英语培训班。一间10平米的屋子、一张桌子、一把椅子、一堆广告笔、一个胶水筒，便是俞敏洪起家的家什。他宣传培训班的方式最便捷、性价比也最高——贴小广告。自己写自己贴,省下一笔雇人的费用。北京的冬天干冷干冷的,俞敏洪顶着寒风,骑着自行车大街小巷地贴广告。寒风刺透棉服,身子难免哆嗦,手脚难免麻木。实在冷得厉害,他便喝两口随身带的二锅头暖暖身子。

苦也吃了,事也做了,学生却招不上来。看着空白报名表,俞敏洪有了主意,他在表上虚拟了 30 个人名,借此引来"第一个吃螃蟹的人"。如此做派,可见俞敏洪的人心洞察力之深。虽然大家在学校里都力争第一,但在买卖关系中,人们总是会避免成为第一人,总希望有人先帮忙试下水的深浅。不管怎么样,俞敏洪用此招招到了他的第一批 13 名学员。事业总算向前推进一步。

迈出第一步之后,事情似乎又回到原点:生源止步于此。俞敏洪不得不另辟蹊径。他的第二个高招是开公开课,这个学语言出身的人将人心洞察得清清楚楚,也将免费营销发挥到极致。他的公开课相当成功,如果说第一次的 200 人是冲着免费去的话,第二次的 500 人更多是折服在他的演讲功力上。俞敏洪的演讲总是能深深地感染听众,让人热血沸腾。屡出奇招、高招之后,俞敏洪解决了生源问题,走出创业初期的困窘。

从竞争到竞合

一切都在向着好的方向发展,事业似乎开始走向正轨。然而不甘平凡的命运再次抛给俞敏洪一个考验。

1992 年,他雇来贴宣传小广告的雇员被竞争对手雇人捅了一刀。俞敏洪去报案却没人管。这可难住了俞敏洪,一没钱,二没人,怎么才能讨回一个公道呢?他的韧劲儿又上来了,在派出所蹲守了两天,终于打动了一位警察,跟派出所"拉上了关系"。为了事情能有个了结,俞敏洪宴请了相关人员,宴会上他一个人喝了三斤五粮液,差点解决了自己,被送进医院抢救了五个小时。

然而,俞敏洪与竞争对手的纠葛并未就此结束。后来,该竞争对手的员工罢工,要求老板涨工资,老板却也刚烈,宁可关闭学校,将现有的 400 多生源转给俞敏洪也不接受员工的要求。面对大好时机,俞敏洪没有趁火打劫,也没有接受对方转生员的提议,而是选择让自己的教师支援竞争对手,使其避免了当时就要倒闭的结局。

在俞敏洪眼里，能容人是成功的必要条件，竞争不是双方唯一的关系，双赢合作才能走得更远。

升级"草台班子"

1993年，俞敏洪正式创办北京新东方学校，英语培训事业更上一层楼。在事业不断发展的同时，他打算给自己的"草台班子"升级，开始引进外援。

1995年，俞敏洪东奔西走去游说大学时的"小伙伴"回来一起做事业。于是，在温哥华的徐小平和在美国贝尔实验室干得风生水起的王强都回来了。之后，包凡一、杜子华等人的加入，使新东方的团队更加壮大和充实起来。至此，将新东方做大做强的班底基本凑齐了。

靠着情感纽带建立起来的团队，借着当时正劲的出国潮，新东方如野草般疯狂地生长起来了。1995~2001年的六年间，学生人数增加了71倍，2001年当年的学生人次更是达到了21万。

股份制改造

随着新东方规模壮大，一些问题日渐显露出来，俞敏洪在新东方开始了股份制改造。

在搭建正规团队之前，俞敏洪已对新东方进行了一轮改革，将直系家族成员"请出"新东方。这曾在家庭内部引起极大的震动，他遭受家族成员的"口诛笔伐"，但后来新东方用成绩证明了这次改革的正确性。

对于这次改革，俞敏洪说："新东方最初其实是我的家族成员做起来的，外面的人才不断地进入新东方——用外面的人才来做新东方，还是继续用家族成员？这其实是一个非常痛苦的抉择，因为你要把家族成员赶走的话，意味着得罪所有的家族成员。如果你用外面有才华的人，包括我的大学同学等，那意味着你各方面必须要走向更加现代化的正规发展道路。这两方面都有很多难以割舍的东西，但是最后我选择了把家族成员赶走，把它变成一个现代化的合伙制企业，我觉得这是一个比较正确的抉择。"

2002年，俞敏洪开始对新东方进行第二次改革。他直言："这个过程很痛苦。从原来梁山聚义的做事方式，变成按部就班、层次分明的做事模式；从原本激情狂热的做事风格，变成冷静而有判断力的做事规则。这种改变，需要把自己个性中的一些东西丢掉。"

内部改革已让俞敏洪应接不暇，9·11事件导致的留美市场萎缩、国内"非典"引起的学校停课，更让疲惫不堪的他焦头烂额。但他还是坚持推进改革。

兄弟情义与商业规则，如何寻找到平衡点？俞敏洪坦言："大家就惊慌失措了。因为我们之前从来没有学过商业规则，从来没有学过股份制，连有限公司和无限公司都搞不清楚是怎么回事。我们没有这个能力来拆分这种利益躯体。"王强也说："大家一样痛苦。比如说利益问题，你要分股份，股份该怎么分？作为知识分子，我们必须在谈判桌上来谈这些，彼此间的情感确实经历了一次前所未有的挑战。"

在这场轰轰烈烈的改革中，俞敏洪自认为扮演了"刘备"的角色，他说："我比较像刘备，常常用眼泪来赚取其他管理者的同情，我不擅长用严格的纪律来限制和管理人才。"虽然他的做法被外界质疑为不懂管理，他却认为："我这个人比较仁慈，容得下人。我的柔弱个性在新东方内部起到了黏合作用，任何情况下我都不会走向极端。这是新东方没有崩盘的重要原因。"

做"最富有的老师"

2006年，美国东部时间9月7日上午8点，新东方的股票代码第一次出现在纽约证券交易所的电子屏幕上。上市不到三个月，俞敏洪身价倍增，拥有财富高达3.5亿美元，成为中国"最富有的老师"。

最初，对于上市，俞敏洪很纠结了一番：一方面，他想让新东方制度化、规范化，成为正规军；另一方面，新东方的今天都是他们这些老师一步一个脚印做出来的，他们是一群自由散漫惯了的人，散漫与规则本就不可同生，他担心他们会受不了约束。俞敏洪说："上市之后，我的状态也一直不太对，不是我想要的那种状态。我其实是个随心所欲的人，但现在为了别人的利益，必须要去做很多事情，自己的空间越来越小。"

时至今日，他对上市的看法仍保持着浓厚的辩证法的味道。对于新东方的上市，他有一段长篇大论："本质上来说，大家都认为上市是件好事，而到今天为止，我也不认为上市纯粹是一件好事，因为它其实在某种意义上会外力过强，扭转企业发展方向和发展步骤。

"其实当初在新东方，我也是不太想让它上市的。但是最后我经过各方面的考虑，包括团队的合作，包括未来的发展，包括新东方过去积累的问题，我认为上市相当于用一次变革来解决问题，最终衡量后觉得上市还是比不上市好处要多。

"'借助资本的力量'是大家通常喜欢说的概念，但实际上并不一定对每一个行业都适合。我可以告诉你非常明确的结果，新东方不回来。因为我不想用一种逐利行为再次解决新东方的问题。

"新东方回来以后，市值肯定会高出十倍，但是我依然决定新东方在海外待着，这是目前最有利于新东方发展的方式。

"第一，新东方的股东大部分都是流通股，回来的话对管理层其实没有好处，因为管理层本身不持有股份，或者非常少。

"第二，我是希望用资本市场的稳定来带动新东方的稳定发展，至少现在在美国市场尽管估值不是那么高，但它是稳定发展的。

"第三，还有一个要素，我觉得新东方未来新的业务在国内上市的可能性还是有的，所以这样的话，等于新东方可能会占有两地市场，海外的优势和国内的优势可以同时利用。"

随着互联网的发展，线上教育正在侵夺着线下教育的市场，在这场由互联网引起的变革中，新东方要如何立于不败，还有待时间给出答案。

2014年，俞敏洪与盛希泰合作成立了洪泰基金，帮助创业者实现他们的创业梦想。洪泰基金或许可以看作是俞敏洪的反哺，他为创业者提供接近和实现创业梦想的机会。

· 大佬创业谈 ·

凡是想要创业的人，其实无论成败，你已经贴了一个标签，这个标签就是你不甘平庸。也许实际上你是平庸的，到今天为止我还觉得自己是一个平庸的人，但你贴上不甘平庸这个标志，你就一定能不断超越自己，因为你想要前进，自己拉着自己往前走，这个就很重要。

1964年出生于陕西省西安市。
1996年，创立ITC爱特信电子技术公司。
1998年，爱特信正式推出搜狐产品，并更名为搜狐公司，迅速成为主流资讯媒体和沟通互动平台，成为中国第一家全中文的门户网站。
2000年，搜狐公司在在美国纳斯达克成功挂牌上市。
2008年北京奥运会，搜狐被选为奥运会互联网内容服务赞助商。

搜狐公司创始人、CEO

张朝阳
见别人所不能见

"山的坚韧，水的灵动。行动中，张扬是他拥抱世界的态度；沉思中，内敛是他与生俱来的性格。"这是粉丝对张朝阳的评价。

张朝阳是中国第一代互联网公司中"硕果仅存"的一个创始人，但他手下的搜狐公司近年来却又屡屡在一些明星产品上被后起之秀赶超。然而不论面对成功还是挑战，张朝阳始终满怀希望，做别人所不能做，见别人所不能见。他和他的搜狐团队注定会在互联网世界这个属于他们的舞台上展身手，弄风潮。

创业前奏曲

物理学家的梦

1964年，张朝阳出生于陕西省西安市。童年时父母不太管束他，给了他自由发展的空间，让他去接触自己感兴趣的事物。"正因为有了小学无忧无虑的玩和充分的智力开发，我到了中学才能坚持长期的艰苦学习，直到大学，都没有产生厌学情绪。"张朝阳后来回忆说。

上中学那一年，恰逢恢复高考。张朝阳埋头学习。1981年，他以优异的成绩考入清华大学物理系。

在清华五年，张朝阳"痛并快乐着"。当时，社会观念认为只有成绩好的学生将来才会有大发展。他背负着很大的学习压力，正因为如此，也学会了如何调节自我应对压力，这一点在日后创业中助益良多。

1986 年，张朝阳考取李政道奖学金，带着少年时代的梦想——成为一名物理学家，赴美国麻省理工学院深造。

燃起的创业火焰

刚到美国，新生活扑面而来：上课，做研究，当助教……他忙得不亦乐乎。

1993 年底，他获得麻省理工的博士学位，继续从事博士后研究。然而，他一次又一次地对自己产生了怀疑。观察美国社会，做研究的生活让他感到茫然。"在物理杂志上发表一篇文章，可能要 50 年甚至 100 年以后才可能被某个人发现。这离把它变成生产力，给人民生活一个改善，简直太遥远了。"想到这一点又令他很沮丧和绝望。

他开始张大眼睛，审视自己的生活和身边的世界。他还体会到美国社会的融入之艰。某次在酒吧里，一个美国人质问："你们来我们国家干什么，就是为了抢走我们的工作机会吗？"一句话打破了他对美国的幻想——"当时中国人在那里是很落魄、很亚文化的。到餐馆里服务员都不爱搭理你，更别提女孩子了。当时很多留学生都麻木了，只想着在这里成个家，有个小事业，庸庸碌碌地过一辈子，但我不想这样。"

同期，他在麻省理工谋得亚太区中国联络官的职位，这让他有机会频频回国，为未来做准备。

不久后，他看到互联网经济极为惊人的商业和社会价值，意识到自己的方向所在。受美国"硅谷"式创业影响，他萌生了回国创业的念头。

1995 年，张朝阳接洽上 ISI 公司，表明想用因特网搜集和发布中国经济信息，为在美国的中国人或对中国感兴趣的人服务。ISI 总裁很赞赏，两人一拍即合。

创业进行时

搜乎？搜狐！

尽管获得了 ISI 的认同和支持，但"钱"的问题还需要张朝阳自己解决。于是 1996 年 7 月，他正式开始融资之旅，"那两三个月里，我经常往返于中国、纽约和波士顿之间"。当时美国投资者并不信任中国创业者，为了给投资人打电话，他在公用电话亭排队，甚至被投资人赶出办公室。

真正为他带来转机的，是母校的一位长者。时任麻省理工学院媒体实验室主任的尼葛洛庞蒂答应为张朝阳注入天使投资。

1996 年 8 月，ITC 爱特信电子技术（北京）有限公司正式注册。当年 10 月，张朝阳收到爱特信公司的第一笔风险投资 15 万美元，投资者包括麻省理工学院教授尼葛洛庞蒂和斯隆管理学院的教授爱德华·罗伯特，一年后尼葛洛庞蒂又投入 2 万美元。

尽管只有区区 17 万美元，张朝阳的创业梦终于可以落地了，他开始着手自己向往已久的事业。

当时，中国互联网行业的老大是张树新的瀛海威。张想邀请尼葛洛庞蒂教授来中国搞个研讨会，借机扩大宣传，便请张朝阳代为邀请。

张朝阳建议尼葛洛庞蒂，在研讨会上瞅准时机帮忙宣传一下爱特信。所以，当有人提问为什么到中国来时，尼葛洛庞蒂说原因有二：首先是自己投资了爱特信公司；其次是想看看公司状况如何，是否需要进一步投资。现场媒体一时哗然，爱特信和张朝阳很快名声大震。

1997 年，张朝阳准备推出一个拳头产品，取名时想用"指南针"，后模仿雅虎改名为"搜乎"。在进行第二轮融资时，想到在东西方文化中狐狸都象征着机敏、灵活和聪慧，这些特质也符合搜索引擎特点，便于 1997 年 11 月将"搜乎"改为"搜狐"。

1998 年 2 月，搜狐公司正式诞生，迅速成为主流资讯媒体和沟通互动的平台，也成为中国第一家全中文的门户网站。

狐狸变巨人

随后，张朝阳的事业蒸蒸日上，搜狐上海、广州分公司相继成立。

2000 年 7 月 12 日，搜狐公司在美国纳斯达克成功上市。紧接着，张朝阳并购了中国最大的年轻人社区网站Chinaren，进一步扩张在互联网领域的势力范围。

通过调研和观察，他判断短信对互联网有着巨大商机，于是同年推出无线互联网定制收费服务——搜狐手机短信（SMS），并把它与互联网紧密结合，作为一个产业来运作。

然而，2001年前后，中国互联网市场进入高潮时，搜狐却踯躅不前。2001年三四月间，搜狐股票率先跌破1美元，随时面临被纳斯达克摘牌的风险。媒体和社会各界的质疑像子弹一样打过来。面对如此状况，张朝阳稳住阵脚，大搞品牌经营，使搜狐走出低谷。

2002年7月，搜狐率先打破中国互联网的烧钱僵局，实现赢利。

2003年，搜狐给张朝阳带来巨大的荣耀，在上市公司中国科技人物财富排行榜上，张朝阳仅次于丁磊，成为亚军。

2008年北京奥运会，搜狐被选为互联网内容服务赞助商。

同期，与搜狐并立的几家王牌企业也逐渐被列为"攻占对象"。昔日在互联网世界中试探着"觅食"的"狐狸"已成长为互联网浪潮里的巨人。

2011年，搜狐获得2010~2011年度中国最具影响力互联网企业奖。同年也在《财富》杂志公布的2011年全球"100家增长最快的公司"中排名第89位。

再造搜狐

近年来，搜狐似乎陷入某种僵局：当各大门户、垂直网站及电商都在热炒移动互联网、云计算、大数据、平台等时下最热概念时，搜狐似乎慢了一拍。

新浪微博热起来时，搜狐微博名不见经传；腾讯微信火了时，搜狐自叹无能为力。张朝阳甚至自嘲说："微博和微信左右扇了我两个耳光。"很多人质疑搜狐已不能与新浪和腾讯分庭抗礼，张朝阳不以为然，他认为"竞争刚开始"，宣称"用户规模超过新浪"。

他的信心源自对网络的深刻理解。

他押宝移动新闻客户端，野心勃勃地要做B2B2C的开放平台。将媒体平台转化为生态圈，并依托这个生态圈，衍生出包括付费订阅等在内的多种商业模式。他还搭建了基于云计算的大数据平台，全面整合利用自身的数据资产。在360与百度的搜索大战正酣时，他又高调宣布参战，搅动成一场互联网战争的"三国杀"。2014年,搜狐全年总收入达到17亿美元,较2013年增长19%,这是搜狐集团总收入首次突破100亿元,具有里程碑意义。

2015年年初,张朝阳谈到现在正处于一个传媒大时代的门口,需要对门户进行大的改革,声称要把用户消费的内容、内容生产者以及新式广告作为门户改革的三大推动器,借助SNS传播、新媒体以及新的广告方式来更新门户。

目前,张朝阳最看重的是搜狐门户、新闻客户端和手机搜狐网在内的媒体平台、视频、搜索和游戏这四个方面的业务,搜狗、搜狐视频、搜狐新闻是他最主要的管理领域。搜狗正在积极谋求海外上市,搜狐视频正在积累发力,而搜狐新闻则继续在资讯这一传统领域打造自身优势。

无论顺境逆境,张朝阳坚持把搜狐当作一个品牌来做;在互联网发展理论上,他带来"注意力经济"概念,在企业文化和公司管理方面,他也给中国互联网提供了宝贵经验。以他为代表的成功创业者,更是给中国年轻人树立了一种创业致富的新新人类形象。做别人所不能做,见别人所不能见,张朝阳不计一日胜负,不计一时得失,一直坚守在自己开创的互联网世界中,执着前行。

· **大佬创业谈** ·

一个人创业成功,就在于他能看到别人看不到的东西,所以他有一种疯狂和偏执,不会人云亦云。

高瓴资本集团创始人、CEO

张磊
践行"伟大格局观"

张磊是投资界公认的新一代领军人物,成功投资腾讯、京东等知名企业,帮助中国企业长期发展与"走出去";他领导的高瓴资本准确把脉全球和区域经济走向,给投资界带来具有东方智慧的价值投资哲学;他不仅在投资界风生水起,在教育及智库领域,也秉承着高度的国际视野和社会责任。

投资推动发展,教育改变人生,智库影响国策,具有国际视野和中国情怀的张磊,践行着自己所欣赏的"具有伟大格局观的坚定实践者"。

1972年出生于河南驻马店。
1999年,在耶鲁大学投资基金办公室任投资经理,从事基金管理及投资研究。
2004年,出任纽约证券交易所国际董事及中国首席代表,将优秀中国企业推向国际市场。
2005年,回国创立高瓴资本,投资了腾讯、百度、京东、去哪儿、蓝月亮、美团等知名企业。成立10年来,高瓴年收益率高达39%。
2012年,张磊把微信成功带到印尼,击败Facebook等国际大鳄。
2014年,高瓴资本管理的资金规模超过180亿美元,张磊以65亿元财富跻身"2015新财富500富人榜"。

创业前奏曲

天生创业家

1972年,张磊出生于河南驻马店市。

7岁那年,张磊就展现出过人的经商天赋。他家的房子位于京广铁路的火车站旁边,放暑假时,他就会在车站旁摆上小椅子,把自己的连环画租给候车的旅客。

1990年,张磊以驻马店地区高考文科状元的身份考取中国人民大学国际金融专业。

就在高中生张磊考入人民大学的那个暑假,他扩大了自己的租书生意。当时,"全民致富"的思想席卷中国大地，各种新杂志都专门登载如何快速致富以及如何到深圳等飞速发展的经济特区创业的故事。张磊嗅到其中的商机，于是开始大量购进此类杂志，再转手倒卖。

"创业"伊始的张磊，面前也摆满各种难题。"刚开始租书时，我曾遭遇库存问题，而且我发现自己挣的钱都花在给人买水喝上了。于是我决定只订少量杂志，然后看看哪些杂志好卖。"与此同时，他也拓展了自己的业务，开始卖矿泉水、方便面以及腊肠小吃。如果几样东西都买的话，还会相应打个折扣。9月份开学到北京时，这位经验丰富的推销员已净挣了800元人民币。

1994年，张磊大学毕业，顺利入职央企五矿集团。

转折，从耶鲁开始

起初，张磊并没有出国计划。在五矿集团工作四年后，他感到职业发展遇到一些瓶颈，很多东西需要深入学习。一个偶然的机会，张磊和一些海归人士进行交流，得知耶鲁大学设立了双硕士学位，可以同时读两个硕士，非常经济。而且，他除了有志于管理、经济，对国际关系、国际政治也很关注，耶鲁大学的课程设置恰恰照顾了他在两个领域的兴趣，于是，张磊决定丢掉央企的"铁饭碗"，去耶鲁深造。

1998年，张磊赴美国耶鲁大学求学，攻读工商管理硕士及国际关系硕士两个学位。

到了耶鲁后，他得知工商管理学硕士只有一半奖学金，自己需要支付另一半求学费用。为此，他开始做各种工作，贴补生活。

求学期间，一向对经济感兴趣的张磊在耶鲁大学捐赠基金会找到一份实习工作。在这里，他不仅有机会近距离学习很多东西，也更多地了解了国情，发现了中国的机会。此外，他还学到投资和大学捐赠基金的运作模式，为之后执掌基金帝国打下很好的基础。

更重要的是，他在这里遇到了"伯乐"——耶鲁大学捐赠基金的首席投资官大卫·史文森。史文森曾是张磊的老师，他在这位中国学生身上看到巨大潜质，便教给他各种投资技巧。张磊还把史文森的著作《机构投资与基金管理的创新》译成中文。

在耶鲁，张磊如饥似渴地博览群书。"当我获悉企业年报是免费提供时，就向标普500的每家公司发文索要年报，"他说，"让我难以置信的是，这些年报竟然完全免费，从管理层讨论公司经营以及资本与股本投资回报的这部分内容中，我受益匪浅，这是非常好的培训。"

创业进行时

折戟中华创业网

1999年，正逢全球互联网行业大繁荣，张磊嗅到来自祖国的商业机会，于是向校方提出延期毕业，带着从新闻集团募集到的100万美元回国创立SinoBit（中华创业网），与当时同样创业的马化腾、李彦宏建立了深厚友谊，在投资项目和资本之间搭建桥梁，这为后来高瓴资本的成功打下了基础。

2001年，张磊遭遇职业生涯的又一个挫折。因为经验有限、理念又过于超前，中华创业网只维持了一年就草草收尾，他得再寻出路。

回到耶鲁完成学业后，张磊加入全球新兴市场投资基金，负责公司在南非、东南亚和中国的投资事宜。此后，他又担任纽约证券交易所首任驻华首席代表，将众多优秀中国企业推向国际市场。这些经历除了给他丰富的经验，还让他有了很多比较，深刻理解中国正处于变革前夕，这种环境正是自己能发挥最大作用的地方。

创办高瓴资本

如果说，在耶鲁大学捐赠基金会的实习是张磊人生的第一个重大转折，让他初涉投资业，那么，史文森和耶鲁基金会的支持则给他带来第二次飞跃，助他创办了自己的投资机构。

2005年6月1日，张磊又做了一件让投资界吃惊的事情：从纽交所首席代表任上辞职，创立高瓴资本！选择这个日子，是他希望高瓴团队永葆童心：好奇、单纯、向上。

恩师史文森倾囊相助，从耶鲁投资基金中拨出2000万美元起动基金，帮助张磊创办高瓴资本公司，随后又追加1000万美元。"我当时就知道中国即将雄起，整个国家焕发勃勃生机，每个人都能发大财。国内涌现了众多朝气蓬勃的创业者与高科技创业公司。"

"高瓴"二字取自耶鲁校园内的"HILLHOUSE AVENUE",张磊将其译为"高瓴",寄寓了自己高远的追求,希望以"高屋建瓴"的视野做出前瞻性的布局,同时又不拘泥于投资形式,进行跨越多种行业的股权长期投资。

投资哲学:守正用奇

知名媒体曾将张磊描述为"行事低调得如路人甲、为人稳健的金融家",作为管理规模超过200亿美元的金融家与投资人,张磊的确一直行事低调,为人稳健,按他自己的话说这是"桃李不言,下自成蹊"。

即便本人低调却不掩外界赞许,一次与巴菲特共进晚餐相谈甚欢时,对于张磊投资观非常认可的巴菲特当即拿出自己的钱包,半开玩笑地请张磊为他理财,并让张磊一定拿着他的钱包照相留念。同是长期"价值投资"的坚定奉行者,业界许多人称张磊为"中国巴菲特"。自1928年本杰明·格雷厄姆第一次提出价值投资理论至今,西方涌现了一批价值投资的追随者,其中不乏像沃伦·巴菲特、查理·芒格等响当当的名字。在中国内地,张磊无疑是其中的杰出代表。

但张磊在学习中也清醒地认识到,"不能机械地理解价值投资,也不能机械地照搬巴菲特。大道相通,但也必须因时因地而变"。因此,他在大师的基础上进行扬弃,融入中国思想,形成自己独树一帜的投资理念和哲学:由于真正具有长期结构性竞争优势的企业并不多,往往需要耐心等待最佳时机;但当合适时机出现,则要坚决采取行动,集中投资,长期持有;其他时间则注重研究和分析,避免"为投资而投资"。高瓴投资一个企业,更多地考虑该企业未来5到10年的发展轨迹,是否能成为细分市场领导者,而不是快进快出,从一、二级市场上套利。与传统的价值投资者不同,作为投资人,张磊的价值投资不满足于仅仅发现价值,他的价值投资更体现在帮助所投的企业创造价值。张磊说:"我是个创业者,只是恰巧在投资界。"

高瓴的投资理念和业绩很快得到全球顶级机构投资人的认可和追捧,受托资金主要来自世界知名的长期资本提供者,包括大学捐赠基金、主权基金、养老金、家族基金和慈善基金等。诸多美国最富有的大学基金都聘请张磊作为资产管理人,这些顶级大学基金的集体选择背后,是对张磊所领导的高瓴团队投资能力和投资哲学的高度认可。《金融时报》一篇报道指出:"高瓴资本自创立以来,年均复合回报率高达52%。"高瓴资本创造的跨经济周期的高速成长,令全球资本市场刮目相看,被称作"高瓴速度",这份成绩单也让人看到了在中国实践格雷厄姆的价值投资理念的可能。

为了寻找和参与创造伟大公司,张磊深入研究具有长期结构性竞争优势的业务模式,以及公司所处的发展环境、历史阶段。张磊所形成的中西合璧的投资哲学,其精髓可概括为"守正出奇"。"守正出奇"语出老子《道德经》:"以正治国,以奇用兵,以无事取天下。"《孙子兵法》指出:"以正合,以奇胜。故善出奇者,无穷如天地,不竭如江海。"张磊的"守正出奇"即"走正道、出奇兵"。他要求每位员工坚持道德与职业操守,对于"什么可以做,什么不可以做"应该有一条非常明确的内心分界线,对于每一个投资项目,都要求能够通过"头版测试"与"良心测试"。但另一方面,在"走正道"的前提下,又要"出奇兵"。在行业选择、价值发现、资源匹配等方面,高瓴的投资方式通常是灵活多变的。

今天的中国,在"一带一路"热潮下,中国企业"走出去"进行得如火如荼。2012年,具有国际视野并掌握全球资本市场发展趋势的张磊,成功帮助腾讯把微信推广到印度尼西亚,并且超越Facebook与Line,成为印尼第一大社交通讯工具,重新定义了印尼的社交媒体,并以此为桥头堡,迅速向泰国、越南等地拓展娱乐、新媒体和广告、消费品等业务。在西方跨国公司主导世界潮流的当下,张磊携手腾讯完美颠覆了"世界历史终结于西方"的商业模式,打造出又一个中国企业走出去的成功典范。

寻找具有"伟大格局观的坚定实践者"

如同高瓴资本的名字,"高屋建瓴"具有高远的视野和广阔的胸怀,张磊相信,高瓴投资理念的核心在于寻找到"具有伟大格局观的坚定实践者"。伟大格局观意味着高瞻远瞩的洞察力和高屋建瓴的战略眼光,当然还有基于价值观的坚强自信。在喧嚣的投资界,真正能坚持长期价值投资的人并不多见,大部分人在各种短期诱惑下都纷纷失去了"初心",而张磊对于价值观的坚守,十年来基于这一价值观而挖掘出的一批优秀的中国企业家和企业,与他们一道坚守着"伟大格局观",并推动中国社会发展。

2005年,高瓴资本投资腾讯公司。

2006年,高瓴资本投资美的集团。

2010年,高瓴资本投资京东、蓝月亮。

2013年,高瓴资本投资去哪儿网。

几乎每一次出手投资都成为业内的领军品牌。此外,张磊还帮助著名生物学家王晓东带领下的生物医药高科技团队,建立了北京生物科学研究所,将目光长远投放在基础科学研究上。该研究所的成果多次受到党和国家领导人的高度肯定和赞誉。

张磊的研究团队在世界范围寻找最富有创意与最前沿的商业模式,将之引入中国,在此基础上创造出更适合中国的投资模式,并将中国的投资模式延伸至其他新兴亚洲国家。

目前,张磊正与美国最知名的医疗机构梅奥诊所(Mayo Clinic)合作,希望将全球领先的医疗管理模式引进中国。无论是将国外商业模式引进中国,还是将中国商业模式延展至亚洲新兴国家,张磊带领高瓴成功实现了中西合璧的投资模式融汇变迁。"中国与其他新兴市场可借以实现跨越式发展。这是双赢策略,我们正在改变亚洲内部贸易(Intra-Asian Trade)的发展格局。"张磊在接受《金融时报》访谈时如是说。

早在2013年中国与全球化智库(CCG)举办的午餐会上,张磊曾分享他对于企业如何更好地走出国门的看法:"中国企业走出去,一定要放开思想,放下包袱,真正地融入当地的企业和市场环境中去,和当地的环境结合,不要畏怕世界的巨头。高瓴和腾讯携手在印尼超越Facebook,就是非常好的现象,希望中国有更多的企业能够像这样走出去。"

长期坚守的常青式投资哲学是张磊的投资价值观,张磊曾在一次访谈中谈到他所认可的"伟大格局观":"你的生意模式能赚多少钱不是由你决定的,最终要看你给这个社会、给消费者创造了多少价值。"

张磊的高远格局观不仅体现在投资企业上,也体现在投资教育和助力社会发展上,当然后者更关注的是对社会的回馈。张磊常说,他是在一个最好的时代得到了最好的教育。教育改变了他的一生,好的教育平台可以塑造一个人的气质与格局。张磊关注教育事业,投入很多时间推广基于实践的通识教育,被誉为中国第一位"投资界的教育家"和"教育界的投资家"。他在中国人民大学校董会担任副董事长,在母校河南驻马店中学设立奖学金,长期资助百年职校的农民工子弟。他在耶鲁大学担任校务委员会委员,还是被两任校长聘为耶鲁大学亚洲发展委员会主席的第一位华人。

从投资企业到投资人才,张磊,这个专注投资的创业家,正逐渐在更多领域发挥着自己的投资才能。

· **大佬创业谈** ·

我要做企业的超长期合伙人,这是我的信念和信仰。而高瓴基金的模式在亚洲也是独有的,我们是一家常青基金。我们认为投公司就是投人,真正的好公司是有限的,真正有格局观、有胸怀又有执行力的创业者也是有限的,不如找最好的公司长期持有,帮助企业家把最好的能力发挥出来。

1949年出生于山东省青岛市。

1984年，出任濒临倒闭的青岛电冰箱总厂（海尔前身）厂长。

1988年，带领海尔获得中国电冰箱史上第一枚质量金牌，成为行业领头羊。

1991年，成立海尔集团并出任总裁，开始进军其他家电领域，成为国内家电行业的龙头老大。

1998年，登上哈佛大学讲坛，"海尔文化激活休克鱼"的理念被正式写进哈佛大学教材。

1999年，成立美国海尔公司，为海尔的"全球化"拉开序幕。

2012年，提出网络化战略，海尔开始向互联网转型，运用企业互联网思维，将企业和用户融为一体，致力于创造用户全流程最佳体验。

2014年，海尔集团全球营业额2007亿元。

海尔集团首席执行官

张瑞敏
海尔30年，再创业

勤恳、坚韧，他接下一个"烂摊子"后一力扭转颓势；大胆、创新，他锐意改革，破除一切有碍企业发展的阻滞；果断、自信，他带着海尔冲进国际市场，用实力让国产电器扬眉吐气；睿智、聪慧，系统的管理思路让他最终成为一代哲商。

将一家资不抵债、濒临倒闭的小工厂发展为如今全球家电的第一品牌，31年来，张瑞敏的生活一直和海尔紧紧地联系在一起。抓质量，改模式，那些年，在别人的困境里，张瑞敏带着海尔杀出一条生路。三十多年后，他带领"而立之年"的海尔再次起航，在互联网大环境下重新定位自己，再度寻找商机。

创业前奏曲

成才只争朝夕

1949年，张瑞敏出生在山东青岛一个普通工人家庭。童年时，他有着强烈的好奇心，课余喜欢参加各种兴趣小组，或是拆装收音机，或是搞发明。年纪稍长，他又对写作萌生了浓厚的兴趣，随后"文革"爆发，他不得不放弃自己的"记者梦"。

1968年，17岁的张瑞敏高中毕业，成为那个时代特有的"老三届"。他顶替父亲进入工厂，成为一名普通工人。

张瑞敏对自己的期待远不止于此。为了掌握一技之长，他报考夜大，白天上班，晚上去学习机械制造技术。虽然疲倦艰苦，但他甘之如饴，因为相信新知识一定可以发挥用途。学习期间，他经常用学到的理论进行革新实验，他经手的一系列技术改造项目也颇见成效，给濒临绝境的小厂带来转机。

创业进行时

不准随地大小便

1984 年，35 岁的张瑞敏被调到青岛电冰箱总厂，担任厂长。

面对这份"强加"给自己的"缘分"，他却一点儿也开心不起来。他至今还记得第一次进厂的情形：破旧的厂房连一块完整的玻璃都找不到，工人把窗框拆下来生火烤红薯吃。

除此之外，他还看到工人们早上 8 点钟上班，9 点钟走，10 点钟后"随便在大院里扔一个手榴弹也炸不死人"。

全厂亏损 147 万元，一年之内换了 4 任厂长。面对这个局面，张瑞敏决定留下来。说留容易，真正把工厂搞活却是件大工程。他决定从基本规则抓起，整顿员工风貌，于是制定出 13 条规章制度，第一条是"不准在车间随地大小便"。现在，很多人不理解这一条，但在当时是一件很严肃的事：在很多国营工厂里，随地大小便司空见惯。

转产冰箱

提振士气后，张瑞敏开始考虑工厂的未来。他首先决定退出洗衣机市场，转而生产电冰箱，并在上任一个月内就雷厉风行地把工厂更名为"青岛电冰箱总厂"。

同时，他利用之前积累的工作资源，联系到德国冰箱公司利勃海尔（Liebherr），弄清对方有意向输出制造技术和设备，便抓住机会，向青岛市和轻工部再三要求，最终引进了利勃海尔的技术，并让青岛电冰箱总厂成为轻工部的一个定点生产厂。

同期，他还为工厂制定了"名牌战略"，要求工厂要通过质量品牌做大。

砸出来"质量第一"

尽管一再强调质量，实际操作起来还是阻碍重重。

1985年，在一次突击库房检查中，张瑞敏发现库房中的400台电冰箱中有76台存在质量问题。有人劝他把这些"残次品"低价卖给员工，既减轻工厂损失，又算一种员工"福利"。他没有听从。在他眼中，员工没有质量意识才是企业最大的损失。于是召集员工，让生产责任人亲手用大锤将冰箱砸毁。当时，一台冰箱顶得上普通工人两年的工资，很多员工心疼得直掉眼泪。自此之后，冰箱质量有了明显改善，而质量意识的觉醒，也为海尔日后成功打下了坚实的基础。

1988年12月，在全国冰箱评比中，海尔冰箱以最高分获得国家质量金奖，由此成为中国电冰箱行业的领头羊。

1989年，在对原青岛电冰箱总厂改组的基础上，青岛海尔股份有限公司成立。

向外国人说"不"

海尔在国内生意越做越好，进军海外计划被提上日程。

1990年，海尔开始了国际化长征的第一步，首次将电冰箱出口德国，但是出师不利，德国海关和商品检验局都亮起红灯，8000台海尔冰箱就这样卡在了德国之外。但是，张瑞敏深信自己的产品质量，提出重新检验，不过这次是把德国本土生产的冰箱和海尔冰箱揭去商标后再进行检验。结果大出德国人意料，海尔冰箱获得的"+"甚至多于"师父"利勃海尔。海尔打了一个漂亮的翻身仗，当年出口德国2万台冰箱，打开了德国市场，正式进军欧洲家电市场。

不久，一家美国的巨型家电企业希望能与海尔合作，许下了天价报酬，想借由海尔打入大陆市场。但美国方面提出一个要求，那就是必须打美国企业的品牌进行销售，且美国公司必须控股。张瑞敏拒绝了这个要求。因为品牌与控股这两点也恰恰是张瑞敏与人合作的底线，尤其对方又是一家外国公司，所以张瑞敏果断回绝了。

张瑞敏的拒绝让这家美国企业大为光火，美国公司的代表气势汹汹地说："如果你不和我们合作，我们和别的中国公司合作，第一个要把你打倒！"张瑞敏反击道："我们现在唯一害怕的是自己！"

多元化与吃"休克鱼"

1991年12月，海尔集团成立，张瑞敏任总裁，制订了海尔第二个发展战略——多元化战略。

最初接手海尔时，他采取紧缩型措施，让企业集中力量办大事，把所有人力、物力、财力集中在冰箱研发和生产上。切入点很小，但凭借外国技术的引进、改良和对质量的坚持，海尔逐渐发展壮大，在冰箱领域游刃有余，拥有了进军其他领域的实力和资本。

1992年，张瑞敏提出"多元化战略"，借助兼并、收购、合资、合作等手段，开始从一种产品向多种产品扩张，逐渐由单一的冰箱产品发展到冰柜、空调等制冷家电领域，再由此扩大到微波炉、洗衣机等白色家电领域。

1997年，以生产数字彩电为标志，海尔进入黑色家电领域。

1998年，海尔又涉足国外称之为米色家电的计算机行业。

进行扩张时，张瑞敏坚持要用吃"休克鱼"的方式进行资本运营。所谓"休克鱼"，是指"鱼的肌体没有腐烂，比喻企业的硬件很好；而鱼处于休克状态，比喻企业的思想、观念有问题，导致企业停滞不前"。张瑞敏相信："这种企业一旦注入新的管理思想，有一套行之有效的管理办法，很快就能够被激活起来。"他开始兼并这类"休克鱼"企业，以无形资产盘活有形资产。这样既保证资本运营的成功率，又实现低成本扩张，达到短期内把海尔规模做大、做强的目的。

走出国门，与狼共舞

1998年，"海尔文化激活休克鱼"的理念被正式写进哈佛大学教材。

此时，海尔已成为国内家电业的龙头老大。在张瑞敏看来，海尔不仅是"中国的"，终将会变为"世界的"。

1998年，他开始推行国际化战略，"走出国门，与狼共舞"，开始在全球推广自己的产品、品牌和企业文化。

1999年，海尔美国贸易有限责任公司正式揭牌，为海尔"全球化"拉开序幕。如何做出有海尔特色的"全球化"？张瑞敏抛出一套"锦囊"。

首先是再造流程。在管理流程上，他改变中国企业传统的"金字塔式"管理方式，变为以订单和市场链为中心的扁平化结构，促进企业创新；在物流流程上，他进行"大换血"，将物流作为"第三利润源"，直接从国际化大公司采购，降低成本，提高产品的竞争力；同期引进世界上最先进的资源管理集成系统，创建海尔国际物流中心，为电子商务做好准备，也为提高产品国际化竞争力打下坚实基础。

其次是将结构网络化。海尔在全球主要经济区域相继搭建了贸易网络、设计网络、制造网络和营销网络。在技术上连通国内外高校，创立自己的研发中心，同时在美国硅谷、日本东京、法国里昂等发达国家和地区建起10个信息站、6个设计中心。在整合资源方面，与西门子、爱立信等国际跨国大公司建立联盟，实现资源共享。

站在宏观层次上，张瑞敏确立了"三分天下"的市场全球化战略布局，即"三个1/3"构想：国内生产国内销售1/3，国内生产国外销售1/3，国外生产国外销售1/3。他认为，"海尔应当注重于'国际化的思维，当地化的行动'"，即一个国际化的海尔应当是世界各地本土化海尔的集成。

以美国为例，海尔设计中心落户于洛杉矶，海尔美国贸易公司位于纽约，海尔生产中心位于南卡罗莱纳州——设计、生产、销售三位一体的经营格局能让海尔更好地了解美国市场，针对市场变化快速反应。所以，进入美国短短几年，就进入了世界最大的百货商店——MACY'S和零售业巨头沃尔玛，并占据美国市场相当的份额。

2005年，继"名牌战略"、"多元化战略"和"全球化战略"之后，海尔又提出"全球品牌化战略"，整合全球的研发、制造、营销资源，致力于创建全球化品牌。

互联网 + 海尔

打响"海尔"品牌，成为国内的"龙头老大"，成功进军国际市场，三十年来，海尔的成绩让人艳羡。然而，张瑞敏认为眼前的成功不是松懈的理由，作为企业的决策者，必须随时对市场形势保持敏感。

在海尔集团组织的一次干部培训班上，张瑞敏提出一个"脑筋急转弯"："如何才能让石头在水上漂起来？"员工们意见不一，有的说"把石头掏空",有的说"把石头放在木板上"。张瑞敏一一予以否决。此时,海尔集团副总喻子达突然说:"用速度。""《孙子兵法》上不是说:'激水之疾,至于漂石,势也。'这就是说,只要用强势,给予石头足够的速度,它就能在水上漂起来。"张瑞敏解释道。

自然如此,商场亦然。不论一个企业多强大,要想顺利发展,都要注重速度,顺势而行。这一点,在发展迅猛的互联网业体现得尤为明显。2012年,张瑞敏根据互联网时代的特点提出第五个发展阶段战略主题——网络化战略。

互联网技术的突飞猛进,渠道的变化压缩了利润空间,总体而言,在核心技术方面海尔也缺乏持续的创新力。要想在这个时代继续生存下去,那就必须要有巨大的变革。

2013年起,海尔连续两年裁员,同时启动了鼓励员工内部创业的小微公司模式,喊出"人人都是创客"的口号。所谓创客,就是自主创业者。在员工向"创业者"转变过程中,整个企业也从管控型组织变成投资平台,整个组织要从原来的传统组织变成互联网组织。

2014年,海尔集团将战略推进主题定为"企业平台化、员工创客化、用户个性化":企业平台化与企业的互联网思维相对应,达到企业无边界;员工创客化与员工的价值体现相对应,鼓励员工成为自主创业创新者;用户个性化则与企业的互联网宗旨相对应,致力于创造用户全流程最佳体验。

2015年,张瑞敏将海尔的发展主题定为"引爆、引领"。"引爆是质的突破,而非对原结构的修补。引爆的目标是引领,即实现从0到1,而非原有的从1到N。引爆创造的是用户流量,而非无法交互的顾客销量。"张瑞敏说。

在张瑞敏看来,企业在互联网时代要改变心态,并不是"我做什么、怎么让顾客来了解和接受"。互联网最重要的是零距离、去中心化、分布式,只有企业和用户融为一体,才能满足用户的最佳体验。"自主创业主要是两点:第一,从集团的角度,把管控组织变成投资平台之后,决策权、分配权、用人权'三权'要彻底让渡。一个企业如果有了这三项权力,就一定是一个独立的企业。第二点,从员工的角度,要自我突破,每个人都是独一无二的,都有不可限量的潜力。"张瑞敏说。

"海尔这种探索到底行不行,我们也不敢肯定。"这往往是张瑞敏面对媒体的第一句话。30年前,还是国营企业厂长的他砸了76台质量不合格的冰箱，带着一股狠劲儿，杀出一条生路。如今，他则宣称要砸掉企业本身，让海尔化身千万创客，以一种全新模式进入下一个发展阶段。

每一次探索，都是一次冒险，正因敢于涉险，才造就海尔一次次的创新、一次次的成功。31年之后再起航，这一次，摆在海尔面前的不是打败别人，而是超越自己。

·大佬创业谈·

我感觉，所有的百年老店都是"自杀"重生的结果。不少百年老店可能"自杀"过很多次，现在干的产业和原来干过的产业很可能完全风马牛不相及。因此，要想富有成效、基业长青，就得跟上时代的发展。百年老店之所以很难做得到，很重要的一个原因就是要不断地战胜自己。这有点像约瑟夫·熊彼特所说的企业家精神——"创造性破坏"，就是要创造性地破坏曾经的产品、产业，尤其是自己的产品和产业。这就要求我们自以为非，而绝不能自以为是。自以为非，有可能找到新的机会；如果自以为是，百年老店就不可能存在。要么是破坏自我，要么被破坏，没有其他的出路。

360公司创始人、董事长兼CEO

周鸿祎
拿出挑战巨头的勇气

周鸿祎,这位长相圆润的奇虎360掌舵人,留给公众的印象却是"刺猬",马云、马化腾、李彦宏他都"招惹"过。对于既定的格局和规则,他是个不讨人喜欢的"破坏者";对于用户来说,他又是如此"可爱"。周鸿祎这个颠覆者带着对一切现有的"挑刺",一次次地刷新人们的认知。

创业前奏曲

创业"拿来主义"

1970年,周鸿祎出生在湖北黄冈,父母均为测绘工程技术人员。后来,他随父母迁居河南郑州。

初中时,周鸿祎就表现出在理科方面的天分,多次获得全国物理、数学竞赛奖项。在那一代人里,他算是较早接触计算机的,主要受益于父母的工作,但他"那时不懂什么编程,就是觉得好玩"。

1988年,周鸿祎考入西安交通大学电信学院计算机系,开始"正统"的计算机学习。

1992年,他大学毕业被保送到管理学院系统工程系攻读研究生。

读研期间,周鸿祎挖掘到第一次商机——平面创

1970年出生于湖北黄冈。
1998年,创建北京三七二一科技有限公司。
2006年,投资奇虎360科技有限公司,并出任董事长。通过免费的商业模式颠覆了传统互联网安全概念。目前,奇虎360已成长为国内最大的互联网安全服务提供商。
2008年,奇虎360推出360杀毒并宣布永久免费,进一步完善了"免费安全"服务。
2011年,带领奇虎360在美国纽交所上市。
2015年,荣获"2014中国互联网年度人物"。

意系统。

那时广告公司还停留在底片、剪刀和胶水的水平，电脑基本谈不上。1994年，一家叫山脉的公司推出一套平面创意系统，它替代之前广告公司的"纯手工"作业，将照片编辑、广告制作、版面设计等复杂程序都通过电脑来完成。

这时，一位广告公司的朋友找上周鸿祎，希望他能做一套这样的系统。一语惊醒梦中人，周鸿祎从中看到新技术对传统广告行业的颠覆，也从中看到机会。

"知己知彼才能百战不殆。"为了摸清山脉的"底细"，周鸿祎玩了一把"深入虎穴"，冒充广告公司从业者去山脉谈业务。一番"洽谈"后，他摸清山脉原来是拿来主义，只是将CorelDraw、Photoshop软件进行了汉化。

这个消息让他很振奋，"如果他们能汉化，我同样也可以"。1994年，国内对知识产权还没有足够重视，汉化国外软件在当时也是潮流。周鸿祎便着手开始第一次创业。

他做的第一件事就是想把"队伍"拉起来，找来同学王航、冀凯和石晓虹，组建四个人的小团队。再从同学手中买来最重要的资源——字库。周鸿祎与团队便开始废寝忘食地工作了。

他的动作引起山脉公司的注意，既然知道了自然不能任其发展。考虑到团队在西安没什么根基，周鸿祎决定转战自己生活多年的郑州，回郑州注册成立郑州信息软件公司，做平面创意系统业务。

理想与现实总处于错位的状态。公司办起来，却没有按照预想的那样发展，内部"裂土分疆"，外部铁板一块，软件卖不出去。他们的信心被打磨得越来越薄。产品没问题，市场也有需求，为什么对接不起来呢？周鸿祎百思不得其解。

1995年，创业受挫的他回学校去拿硕士学位。7月份毕业时，他没有选择再创业，而是进入方正集团。他说："创业受挫让我明白自己欠缺的东西很多。我决定先进大公司，从最基础的东西学起。"

周鸿祎在方正工作了3年，从程序员到研发中心副主任，步步高升，顺顺当当。1997年，他组织开发了方正飞扬电子邮件，这是中国第一款具有自主知识产权的互联网软件。

创业进行时

"3721"一鸣惊人

1998年,周鸿祎从快速发展的互联网浪潮中看到新的商机——互联网的网址是英文的,给中国网民带来极大不便,而且网速迟缓,用户体验相当差。他抓住这一点,决定再次创业。

1998年10月,周鸿祎注册国风因特软件公司,网站为3721,取"不管三七二十一"之意,昭示着这是一个不按规则出牌的人,或者说他就是来颠覆传统与规则的。3721在英文网址体系下构筑了中文寻址系统,"让中国人用母语上网",这可以算得上是"网络实名"的前身。

3721抓住用户痛点,准确的市场合作与推广的推波助澜让它很快地以插件形式安装到用户的电脑里。

2000年,超过90%的中国用户安装了3721中文上网插件。

2002年,3721的营收达到2亿,毛利润为6000万,俨然是中国互联网领域升起的新星。

3721的快速发展引起各路人马的关注,中国互联网络信息中心(CNNIC)想收编它。周鸿祎也有心被收编,奈何CNNIC开得条件太苛刻:3721要交出技术、注册系统、源代码,营运费却要自己负担,周鸿祎只能获得5年的特许经营权。如此苛刻的条件,他当然不接受,双方最终没合作。

收编不成,CNNIC决定"自己动手丰衣足食",凭借优势地位推出通用网址标准,意图代替3721的中文寻址系统。为了防止CNNIC在用户电脑中卸载3721的插件,周鸿祎将卸载程序写得极其复杂。他的应对措施给用户带来了困扰,这类怎么都删不掉的插件,有一个统一名称叫"流氓插件",而周鸿祎的杰作很不幸地被封为"流氓软件"。虽然他一直对这个称呼耿耿于怀,但也是个拿得起放得下的人,"确实给用户造成很不好的印象,干过的事我认账"。

短暂牵手雅虎

2003年,创立3年的百度发展势头迅猛,成为3721的主要竞争对手,并取代3721坐上搜索引擎的头把交椅。

百度的强劲势头让周鸿祎也颇为头痛,正在此时,雅虎向周鸿祎示好,开出为其提供与谷歌相匹敌的搜索技术的优惠条件,希望与他合作。

2003年11月,雅虎出资1.2亿美元购买了香港3721的股权。

2004年,周鸿祎走马上任雅虎中国总裁。他在雅虎的一年多时间可谓"战功卓著":先是在搜索引擎第一战中力克百度,依靠"中国最大的娱乐音乐搜索"的市场定位让"一搜"在MP3市场中拔得头筹;之后,又凭借"1G免费邮箱"业务让雅虎邮箱从第六位更上一层楼,坐上第二把交椅;此外,他还联合联众、携程等十多家专业网站成立电邮联盟,重创当时的行业老大网易。

2005年,周鸿祎因在资金使用与管理理念方面的矛盾从雅虎中国离职,此后做起天使投资人,投资的互联网产品有迅雷、酷狗等。

奇虎360横空出世

2006年,不甘寂寞的周鸿祎再次回归互联网行业第一线,奇虎360横空出世,主打互联网安全,推出的第一款软件就是360安全卫士,其"卖点"就是卸载流氓软件。360安全卫士面世两个月,平均每天卸载恶评软件100万次,其中60%以上卸载的是雅虎上网助手。

雅虎上网助手的前身就是3721,周鸿祎这是在亲手毁掉自己建立和培养起来的成果。虽然很痛,但必须这样做,他要用对一切流氓软件不留情的态度和行为为自己"正名"。当时,雅虎的主政人已是马云,这也是周鸿祎与马云那场互联网口水战的起因。

周鸿祎在推出360安全卫士时就大打公益牌,推出一年,360安全卫士的装机量就达到4000万。随着技术精进,360安全卫士的功能也越来越强大,垃圾清理、系统恢复、安全下载、查杀木马等功能的加持让其装机量日渐增大。与此同期,周鸿祎也开始谋划新的事情。

2008年,奇虎360推出免费的360杀毒软件。

免费杀毒让用户为之欢呼,同行却咬牙切齿。周鸿祎天生是个不受规则束缚的人,他的颠覆将自己推向传统杀毒软件厂商的对立面,成了众矢之的。周鸿祎却不以为然:"我做任何事的底线,就看这件事对用户是不是有价值?对吧?我觉得其他都无所谓,就其他公司怎么看我,我根本就不太在乎,事实证明了就是,这件事是用户非常受欢迎,所以我们推出免费杀毒,大概几个月用户就过亿了,后来很快就把整个市场给拿下来了。"

2009 年，360 免费杀毒将占据反病毒市场宝座的瑞星拉下了马。

2010 年，360 免费杀毒用户过亿，互联网安全行业的格局被打破、颠覆。

2011 年，瑞星彻底败下阵来，其旗下个人安全产品全部免费。

再次创业瞄准手机

在用户习惯从 PC 转向移动端的现今，周鸿祎除将 360 的产品延伸到移动端之外，还涉足移动端产品研发。对于这个喜欢挑战和颠覆的人来说，奇酷手机是他新的冒险点。

2015 年，360 发布了奇酷青春版、奇酷旗舰版、奇酷尊享版三款手机，配置由低到高，价位与配置呈正相关。这三款产品，目标客户也非常有针对性，奇酷青春版目标客户是学生族，配置够用，价位也在可以接受的范围内；奇酷旗舰版与尊享版配置和价位相较要高些，适合城市里奔忙奋斗的上班族。

周鸿祎认为目前国产手机还处在向苹果学习的阶段，而奇酷的突破点有二：一是安全，360 由此起家，在这方面更有优势；二是个性化需求，如拍照等。

总而言之，他对自己的奇酷手机信心满满，效果如何还有待时间的最后评判。

一路观来，周鸿祎似个天生长着反骨、不愿受束缚的商人。对于他来说，传统、规则存在的唯一理由就是被推翻和颠覆。不怕失败、被同行称为"搅局者"的他说："把大公司推翻是我最喜欢干的事。"对于成功，他有着自己的标准："我从来不是以挣钱为目标，从来不担心我会找不到一份好工作。我甚至不担心我的聪明，哪怕去给人攒电脑、卖电脑、倒买倒卖电脑，我觉得我都能赚钱。所以我的成功标准是，总希望做出一些有意思的产品，这个产品做不成，没关系，我可以再做下一个，我永远会有机会。所以，我从来不觉得自己会败得很惨。"

· **大佬创业谈** ·

创意不重要，重要的是团队和执行力和经验，这个团队的履历非常重要。会不会很自负，会不会有学习能力，碰到一个人什么都没干过，眼高手低，谁都看不上，新浪、搜狐看不上，QQ也能超过，你拿什么证明你能超过他们，要拿出你的方案。创业公司还不应该把话说得太大，踏踏实实找一个领域，解决一个问题。

赛伯乐投资有限公司创始人兼董事长

朱敏
人生应当慢慢成功

"人生还是慢慢成功才好",朱敏说。他当过农民、建筑工、大学生、留学生、创业者、投资人,这些风格各异、千差万别的标签都是他人生经历的浓缩,每一个标签后面都是一段不可替代的体验。在他看来,成功理应是一个循序渐进、漫长的过程,其间经历不同的事物、感受不同的生活层面,是人生不可或缺的体验。他不急不躁,安稳地、缓慢地走过岁月,不急不躁地走向成功。

创业前奏曲

插队做了厂长

1948年,朱敏生于浙江宁波,高中毕业时恰逢"文化大革命",到宁波郊区插队做了知青,一待就是7年。"这7年,我什么活都干过,什么苦都吃过,练就了一身好体魄;这7年让我知道人不能忘本,让我懂得去尊重任何一个普通人;这7年,让我知道什么叫一分钱掰成两半用,培养了今后运营公司的执行力;这7年,让我享受了人生中最长的一次度假,从那以后,我几乎没休息过一天。"

20世纪70年代,宁波乡村中出现了社队企业,朱敏插队的村里也建起一个小五金厂,主营零件加工。

1948年出生于浙江宁波。
1984年,赴美国斯坦福大学读博士。
1991年,在硅谷创建Future labs公司,后以1300万美元价格出售。
1997年,创立Webex公司(网讯),其技术被IT分析家称为"彻底改变了通讯观念"。
2000年,Webex登陆纳斯达克;2003年市值达十几亿美元,被福布斯评为五年中成长最快的25家IT公司之一;2007年被思科以32亿美元收购。
2006年,与NEA合资成立赛伯乐(中国)创业投资管理有限公司,所投资公司中已上市公司的总资产超过1000亿美元。

朱敏因头脑灵光，被大家推举做了厂长。

朱厂长一上任就遇到一个难题——原材料匮乏，特别是铜。多方打听之后，他听说甘肃白银有中国最大的铜矿，便马不停蹄地赶去采购。赶路虽急，到地方之后，他却没有急着跟对方谈生意，倒是拉起家常。对方的党委书记是上海人，闲谈中他获得一个重要信息：当地缺鱼，吃不上鱼。他灵机一动跟党委书记谈妥以鱼换铜，考虑工厂等着开工，还建议对方周日加班，用加班生产的铜换鱼。这样既解决了自己的燃眉之急，又不影响地方的生产计划，符合我们今天大力倡导的"双赢"。

原材料解决后，朱敏又找来图纸，自学着做了些简单设计，把工厂扶上马开工了。这项"业余"职务的工作成效非常显著，3年后，工厂盈利达到20万！

工厂办起来，发展得也不错，这时，朱敏却选择了回城。

差点做了房地产商

1976年，朱敏的儿子到了上学年纪，为了让儿子接受好的教育，他毅然辞掉工厂技术厂长的职务，带着全家回了宁波。

回到宁波，家庭经济要从"一穷二白"起步。为了解决住的问题，朱敏在中山公园后面找了套旧房子。房主是位老人，自己也有房子住。权衡之后，朱敏决定把房子买下来，经过不懈"游说"，老人以450元把房子卖给他。买下房子后，朱敏并不马上搬家，而是拆掉房子，把拆下来的木头椽子以100元的价格卖给当地农民。接着，他从朋友那里借了500元，在原先的地基上改建了两间房，一间自住，一间以500元的价格卖出去，还清了欠款。

以老房子的价格住着新房子，这一招让朱敏的商业天赋发挥得淋漓尽致。如果照此发展下去，他说不定会成为一个成功的房地产商呢。

曲折学习路

一则意外的消息传来，终结了朱敏尚未成型的房地产商梦。

1977年，恢复高考了，朱敏兴奋不已。29岁的他重拾课本，一鼓作气考取了浙江农业大学。

大学毕业后，他被分配到宁波冰箱厂。因为大学学的是拖拉机设计与制造专业，在冰箱厂并无用武之地。朱敏决定再回校园，次年考取了浙江大学管理系的研究生。

1984 年，朱敏研究生毕业，36 岁的他毅然踏上出国留学的道路，成为"文革"后第一批公派出国的留学生，进入斯坦福大学攻读工程经济系统专业。

斯坦福生存课

进入斯坦福大学后，朱敏的经济状况捉襟见肘。他每个月的补助是 300 美元，房租却是每个月 350 美元。家人随后也会跟着到美国，怎么办呢？无奈之下，朱敏"重操就业"，开始"倒腾"房子。"我在外面找了一个管理公寓的活儿，房东有 16 套公寓，作为报偿，他提供给我一套免费的公寓居住，而我负责给他管理另外的 15 套。"

住的问题解决了，但他和家人还是需要打工以维持吃穿用度。

进入斯坦福的当年夏天，朱敏在教学楼走廊里看到了一则招聘信息：IBM 急聘高级电脑工程师。机会虽好，他却只能放弃，因为不懂这个领域。意外的是，3 个月后他发现那则招聘启事还在，犹豫之后决定去试试。这是他与 IT 结缘的开始：没有电脑基础，凭着自学和拼劲，竟真地完成了 IBM 的研究课题！

这次偶然的经历为朱敏此后的事业铺就了垫脚石。"因为我出身斯坦福，所以 IBM 以为我懂计算机就接纳了我；而后来，因为我来自 IBM，所以人们又相信我一定懂计算机，这样就使得我有机会进入这个本来陌生的行业。"

创业进行时

灵光乍现

在美国，朱敏曾在一家小公司做顾问，后来这家小公司被一家行业垄断的大公司收购。后来，他又不断看到有人跳槽出去，做些小公司，然后被大公司并购。这也是一种企业生命轮回的方式。朱敏心思一转："我也做一个公司卖掉，不是很好嘛？"

有了这个想法，他开始着手创业，最初选中的切入点是做一套可以提高 ERP（Enterprise Resource Planning，简称 ERP，企业资源计划）报表打印效率的软件。想法很不错，后来他却因为没有融到资金而最终告吹。

合伙人很重要

一次偶然机会，朱敏在参与创办一家做工业系统控制软件的公司时，遇到了最初的创业搭档——一位新加坡人，曾是惠普驻远东地区的高管。

朱敏的创业想法是做企业级的网络互动，提高商业社区内的实时共享和协作，他称之为"白领工人的流水线"。他先在家里做试验，做了一个小局域网，让两台电脑来共同修改一个圆，即"多点式资料协同处理软件"。样本成功后，朱敏就想到这位新加坡人，最后他们找到合伙人，拉到 6 万美元，朱敏也出了少量资金，开始创业。

1991 年，Future labs 成立了，之后朱敏去参加行业内展销会，却发现 IBM 正在推广同类产品。朱敏有些慌乱：跟 IBM 拼，这不是拿鸡蛋撞石头？自己能存活下来的几率太低了。

意外的是展销会结束之后，竟有投资人主动联系朱敏，答应给他们 100 万美元资金。合作达成后，却听说英特尔也决定投入 1 亿美元，研发同类产品。100 万 VS 1 亿，实在没有什么胜算！这时候，朱敏的合伙人决定铤而走险，将 100 万美元全部投入广告宣传当中。半年之后，100 万花光了，产品依然没有打开市场。接下来的 3 年显得格外漫长和痛苦，朱敏只能靠零星地融资来勉强维持公司的运营。

亲历了一遍在美国做企业的各个环节后，朱敏开始反思：自己是否选错了搭档？新加坡合伙人虽然在惠普有多年积累的经验，但都是在亚太地区，并不适用于美国市场。虽然与合伙人在交流和文化上没有障碍，但是 VC 们更欢迎异国异族、多元化的创业团队。

这次创业带给朱敏的不只有这些反思。后来有潜在买家对 Future labs 感兴趣，1996 年，朱敏将 Future labs 以 1300 万美元卖给 Quarterdeck 公司。也是在这次被收购的过程中，朱敏结识了后来的事业合伙人——Quarterdeck 公司的主管 Subrah Iyar。

IC= 印度（India）与中国（China）

Quarterdeck 公司收购 Future labs 后，还没来得及整合，自己的主打产品便被微软击溃。朱敏与 Subrah Iyar 抓住时机，用 200 多万美元回购了 Future labs 的知识产权，创建起网讯的前身 Silver。

1997 年，朱敏和 Subrah Iyar 正式投入已更名为 WebEx（网讯）的公司，开始了创业旅程。

新公司最大的问题还是缺钱。

1998 年，WebEx 迎来第一位投资人——Jan Baan，这位 ERP 软件的先驱者投了 700 万美元。有了这笔资金，WebEx 市场销售力量倍增，并开始转型。

WebEx 从一个软件企业转型为电信服务企业，然后又转变成电信服务软件整合企业，一直进行着调整。

1999 年，朱敏在思考 WebEx 的未来发展时，设计了两条路：一是把公司卖个高价；二是上市。慢慢地后一种想法占据了上风。

2000 年，WebEx 开始筹划上市，7 月份登陆纳斯达克，发行价每股 14 美元，开盘第一天收于 38 美元。这份良好战果让员工们大舒了一口气，不久后危机随之发生：互联网泡沫破灭，纳斯达克股市崩盘，WebEx 的股价一度跌至每股 5 美元。

行业不景气，WebEx 单是每季度亏损就达到 2000 万美元，接下来的四个季度如果再不盈利，将面临破产结局。"那时最大的任务就是证明倒闭不可能发生，危险不在外面，而在里面。关键时刻员工是很难说服的，当时已有老员工把手里的股票抛了，如果股票跌到 5 美元之下，核心员工就可能离开公司，那才是真正的无计可施。"

"此诚危急存亡之秋也。"WebEx 首位投资人 Jan Baan 再次登场，力挽狂澜，他在公开场合积极表示对 WebEx 的乐观和信心。他的表态给了投资人信心，几家投行迅速跟进，2000 万美元很快到位，WebEx 渡过难关。

渡过难关后，WebEx 发展迅速。

此时，朱敏却觉得自己在美国的一切似乎将成为过去，他想回到中国。他决定彻底从 WebEx 脱身，在与 Subrah Iyar 商量后，认为出售是对 WebEx 最好的选择。

2007 年 3 月 14 日，WebEx 被思科以 32 亿美元收购，收购合约价为每股 57 美元，较当天 WebEx 的收盘价 46.2 美元高出了 23%。

做 VC，培育中国企业

在出售 WebEx 之前，朱敏已经开始在国内做天使投资。2002 年，他在杭州浙江大学附近设立了"Min's Lab"平台。出于帮助中国软件企业走向国际市场的美好愿望，他还做了几年国内一家软件园区的股东。朱敏说："我投资的概念是培育一代完全不同的中国企业。"不幸的是，由于商业模式不够成熟，他在软件园区的投资上成了一个真正意义的"天使"——几百万美元打了水漂。

当然，并非所有的投资都变成"天使"。回国后，他凭着直觉，试探性地投资了几家企业，包括为移动用户提供"空中充值"服务的连连科技和母婴用品销售商"红孩子"。

朱敏认为："中国正在由以制造业为主的国家慢慢转化为以服务业为主的国家，蓝领经济会变为白领经济，这个过程中基于高科技的现代服务业将进入春天。"

2006 年，他与美国 NEA 各出资 50%，成立赛伯乐（中国）创业投资管理有限公司。此后，他没有急着寻找投资项目，而是花很多精力帮助 NEA 的同事们理解中国。NEA 惊叹于中国巨大的市场潜力和大量生机勃勃的成长型企业，但朱敏一再提醒同事要冷静，要认识到中国的市场环境与美国差别很大，可能导致企业的市场表现与预期有很大出入。

在美国，NEA 主要投资技术公司。朱敏认为："在中国投资高科技企业，不但有技术上的风险，还有团队上的风险，比技术风险大很多。"他认为中国最大的机会在消费服务领域，尤其是基于互联网和无线的消费服务。赛伯乐的投资主要基于互联网 IT 技术下的现代服务业（eService），已经在中国直接投资和关联投资几十家企业和创业家，包括猪八戒网等，其中有的已经成功赴美上市或者即将上市。如今，在"互联网+"大潮下，朱敏谈到未来将主要着眼于产业链投资，涉及跨境电商、农村电商、智慧城市、工业设计、3D 打印、智能制造、能源互联网等领域。

朱敏是一个激情迸发、热情洋溢的人。很多时候，他给人的感觉不是风险投资，而是仁义。源于此，他常会做一些"即兴"投资。有一次在杭州一家小饭店吃饭的时候，与年轻的店老板交谈几句后，朱敏觉得他很有想法，决定给他注资。一年之后，这家年营业额不过十几万的小店规模扩大了几十倍，年利润达到上百万元。

从田间地头到硅谷英雄，朱敏的人生就是一个传奇。如今转变为投资人的他，依然充满热情地进行自己的另一种创业，"希望自己孵化的企业能够上市，也希望以后每年都能孵化出上市企业，在中国做出比美国更精彩的企业"，这就是朱敏作为一个投资人单纯却热切的愿望。

· **大佬创业谈** ·

> 硅谷创业精神非常强。这种创业精神我认为有两个特点：一个有伟大的理想，每个伟大的创业都有一个梦想，这个梦想驱动了非常多优秀人才加入团队共同来做好。第二个东西实际上是我认为很重要的共享文化，共享文化里面就是说打土豪分田地，前面有地在那边，我们一起打下来分了。

1945年出生于浙江杭州。

1987年，承包杭州市上城区校办企业经销部，以代销汽水棒冰及文具纸张起家，开启创业之旅。此时宗庆后已42岁，当时最小的一笔生意仅赚一块钱。

1989年，成立杭州娃哈哈营养食品厂，两年后娃哈哈食品集团公司正式成立。目前娃哈哈在销售收入、利润等方面已经连续11年位居我国饮料行业首位，是全球排名第五的食品饮料生产企业。

2010年、2012年、2013年，宗庆后三次问鼎《福布斯》富豪排行榜。2013年，宗庆后的个人身家为820亿。

杭州娃哈哈集团有限公司董事长

宗庆后
奋斗的人生不分早晚

"娃哈哈"，这萌萌哒的三个字引起了多少人幸福快乐的童年回忆，从最初的娃哈哈到现在的爽歪歪，相信大家都能不由自主地哼出它们"洗脑式"的音乐。这些被我们熟悉得几乎视而不见的产品，打造出娃哈哈这个庞大的饮料王国，"一把手"宗庆后也三次位居中国福布斯内地富豪榜首位，而他42岁才开始的创业史，更是一个传奇。

创业前奏曲

困苦生活的磨砺

1945年，宗庆后出生名门，其祖父曾是张作霖手下的财政部长，父亲曾在国民政府任职。解放后，父亲失去在宿迁的工作，带全家人在宗庆后4岁时迁回祖籍浙江杭州。从宗庆后记事儿起，家境就一直比较窘困，全家七口人的花费都靠母亲的工资度日。迁回杭州后，母亲在杭州找了一份小学教师的工作。

1963年，宗庆后初中毕业，被下放到农场，主要工作是挖盐、晒盐、挑盐。不久后，宗庆后又被转调到绍兴的茶场，种茶、割稻、烧窑又成为他的主要工作。

宗庆后在农村待了15年。他后来回忆起这15年的时光说："这15年的艰苦生活，磨炼了我的斗志。能吃得起苦，同时也练就了比较好的身体。为我 42 岁以后创业，打下了比较雄厚的基础。"

当时的农村，精神生活比较匮乏，唯一能接触到的书是《毛泽东选集》，而读"毛选"则是宗庆后用来逃避那段灰色生活的途径。这段读书经历无疑也给他带来深刻的影响，他曾说："毛泽东在革命时期的有些思想（现在）还是管用的。"后来，他在应对与达能的纠纷时所表现出来的行为方式、口号、措辞等，无一不体现出这段读书时光的烙印。

1978 年，宗庆后顶替退休的母亲进入工农校办纸箱厂做了一名推销员。此时他已经 33 岁，迈入而立之年，却还没有表现出一点儿会飞黄腾达的可能性。在此后将近十年中，他尝试了推销员、拉三轮车等一些最底层、最艰苦的工作。可能就是源于这段艰苦的工作经历，宗庆后对工作、员工和企业有着比别人更深刻的认识，对员工有着更深切的感情，这也是他能够成功的重要因素之一。

创业进行时

"喝了娃哈哈，吃饭就是香"

20 世纪 80 年代的中国是一个充满着渴望与激情的时代，当时的东部沿海正被下海经商的浪潮裹挟，很多人的创业欲望蠢蠢欲动。当今叱咤中国商业舞台的很多举足轻重的人物都是那时候成长起来的。

宗庆后也顺应了这个大势，1987 年，42 岁的他承包了杭州市上城区校办企业经销部。靠着借来的 14 万元，宗庆后与两名退休的老教师开始了创业历程。虽说是创业，也只是代销汽水、冰棒、文具纸张等用品，一分一厘地积累而已。可能此时的宗庆后也并没有预想到自己会在将来建立庞大的娃哈哈帝国。

1988 年，经销部经营了一年之后，宗庆后开始帮别人加工口服液。那个年代，各种口服液开始兴起。看到商机的宗庆后邀请浙江大学的专家开发了一款口服液，功效是帮助消化，这就是娃哈哈的起点。

1989 年，宗庆后成立杭州娃哈哈营养食品厂，开发生产儿童口服液。当时的口服液行业发展非常迅速，宗庆后独辟蹊径地选择了儿童营养口服液作为切入点。后来，他回顾道："娃哈哈做营养液的时候，全国有 38 家企业生产营养液,但我发现了一个市场空白点,就是儿童营养液,因此我选择了'促进儿童食欲'作为进入点。"精准、不贪心的市场定位可能是娃哈哈可以发展起来的重要原因。如果没有这样的定位而是在市场上与各家厮杀,能否走出来还真是个未知数,毕竟从那时候的厮杀中存活下来的企业并不多。

1990年,那句让80后记忆犹新的广告词"喝了娃哈哈,吃饭就是香"已经飘荡在街头巷尾,这一年娃哈哈也迈上一个新台阶,产值过亿,完成了初步积累。

娃哈哈儿童营养液的成功极大激励了宗庆后,也让他尝到了甜头。当时,国内饮料市场的新宠是果奶。娃哈哈审时度势地实时跟进,推出六种不同口味的果奶,封装销售,满足消费者品尝多种口味的好奇心和新鲜感,再一次成功占领市场。

1996年,宗庆后看准纯净水市场,引进美国先进技术与设备生产瓶装纯净水。娃哈哈纯净水一经推上市场,就收到良好的反馈,有的经济学家认为,这是宗庆后商业帝国最重要的一块砖。

2005年,娃哈哈自主研发的饮料营养快线投入市场。上市第一年即实现近8亿元的销售收入,第二年更是增长到26亿元。在此之后,娃哈哈推出的其他饮料产品,如咖啡可乐、思慕C、爽歪歪等都取得了很好的市场反响。

从起步的儿童营养液,到后期哇哈哈不断自主研发的新产品,娃哈哈一步一步打造起自己的水世界。现在每次宗庆后出差国外,都要带回十几箱饮料,让研发人员和工人试喝,分析其优劣,考虑能否借鉴改进。

并购:小鱼吃大鱼

1991年,供不应求的娃哈哈营养液使宗庆后迫切感到扩大市场规模的需要,宗庆后兼并了亏损的杭州罐头食品厂,当时杭州罐头食品厂已有2000多名员工,而娃哈哈仅有140名员工,几百平米的生产场地。这个"小鱼吃大鱼"的"百日兼并"一时引起了轰动,同时在中国改革开放的历史上留下浓墨重彩的一笔。兼并大大促进了娃哈哈的发展,当年娃哈哈的企业产值首次突破亿元大关。

1994年,为响应中央的号召,安置三峡库区移民,宗庆后力排众议,兼并了涪陵地区被淹的3家特困企业,第一次成立了娃哈哈省外分公司,即涪陵公司。对于宗庆后的这一决定,公司几乎全员反对,宗庆后却坚持己见,他认为饮料产品售价不高,运输成本却很高。如果能实现就地生产和销售,则可以节省运输成本,从而降低生产成本。当时,对于接受三峡库区移民的单位,国家政策是按人头发给移民经费补贴,宗庆后却将这笔钱拿出来用在工厂技术改造上,创造性地提出"移民经费总承包"的概念,并承诺涪陵分公司完不成的经济指标由总公司补齐。出人意料的是,涪陵分公司当年不仅完成了指标,还跻身当地纳税大户前三。宗庆后此举可谓双赢,既响应了国家号召,又开启了娃哈哈"西进北上"的战略。

对娃哈哈来说,并购成为异地扩张的主要方式,2002 年,娃哈哈已经在浙江以外的 22 个省市建立了 30 个生产基地。在一系列的并购措施下,娃哈哈逐步扩张,不断发展壮大,最终形成今天庞大的商业帝国。

"霸王"与"大家长"

在管理上,宗庆后认可毛泽东的管理理念,被商业记者称为"霸王",在娃哈哈推行"家文化"与"强势开明"并重。"家文化"即"凝聚小家、发展大家、报效国家"。"小家"即是每一个员工,"大家"是企业,"国家"则是国家和社会。娃哈哈认为:"团结和凝聚每位员工的力量是企业发展的前提,员工队伍非常重要,只有把员工的力量凝聚起来,企业才能发展。发展是企业第一位的、最重要的工作。凝聚小家的根本目的就是为了更好地发展企业这个'大家'。报效国家即一个企业的社会责任感。"[1]

"强势开明"的关键是恩威并施,宗庆后说:"做企业如果不强势,没人听你的话,那肯定不行;反过来如果你太专制,人家也不干。所以一方面要严格管理,令行禁止;同时也要考虑员工的利益,企业发展的收益要与员工共享,员工的生活水平要提高,做事要公正公开,再加上一些教育,人家才会服你、怕你但不恨你。我从来不会骂人的,也不会辞退人,我的员工流动性很低。只有竞争上不了岗、觉得没面子自己辞职走的,走出去也不会说我什么坏话。你看这么多年了,我的员工对我都很忠诚。"[2]

作为娃哈哈的"大家长",宗庆后尽职尽责地守护着每一位"家庭成

---

[1] 娃哈哈官方主页:http://www.wahaha.com.cn/socialResp/family.htm.2015.07.23。

[2] "霸王"宗庆后,凤凰网,2012 年 10 月 20 日,http://finance.ifeng.com/news/people/20101220/3086686.shtml。

员"，在与达能联姻时，他提出的约法四章的后两条——"第三，退休职工待遇不变；第四，45岁以上职工不许辞退"，就很能体现宗庆后这位"大家长"的责任与担当。娃哈哈也看重员工的成长，不仅为员工提供多达200门的培训课程，还会为员工提供出国培训、专业技术培训、持证上岗培训等机会，提升员工的岗位技能。目前，娃哈哈员工的培训覆盖率已达100%。除了在工作上为员工提供各种便利之外，娃哈哈还很关心员工的生活和家庭，为员工在住房、子女入学等问题上提供帮助，为员工解除后顾之忧。

蜘蛛网一般的"联销体"

2006年，娃哈哈成长为中国饮料行业中最具发展潜力的企业，产销量、销售收入、利税、利润等各项指标连续9年在同行业中稳居首位。宗庆后在回答"首富炼成三大要素"时说："没有三条，只有一条——渠道，也就是我们娃哈哈的联销体。"联销体即宗庆后身兼董事长与总经理，其下是总经理办公室，直接对各相关职能部门与分公司进行管理。娃哈哈销售网络中的省级经理、一级批发商以及生产网络中的分厂厂长都直接向宗庆后汇报，缩短了反应时间，提升了反应速度。宗庆后本人也因为这"联销体"，被称为"编织大师"。

联销体具有很大的黏性，它像一张巨大的蜘蛛网覆盖着全国的市场，这使得娃哈哈可以将新产品在一周之内铺向分布在全国的300多万零售终端。这是娃哈哈的很多竞争对手很难达到的。"共赢策略"是联销体取得成功的原因之一，宗庆后说："做生意一定要双赢，你要让人家有钱赚人家才会给你做。"他为每家经销商配备一名客户经理。"你说到哪里要做到哪里，有问题的时候你要帮他去解决。这样他才觉得和你做生意放心。"

"老宗"遇到"小宗"

随着社会和市场的变化，已有25年历史的娃哈哈也在进行着探索。宗庆后认为，企业做大做强后，要扩大规模就需要多元化。2002年开始，在潜心打造水世界的同时，娃哈哈开始涉足童装、奶粉、零售卖场、白酒、机器人、生物技术等业务，甚至准备和以色列合作，进入高新技术领域。虽然这些探索一直碰壁，宗庆后却表示并无大碍，为了继续保持娃哈哈的增长势头，探索还要继续，"我们经济实力比较强，资金雄厚，亏点儿无所谓，所以有问题就收手，继续探索"。

"家文化"也为宗庆后带来一丝隐忧，他谈到，自己事无巨细、事必躬亲的办事风格，导致娃哈哈目前亟待解决的问题是企业对他的依赖性太强，员工依赖性太强，自己今后会多多放手，这样效率会降低，但的确有个过程。留美归来的女儿宗馥莉，将为娃哈哈的生产和管理注入新鲜血液。2014年，娃哈哈业绩下滑，有分析人士认为，娃哈哈业绩下滑在一定程度上也是宗庆后与女儿宗馥莉两代人在企业经营管理理念上的不同引发的阵痛，认为"宗庆后会老去，长远来看，必须给宗馥莉机会。短期内销售下滑的代价，是宗庆后必须承受的。"宗庆后也表示，自己愿意让女儿去尝试，经历了相互磨合的过程，娃哈哈将会更好地走下去。

有爱暖萌的"娃哈哈"

宗庆后具有很强的国家意识和民族责任感，因此在做大做强娃哈哈的同时，依然不忘回馈社会，他自己谈道："产业报国，泽被社会"是娃哈哈的社会责任。2003年"非典"期间，娃哈哈捐赠了价值900万人民币的商品。娃哈哈的善行还跨出国界，2005年，娃哈哈向印度洋海啸灾区捐赠了纯净水和童装，价值近千万。2008年"5·12"汶川大地震，娃哈哈累计向灾区捐款捐物超过1500万元，同时承诺为灾区群众提供1500个就业岗位。后来的雅安地震中，娃哈哈捐款1000万在灾区援建百座溪桥。

宗庆后本人也积极身体力行着慈善事业，2005年，胡润"2005中国内地慈善家排行榜"显示，宗庆后个人捐赠在健康、教育、文化事业等领域的善款金额为4340万元。2012年，宗庆后的个人捐赠金额达1.89亿元，25年来，累计捐赠4.23亿元。2013年，宗庆后获中华慈善奖"最具爱心捐赠个人"称号。宗庆后平时说得最多的一句话是："办企业就要承担社会责任。"

虽然娃哈哈已经成为庞大的商业帝国，站在峰顶的宗庆后却从未"在云端"，不管是他的个人经历，还是他的经营思想。成立娃哈哈之前，宗庆后在底层艰难磨砺了半生，这段经历培养了他的耐压性，他谈道："这段经历给我带来的财富，首先是把身体锻炼好，其次是养成肯吃苦的习惯，也把我的心态锻炼得坚定、乐观。"另一方面，这也培养了他敏锐的眼光和观察力，使他洞悉在人情社会里与人相处之道，深谙生存智慧。公司发展上，他不谈理论，看重个人直觉，重视自己多年以来积累的市场经验。总之，这个带有个人英雄情结的"大家长"，这个被商业记者称为"霸王"的创业者，带着他强烈的时代色彩，领着娃哈哈走向了巅峰。

· 大佬创业谈 ·

我们不太讲究理论，我们还在审视这些理论。当年创立之初，娃哈哈是儿童品牌，后来我们一直沿用娃哈哈品牌，外界认为不好，不符合管理理论，争议也比较大。但是我们取得了成功。

亨瑞集团总裁

邹亨瑞
运气也是一种实力

1984年，毕业于国防科技大学。
1998年，成立加拿大亨瑞国际咨询集团，并担任总裁。
1992年，涉足移民留学行业。
1995年，加拿大亨瑞国际咨询集团进入中国。
2014年，亨瑞集团荣获中国地产金砖奖——年度国际房地产金融创新大奖，该奖项有中国地产界"奥斯卡"之称。

运气，说起来有些玄乎。同一件事，不同的人，不同的时机，不同的地点，结果可能截然相反。此时，大多数人都会长叹一声"谋事在人成事在天"，老天不眷顾又能怎么办呢？邹亨瑞回顾过去，轻松地表示自己运气不错，在形势大好之时创业，做的事情都顺顺当当地成了，谈笑风生间甚是惬意。时代与形势是那一代人共同的背景，那为什么成功的却是邹亨瑞呢？因为运气也是一种实力。

创业前奏曲

无心插柳柳成荫

年少时期的邹亨瑞并没有想过创业，高考时，得到幸运女神的眷顾，一举考取国防科技大学。本科毕业后，邹亨瑞又顺利地考上了出国研究生。1985年，他奔赴加拿大攻读硕士、博士学位，五年后顺利地拿到博士学位，并拿到了加拿大核能研究所的offer，去了加拿大最好最大的核能研究机构工作。

邹亨瑞在这里工作了五年，研究核反应堆的结构。照此发展下去，应该会成为一名科学工作者，并在岗位上做出一定的贡献。

工作之外，邹亨瑞利用业余时间兼职干起帮国内同学、朋友申请留学、访问学者或投资的事情。当时国内正是改革开放起步的阶段，人们在这方面的需求随之高涨，邹亨瑞就跟当地的律师、会计师合作，帮国内想出去的人联系学校或对口的单位，在其中穿针引线。虽是兼职，渐渐地竟也做成了规模。

1995年，邹亨瑞受邀回国参加一次在人民大会堂举办的座谈，与会的海外科学家交流"出生在中国大陆，但已经拿到海外身份那部分人怎么能更好地为中国在经济、学术、科技方面的交流做一些贡献，提供一些帮助"。这次座谈会和回国后目睹国内经济的快速发展，促使邹亨瑞做出一个改变其人生轨迹的决定。

创业进行时

根据需求调整业务

1996年，邹亨瑞从核能研究所辞职，创办亨瑞集团，真正完全"下海"，专职做起为国内的人和企业"走出去"牵线搭桥的工作。

起步之初，他没有完全做房地产行业，而是以加拿大为主、美国为辅做海外教育和留学；在对外学术交流中穿针引线；帮国内的企业找一些小的商业机会，比如找合作方投资一个小的地产项目、石油项目或是资源项目，比如投加拿大的餐饮业、小型的制造业等，基本上加拿大的各行各业他都经历过。

美国房地产成为亨瑞集团的主要业务是最近五六年的事情。邹亨瑞说："因为华人到那里之后，第一是喜欢先买个好房子、好的学区房；第二是买块地盖个房，把房子一拆一建发现能挣钱，能赚到15%到30%，具体要看运气。我们也就从小开始做，了解美国的房地产开发、审批、法律法规的各种不同。当时，这些属于一般投资，从50万美元到两三百万美元，都不太大。慢慢的，我们就积攒起经验并扩展起来了，然后就这样做起来了，也是边干边摸索。"

最初，亨瑞集团的业务很分散，比如帮国内企业走出去投资连锁店，因为连锁店相对安全一点；比如做各种加工企业，各种肉类加工、食品加工，甚至生产豆腐等都做过；还帮客户办过旅行社、办报纸、办学校。"我们帮客户在五六个省份做过各种各样的生意，但是规模都不大，不想现在我们做大了。"邹亨瑞这样说。

虽然比一般人幸运，运气足够好，没有经过太大的风浪，国内的客户需求越来越多，但亨瑞集团在发展的过程中还是遇到一些危机时刻，这些危机主要来自美国、加拿大的政策影响。

2014年初，加拿大联邦政府突然叫停投资移民，这让邹亨瑞措手不及，手里的两千多个客户的投资移民突然就推不动了，当时的他可谓压力山大："钱已经花在办公楼上，但需要给客户退押金，压力很大。没想到政府失信，事情没成。这属于政策危机，等于是不可抗力，合同写着不可抗力应该不退押金，但是按中国国情，客户不认，找过来，那怎么办？最后就咬咬牙，扛过来了。"

培养国际化团队

邹亨瑞能脱颖而出，将亨瑞集团一步步从小做到大，是有他独到的优势所在。邹亨瑞认为："我当时有个优势是跟美国的投资移民结合上了。这样就接触到国内很多的高净值人士、成功人士，他们办身份的同时到美国投资。而帮助他们投资的过程促使我们同当地的律师、会计师方面来融合组织团队，在过程中学习和完善。因为国内外的法律法规或者文化、风土人情差异很大，当地的劳动法、税务法各方面都要清楚，这个过程中慢慢地就把我的团队建立起来了。"

邹亨瑞的团队是一个国际化的团队，"我的团队大概三分之一是当地人，三分之二是在当地留学或者生活的华裔，还有一少部分是国内派过去的"。国际化的团队，在背景、观念、理念方面的差异会激起不一样的浪花，却增加了团队培养的难度。"国际化团队怎么来培养？比如说雇用外国人，他们思维太西方化，跟中国怎么来沟通好、融合、磨合？团队怎么形成更有效的沟通交流，或者说怎么拧成一股绳？这都需要经过一些尝试。比如说外国人，一般雇三个大概半年就得开掉三分之二，他们的理念、观念调整不了，适应不了中国的方式。当然，也不能完全按老美的方式，要不工作效率有点低，或者有时候他们的责任心没这么强，他们更讲究生活。我们的工作室帮国内的个人或企业出去创业，还是要艰苦奋斗点儿，还是要讲求实效的。"

邹亨瑞在团队本土化方面做得比别人稍微超前一点。这得益于他在国外受过教育、在国外的实验室工作过几年的优势。"有些完全国内的机构想走出去建一个平台沟通很难，谈话谈的不到位人家不认你，人都招不上来或者招上来留不住。有海外的教育经验，再有一些工作经验，可能对于人才国际化更好。现在很多留学生，留学完了就回来，这很亏很浪费，就差这么一点，要有半年，最好一年的海外工作经验，就从留学生向海外国际化的人才升了一步，虽然还不够。"

亨瑞集团一开始是邹亨瑞与会计师等合伙创办的公司，邹亨瑞自己占有 80% 的股份，其余的人总共占有 20% 的股份。后来，"国内扩展一些业务，他们比较保守一点，而且有些决策通过西方流程慢一点，机会就错过了。我就将他们的股份买断了，一半继续留下来做高级顾问或者高管，有些年龄大的就休息了"。

跟最强者合作

现在亨瑞集团又开始谋求重新组合，将公司结构调整成半个公众性的。"我们的业务从移民转移到海外置业、海外地产开发、海外基金还有金融方面了，公司也需要整个地转型升级，公司结构要调整，人才结构、人员结构、管理结构也都要调整。这个过程事情比较多，也要尝试。"

内部调整是集团走向更远的内驱力，而外部合作则是集团走得更久的屏障。邹亨瑞是个不贪心的人，懂得分享。亨瑞集团的业务主要在美国，而对想在其他国家发展的客户，邹亨瑞会选择跟在该地做得好的团队合作。他说："我们的客户可能有大概三分之一需要做欧洲或澳洲等，那我就不再建立团队了，谁强我们就跟谁联手。共享经济或者叫互联网＋的概念很大一块就是大家资源共享，然后收益共享。我们把美国做强了，比如说有的企业做英国很强，他有一部分人只想做美国，那我们以一个合理的外部合伙人的方式分配收益，如果我们有客户只想做英国那就给他们做。现在，我们也在找这样的平台。"

互联网＋已经成为一种趋势，邹亨瑞也曾在公开场合表示"房地产要拥抱互联网＋"。在这个信息大爆炸的时代，如何用好互联网对一个企业的发展很重要，他说："怎么从公司宣传、扩展、客户服务方面建立互联网的一些服务平台，拓展业务，服务客户，这是需要思考的。"亨瑞集团已经做了一些"房地产要拥抱互联网＋"的尝试，他们跟淘宝合作，在淘宝上开了一个频道，出售北美的房产，并成功地帮助绿地[1]售出了一些房产。虽然成交量不大，但这也是一种方式，"至少客户可以看一下这个信息，如果愿意买，对绿地的房子、万达的房子，比较有信心，不需要去考察，或者以前是他的老客户，这就更容易成交。要是新的客户，马上成交也不是那么快的"。"以后，互联网+与房地产行业需要在营销模式、销售产品的方式上有一个更深入的尝试。"

认可知识的价值

算起来，邹亨瑞从事美国房地产投资也已有近20年的历史，看过太多成功或失败的案例，已成为这个行业的资深专家，对于国内外房地产都有深入的了解和深刻的见解。他说："过去的黄金十年，国内的房地产老板都是按国内这种通吃，即从拿地、开发、设计到销售都是自己做的方式来运作的。但美国不是这样的，法律法规很成熟，房地产行业各个产业链分工也比较细，还要考虑当地的社会责任、当地的各种工会以及其他一些影响，走出去投资房地产的个人或企业都交了一些学费。国内买地，批文很快能批下来，而美国要一年半到两年，这就导致成本增加了。"

不过，"最大的国内惯性思维就是对知识的价值缺乏认可，什么意思呢？比如请律师、专业人士、咨询机构等，该花的钱不舍得花。很多国内的人或企业前期舍不得多花几十万或上百万美元的律师、会计师、专业房地产咨询师的费用。几个亿的项目，花个一百万美元很正常的。结果钱花得不到位，有些工作做得就不到位了，不到位的到后期就要交学费。最后吃点亏，有的吃大亏就损失上千万。但总的来说，因为美国这几年房地产上升空间很大，大势好，不交学费可能会有20%~30%的回报，即使交了学费也还有5%~10%的回报，跟国内一比也不算太糟"。

大势好可能是很多人出去投资房地产的原因之一。因为"大势好的时候出去，风险相对就低。如果大势不好，再加上自己交了学费，那就完全该破产或倒掉了。据报道，近来，国内房地产的平均投资回报率不到10%，以前都是20%~30%，现在盈利能在20%~30%的机构已经是极少数。在美国，投资房地产的平均收益回报率是15%左右，二线城市平均为

1　即绿地集团，成立于1992年，为上海市国有控股特大型企业集团。

15%，一线城市10%~15%。

"现在又有一个美元升值、人民币贬值的预期，所以想进行海外投资的人更多。因为大势好的话，亏本的风险就小很多，即使要交点学费也还交得起。现在的主要问题是什么呢？是国内没有考虑到要有一个综合服务平台，把经验教训汇总起来，让后人少交学费少走弯路。现在，各自单打独斗的比较多，彼此之间互相交流一下，但没有人很好地汇总，提供给后续的人，别走这个弯路了，别受同样的教训了，然后能多创收点。这是我们要做的。"

面对国内外企业表现出的种种差异，我们需要知道这些差异背后的原因，是管理模式？文化传统？还是观念差异？在邹亨瑞看来，目前国内企业的管理模式基本都在效仿国外，差异并不是很大。可能"国内家族式的成分高一点、浓度大一点、大家长的气势多一点。但关键的还是文化理念和法律制度，还有一点就是人才。总的来说，更重要的还是当地的团队要更了解当地的综合性的法律法规和特性。比如说，法律和税务每个州都有差异，假设在纽约，房子可能快封顶了才能预售，但是在迈阿密就不一样。所以，在哪儿做生意一定要跟当地的律师或者开发商合作。一般我建议走出去投资的第一单最好跟当地的开发商合作。但合作过程中沟通磨合不好，拧不到一块，谈崩了或者机会错过了的也都有。最重要的还是人，人是最核心的。比如说众筹，筹钱容易，筹智慧、筹人是最难的"。

近二十年的时光，邹亨瑞在创业中看到了很多，也实践了很多，就像他想做一个平台汇集走出去投资的成功经验和失败教训，减少后来人走出去的成本一样。邹亨瑞也很愿意与年轻一代创业者分享自己经历和实践沉淀的经验。他说："国内创业，尤其是年轻人，包括海归，要想一次成功是不太现实的。或者跟别人一起学，一起摸爬滚打。或者自己先有点资历或有点关系，先尝试尝试，要做好失败的准备。真正创业的成功率不到5%，尤其是互联网+，可能1%都不到，最后都死掉了。

"国内现在很多年轻人、毕业生做互联网+创业：一是因为创业成本低；二是实际上"忽悠"了一些投资者的钱，即使失败了也值得。这些钱如果不用到这儿，这些大佬或者去做股票，损失掉了，或者吃喝嫖赌浪费掉了。即使多数人失败了，却是非常好的培训，把人锻炼出来了。这是去一个培训班所学不到的，培训班培养不出来这些实际的东西。从这个角度看,实际上是歪打正着,是这些方面真正最有用的。失败实际上本身也是自我学习和完善的过程。等到第二次、第三次,不管是跟别人做高级管理人员,或者再创业,他就是很好的一股新生力量。'失败是成功之母',经验教训比成功还重要,尤其是年轻人,要是年轻人第一次就成功了,后面失败的概率会更大,跌得可能更惨。人有一个本性在那儿,要经历一些前期的努力、拼搏甚至磨难,最后才能成功。"

· **大佬创业谈** ·

最重要的还是人,人是最核心的。比如说众筹,筹钱容易,筹智慧、筹人是最难的。

参考文献

1. 曹德旺

《曹德旺：累计捐赠 50 亿坚持"造血式"慈善》，中国网，2012 年 04 月 24 日，http://gongyi.china.com.cn/2012-04/24/content_4961263.htm。

宋淑琴：《担保公司的企业文化建设探析》，《东方企业文化》2012 年第 16 期。

朱宝琛：《印象曹德旺："玻璃大王"的坦荡和睿智》，《证券日报》2013 年 11 月 02 日。

李路阳：《安永全球企业家大奖花落曹德旺》，《国际融资》2009 年 07 月 15 日。

曹德旺：《心若菩提》，人民出版社，2015。

2. 陈启宗

陈启宗词条，百度百科：http://baike.baidu.com/link?url=maTJYQe4_ft4l8TFgbGgLcJneM8NyCp0nHfg1M2HSjV4_mV_NSs1qjlZogpU_XvqK_XdE93U2tI8KNzBPLZrmK。

《揭秘"哈佛史上第一捐"香港陈启宗家族》，《中国慈善家》2013 年 11 月。

《陈启宗：将钱传给孩子就是制造"家庭叫花子"》，《中国慈善家》2013 年 11 月 14 日。

3. 邓中翰

京人：《邓中翰：海归博士的挑战情结》，《财富智慧》2006 年 02 月 28 日。

李红梅：《邓中翰：用激情搏击人生的责任和使命》，《国际商报》2006 年 02 月 13 日。

王小波、丁静、黄晓南、孙德龙：《"中国制造"的非常故事》，《经济参考报》2008 年 12 月 19 日。

《征服索尼的人》，《中国商界》2006 年 02 月 15 日。

陈翔：《邓中翰创业的三个拐点》，《中国计算机报》2005 年 12 月 12 日。

吴锋：《邓中翰：自主创"芯"的领路人》，《中国计算机报》2006 年 10 月 23 日。

向农：《令世界巨头刮目相看 邓中翰和他的"中国芯"》，《IT 时代周刊》2006 年 01 月 20 日。

冯戴菊：《从"小我"到"大我"——访中星微常务副总裁张辉》，《中关村》2006年06月01日。

伊佳：《最年轻的工程院院士邓中翰：永久跳动的"中国芯"》，《黄金时代（下半月）》2013年第7期。

李政：《打造中国芯的星光舞者——记中星微电子有限公司董事长邓中翰博士》，《中关村》2004年09月15日。

刘燕：《邓中翰努力说服纳斯达克》，《中国经营报》2006年01月02日。

晏燕：《纳斯达克的中关村旋风》，《北京纪事》2008年04月01日。

王辉耀（主编），李政等（著）：《邓中翰：打造中国芯的星光舞者》，《叱咤华尔街：10位海归上市公司领袖》，中国发展出版社，2007。

王辉耀（编）：《邓中翰：成功研发第一个打入国际市场的"中国芯"》，《百年海归创新中国》，人民出版社，2014。

4. 丁磊

《丁磊浙大演讲实录：一定要做你喜欢做的事》，网易商业报道，2005年11月29日，http://biz.163.com/05/1129/00/23MGJC4600020QEF.html。

《丁磊：当时理想是有房有车睡懒觉不准时上班有钱去旅游》，2006年05月25日，http://blog.donews.com/yanhui/archive/2006/05/25/885952.aspx。

5. 冯仑

《万通六君子——江湖方式进入，商人方式退出》，《北京农业》2010年09月15日。

《1991-1993海南岛的"淘金梦"》，《管理学家》2010年01月11日。

《万通集团董事局主席冯仑："伟大是熬出来的"》，《经济参考报》2003年03月12日。

江远：《万通六君子：江湖方式进入商人方式退出》，《记者观察》2013年07月05日。

冯仑：《野蛮生长》，广东人民出版社，2013。

郄永忠：《万通将向"美国模式"转型》，《经济导刊》2006年09月30日。

陈蕾：《锁定"美国模式"万通成功变身》，《中国投资》2005年11月05日。

郄永忠：《万通转型寻找"决胜未来"的制度模型》，《中国房地产报》2006年07月10日。

何翠云：《冯仑淡出万通地产具标志意义》，《中华工商时报》2015年07月09日。

6. 郭广昌

《美中时报评出"2013美中经贸发展领军人物"》，中国贸易新闻网，2014年01月03日，http://www.chinatradenews.com.cn/htmlshangrenhuang/2014/0103/2936.html。

《郭广昌：对标巴菲特》，《全球商业经典》2014年05月05日。

李蕾：《郭广昌式回归》，《经贸实践》2015年04月15日。

《酸——寒门传奇》，《中国商界》2006年12月15日。

施虹、吕薇：《去年，谁富得最快？》，《投资与营销》2004年07月01日。

东方：《郭广昌的三大人生转折》，《才智（智谋鸡汤）》2004年08月15日。

汪静赫：《郭广昌智慧创造财富》，《中国乡镇企业》2009年01月01日。

丁一：《郭广昌的"复星"之路》，《名人传记（财富人物）》2007年01月15日。

《郭广昌：抓住机遇的整合者》，新浪财经，2013年5月20日，http://finance.sina.com.cn/g/20071229/03404350311.shtml。

陈姗姗：《郭广昌资本猎手的哲学》，《新晋商》2013年04月05日。

7. 韩小红

《韩小红的生死时速》，腾讯网，2010年09月30日，http://finance.qq.com/zt2010/bizlife12/fengmian1.htm。

《女海龟韩小红的回国创业路：除了胆量还要会放弃》，搜狐新闻，2007年05月07日，http://news.sohu.com/20070507/n249879770.shtml。

《慈铭健康体检总裁韩小红：有一种美丽叫坚强》，《创业邦》2009年06月12日。

《慈铭集团总裁韩小红博士被评为"大医精神"代表》，中国网，2013年09月26日，http://lohas.china.com.cn/2013-09/26/content_6334222.htm。

王辉耀（主编），胡冰（著）：《韩小红：美丽人生从体检开始》，《创业英雄：10位海归创业先锋》，中国发展出版社，2007。

王辉耀（编）：《韩小红：中国第一家连锁体检机构创始人》，《百年海归创新中国》，人民出版社，2014。

8. 雷军

雷军词条，百度百科：http://baike.baidu.com/subview/50454/5076049.htm?fromtaglist=。

《IT时代周刊：雷军和他的金山王国》，《IT时代周刊》2007年10月29日。

纪絮：《雷军：走在创业的路上》，《证券日报》2004年08月29日。

李漠风：《"楚国狂人"雷军》，《中关村》2003 年 07 月 15 日。

凌风：《雷军：我做了一件我喜欢的事》，《时代青年（悦读）》2014 年 06 月 01 日。

秦姗：《雷军投资雷军》，《中国企业家》2011 年 08 月 05 日。

刘佳：《小米开启线下销售渠道》，《第一财经日报》2015 年 05 月 13 日。

9. 李山

《特立独行勇往直前——记经 81 级李山》2007 年 11 月 29 日，http://cms.sem.tsinghua.edu.cn/alumni/infoSingleArticle.do?articleId=115&columnId=463。

曲力秋、戴牟雨：《朱镕基的学生们》，《新经济》2001 年 02 月 15 日。

王小元：《校友"统治"中国》，《时代人物》2014 年 06 月 05 日。

管筱璞：《金融报国梦下的选择与坚持》，《中国组织人事报》2015 年 02 月 02 日。

吴虹飞：《李山回国创业比挣钱更有幸福感》，《南方人物周刊》2006 年第 27 期。

《清华经管学院的学生们叙说——朱镕基的故事》，《党政干部文摘》2001 年 08 月 10 日。

段晓燕：《李山反思 5 年 PE 路》，《21 世纪经济报道》2010 年 07 月 05 日。

王辉耀（主编）：《李山：追梦》，《缤纷海归：百位海归谈事业与人生》，中国发展出版社，2007。

王辉耀（编）：《李山：主导中国第一个国家投资银行的筹划与转型》，《百年海归创新中国》，人民出版社，2014。

10. 李彦宏

赵明：《李彦宏：技术崇拜者之惑》，《企业研究》2011 年 10 月 05 日。

《李彦宏：引领百度独步天下》，《现代企业教育》2009 年 06 月 08 日。

里风：《李彦宏：搜索改变人生》，《经济视角》2006 年 04 月 10 日。

萧连：《百度：千秋功罪谁人评说》，《中关村》2011 年 05 月 01 日。

李导龄：《李彦宏：一夜成就七名亿万富豪》，《创业者》2005 年 09 月 01 日。

《李彦宏：1414 房间成就神奇公司》，《爱情婚姻家庭（风云人物）》2011 年 08 月 15 日。

夏冰：《"无神论者"与"上帝"的缠斗》，《经济》2004 年 02 月 01 日。

邢会强、孙红伟：《投资百度获益百倍》，《国际融资》2009 年 09 月 15 日。

曹春祥：《百度品牌营销策略分析》，首都经济贸易大学硕士论文，2008 年 06 月 01 日。

夏桐：《精彩，留给永久的怀念——缅怀百度财务总监王湛生》，《财会学习》

2008年02月01日。

丁天:《专访李彦宏:技术偶像的引擎策动》,《芭莎男士》2010年12月06日。

赵垒:《李彦宏:"狼性"转型》,《中国民商》2013年01月01日。

《李彦宏:为信息检索而生》,凤凰财经传奇第35期,

http://finance.ifeng.com/business/pic/detail_2014_05/14/36317728_0.shtml。

王辉耀(主编),李政等:《李彦宏:众里寻他千百度》,《叱咤华尔街:10位海归上市公司领袖》,中国发展出版社,2007。

王辉耀(编):《李彦宏:中国现代搜索引擎基础技术的奠基人》,《百年海归创新中国》,人民出版社,2014。

11. 梁稳根

姜媛:《700亿身家梁稳根成中国新首富》,《深圳商报》2011年09月08日。

傅春荣:《三一重工矢志追逐产业报国》,《中华工商时报》2013年10月28日。

《三一董事长梁稳根高调之外:被迫分手立志考大学》,《楚天金报》2013年02月26日。

吴志菲:《梁稳根:中国民营重工第一人的创业史》,《商场现代化》2012年11月30日。

孙启甜:《让中国制造跃上世界之巅——记三一集团有限公司》,《居业》2014年06月10日。

《梁稳根:让中国制造成为世界一流》,《新华财经》2013年10月31日。

12. 刘强东

侯继勇、张若紫:《刘强东:用"时间"和"博弈"突破边界》,《中国民营科技与经济》2011年03月10日。

李嫣明:《刘强东:机会由自己创造》,《成才与就业》2013年12月15日。

《刘强东:当年背着500元上大学创业开餐馆》,网易财经,2014年04月21日,http://money.163.com/14/0421/09/9QBH6EHA00253G87.html。

《刘强东口述:岁月赋予我们的责任感》,2014年03月21日,http://blog.ceconlinebbs.com/BLOG_ARTICLE_214451.HTM。

谢鹏:《多面刘强东:从带76个鸡蛋进京的小镇青年到电商之王》,《南方周末》2014年05月30日。

雷蕾:《"非典"逼中关村小柜台转型》,《文史参考》2012年10月15日。

李小静:《徐新:笑傲投资场的VC女王》,《金融博览(财富)》2014年11月23日。

13. 刘永好

《"第一猪倌"刘永好》，凤凰财经传奇第 7 期，

http://finance.ifeng.com/business/pic/detail_2013_05/24/25692297_0.shtml。

《新希望集团董事长刘永好，为耕者谋利为食者造福》，《现代企业文化》2014年第 1 期。

刘永好 _ 商界精英 _ 人物专栏，新浪财经，2015 年 09 月 02 日，http://biz.finance.sina.com.cn/person/view/vScholars.php?pid=28。

《刘永好：二十年屹立不倒之原因》，中国网，2009 年 07 月 24 日，http://finance.china.com.cn/roll/20090724/107094.shtml。

陈斌：《刘永好成功的根本原因是什么？》，《中国民营科技与经济》2007 年 07 月 15 日。

14. 柳传志

《柳传志：中国 IT 企业的"教父"》，中国网，http://www.china.com.cn/economic/zhuanti/xzgjjlsn/2009-07-24/content_18200664.htm。

华中：《"中国 IT 教父"退居幕后下更大棋局》，《中国品牌与防伪》2011 年 12 月 01 日。

《柳传志：归来去兮皆因联想》，《商场现代化》2013 年 04 月 20 日。

《柳传志：班子战略队伍》，《中关村》2009 年 08 月 15 日。

《联想集团柳传志》，人民网，2008 年 12 月 30 日，http://scitech.people.com.cn/GB/126054/141612/141614/8602337.html。

黄子微：《基于生命周期理论的组织变革策略研究》，电子科技大学硕士论文，2012 年 12 月 01 日。

《声音》，《廉政瞭望》2014 年 06 月 01 日。

于东辉：《重寻中国企业家精神（上篇）》，《中国经营报》2014 年 11 月 24 日。

15. 鲁冠球

鲁冠球词条，百度百科，http://baike.baidu.com/view/16341.htm?func=retitle。

《鲁冠球：一个农民的传奇故事》，中国网，http://www.china.com.cn/economic/zhuanti/xzgjjlsn/2009-07-24/content_18200597.htm。

《鲁冠球：四十年商海大潮屹立不倒》，《中国乡镇企业》2008 年 06 月 01 日。

天空蓝：《华人巨富如何赚第一桶金》，《时代金融》2012 年 10 月 01 日。

张小平：《鲁冠球 VS 黄光裕：财富路上的新龟兔赛跑》，《中国经营报》2008

年 10 月 27 日。

金国娟：《一路走来鲁冠球》，《今日浙江》2008 年 12 月 10 日。

杨轶清：《浙商成长"四段论"》，《金融博览》2011 年 09 月 08 日。

《五位华人富豪的第一桶金是怎么挣来的》，《乡村科技》2014 年 12 月 15 日。

余靖静、许雪毅：《"弄潮儿"鲁冠球》，《新华每日电讯》2013 年 11 月 25 日。

《鲁冠球：为农民讲话的人太少了》，《三联生活周刊》2009 年 10 月 09 日。

陈跃华：《培育山区现代生态农业要实现"四新"》，《南方论刊》2011 年 10 月 08 日。

16. 马化腾

金烨、孙宏超：《腾讯的门徒》，《中国经济和信息化》2011 年 02 月 10 日。

《中国式合伙："利"与"义"的终极博弈》，《印刷经理人》2013 年 09 月 10 日。

吴晓波：《腾讯传》，吴晓波频道。

吴晓波：《腾讯往事：马化腾 60 万卖不掉 OICQ》，《IT 时代周刊》2014 年 10 月 20 日。

黄倩蔚、邓翔：《创业创投：深圳创新生态的双核引擎》，《南方日报》2015 年 05 月 20 日。

马方：《创业老板，你被股权困住了吗？》，《销售与市场（评论版）》2014 年 06 月 10 日。

葛逊：《马化腾谈互联网产品：灰度法则的七个维度》，《互联网天地》2012 年 07 月 15 日。

林永青：《互联网与新经济》，《金融博览》2015 年 01 月 08 日。

马化腾词条，百度百科，http://baike.baidu.com/link?url=xq1hRmDBn0zk7a7Si2HXA-h60Rn88fqnIHaZK9DXTB-XO-jNUM2_Bdm8mGSZ4WIBcS-KihJvsWyFU_lSn89e1_。

17. 莫天全

丁保祥：《莫天全：与资本的四次邂逅》，《商界（评论）》2011 年 01 月 25 日。

莫天全词条，互动百科，http://www.baike.com/wiki/%e8%8e%ab%e5%a4%a9%e5%85%a8。

《莫天全：搜房只要 1% 就能打败马云》，网易科技，2008 年 04 月 01 日，http://tech.163.com/08/0401/14/48F0AH3L000915BF.html。

王辉耀（主编）胡冰（著）：《莫天全：开创搜房王国》，《创业英雄：10 位海归创业先锋》，中国发展出版社，2007。

18. 潘石屹

《SOHO 潘石屹的聪明与麻烦：从农民到地产明星》，《楚天金报》2013 年 03 月 19 日。

陈旺年：《潘石屹的"农民式狡黠"》，《经理人》2014 年 10 月 01 日。

19. 任正非

任正非：《任正非：我的父亲母亲》，《意林》2013 年 06 月 25 日。

《任正非：军人总裁缔造"狼性华为"》，《人民文摘》2013 年 07 月 15 日。

孙良臣：《华为的狼性文化》，《企业改革与管理》2010 年 03 月 15 日。

《声音》，《时代人物》2014 年 06 月 05 日。

管鹤扬：《上市，还是不上市——老干妈与华为不上市原因探究》，《现代经济信息》2014 年 05 月 08 日。

张平：《上市到底是天堂 or 地狱？》，《闽商报》2014 年 05 月 12 日。

张锐：《华为为何不愿上市》，《资本市场》2013 年 08 月 01 日。

毕夫：《华为，为什么不上市？》，《中外企业文化》2013 年 07 月 10 日。

20. 沈南鹏

鹭鹭：《沈南鹏，创业者背后的创业者》，《企业家信息》2008 年第 3 期。

里风：《创业者背后的创业者——记红杉资本中国基金创始人及执行合伙人沈南鹏》，《经济视角》2007 年第 6 期。

邓媚颖：《用创业者的经验做投资——记红杉资本中国合伙人沈南鹏》，《科技创业》2008 年第 12 期。

《沈南鹏："包场子"的人》，《商周刊》2014 年第 11 期

剑兰：《沈南鹏：从创业者到投资人》，《竞争力》2006 年第 7 期。

李娜：《沈南鹏：投资人还是创业者？》，《市场营销案例》2007 年第 7 期。

《沈南鹏点金之魅》，《南方人物周刊》2010 年第 44 期。

王辉耀（主编），李政等：《沈南鹏：功夫在 NASDAQ 之外》，《叱咤华尔街：10 位海归上市公司领袖》，中国发展出版社，2007。

薛芳：《沈南鹏：弄潮风险投资创造"红杉"奇迹》，《人物》2011 年 02 月 08 日。

郭健、大鸟、朱雪尘：《沈南鹏把自己变成别人的人脉》，《英才》2006 年 05 月 01 日。

何菲：《沈南鹏："投资教父"》，《IT 经理世界》2010 年 11 月 05 日。

吕丹：《大"食"代资本基因图谱》，《首席财务官》2007 年 12 月 15 日。

宦璐：《中国汽车消费升级私人资本"狩猎"后汽车市场》，《经理日报》2008

年02月02日。

《"投资教父"沈南鹏》,《新商务周刊》2013年08月05日。

赵轶琳:《我国设立科技发展银行的必要性研究》,《企业技术开发》2014年11月16日。

21. 孙立哲

杨锐、柏晓利:《孙立哲生命烈焰,在压力中爆发》,人民网,2001年11月15日,http://www.people.com.cn/GB/paper503/4722/517926.html。

彭科峰:《孙立哲:从赤脚医生到出版人》,《科学时报》2012年09月10日。

《孙立哲——一个知青偶像的沉浮》,北青网,2012年03月10日,http://www.bjzqw.com/lanmu/zqsy/2012/0310/3257.html。

孙立哲:《孙立哲:生命烈焰,在压力中爆发》,2015年02月12日,http://www.ccg.org.cn/Director/View.aspx?Id=1784。

霍秀:《有这样一个投资者——特写孙立哲》,《人民日报》2007年6月15日。

《风口浪尖搏人生——访美国万国图文有限公司董事长孙立哲》,2006年08月01日,http://lbb21108.bokee.com/5469113.html。

黄锫坚:《生于1951年的阿米巴》,《经济观察报》2004年11月22日。

22. 田溯宁

李翔:《田溯宁:一个创新主义者的长征》,《企业研究》2013年09月05日。

王辉耀(编):《田溯宁、丁健:纳斯达克第一家中国高科技企业的创立者》,《百年海归创新中国》,人民出版社,2014。

王辉耀(主编),李政等:《田溯宁:宽带改变中国》,《叱咤华尔街:10位海归上市公司领袖》,中国发展出版社,2007。

李曦:《"宽带先生"的个人生意》,《财经时报》2006年04月10日。

互动百科,田溯宁词条:http://www.baike.com/wiki/%E7%94%B0%E6%BA%AF%E5%AE%81。

蔡煜、安建伟、谢然:《2014中国科技投资人TOP100》,《互联网周刊》2015年02月05日。

阴志华:《亚信10年路》,《通信世界》2003年08月29日。

刘一麟:《创投基金如何促进地方经济发展》,西南财经大学硕士论文,2011年05月01日。

刘佳:《中国互联网诞生地》,《互联网周刊》2009年10月20日。

苏小和:《田溯宁舍得之魅》,《南方人物周刊》2007年12月21日。

《田溯宁告别"鸡肋"重走创业路》,《南方周末》2006年05月25日。

23. 汪潮涌

晁珊珊：《汪潮涌：时尚潮头的投资家》，《中国文化报》2013年03月02日。

沈伟民、邵威：《汪潮涌：征服美洲杯》，《经理人》2009年05月01日。

《汪潮涌，最敢"玩"的投资家》，《江苏商报》2009年08月12日。

王辉耀：《创业中国：海归精英50人》，中央编译出版社，2005。

王辉耀（主编），胡冰（著）：《汪潮涌：心胸如海的投资家》，《创业英雄：10位海归创业先锋》，中国发展出版社。

《清华大学MBA汪潮涌：从山村走向华尔街的"神童"》，MBA环球网，2006年10月10日，http://www.mbatrip.com/sxy/200911/10147.shtml。

胡润峰：《汪潮涌的"顺风顺水传奇故事"》，《才智（人事人才）》2004年02月29日。

成正茂：《汪潮涌"投资"汪潮涌》，《新楚商》2013年09月24日。

《汪潮涌：享受自由梦想的投资家》，《商务周刊》2005年第23期。

边杰：《李亦非——主妇CEO》，《中国企业家》2002年09月15日。

邢学军：《汪潮涌：从打工皇帝到创业先锋》，《中国投资》2002年09月15日。

石晓芳：《汪潮涌：赴一场大海的邀约》，《中国报道》2006年06月30日。

张小平、倪薇：《Sailing……》，《中国经营报》2007年03月19日。

晁珊珊：《汪潮涌：我投四种海外公司》，《小康（财智）》2013年12月15日。

樊融杰：《汪潮涌玩豪车的逻辑》，《英才》2013年09月01日。

《汪潮涌：创海上企业家精神做经济发展原动力》，腾讯体育，2012年10月28日，http://sports.qq.com/a/20121028/000598.htm。

24. 王石

谢红玲：《王石的"拐点"》，《中国经营报》2008年01月14日。

《王石：万科最大的无形资产》，《商场现代化》2013年05月20日。

魏宇：《王石永远在路上》，《社会与公益》2010年07月15日。

《王石从零到一千亿的探险》，《商业故事》2011年01月15日。

《王石："先按抢答器"的"地产哲人"》，中国网，http://www.china.com.cn/economic/zhuanti/xzgjjlsn/2009-07/24/content_18200558.htm。

姜继玲：《企业家都是好学生》，《新前程》2009年04月15日。

纪彭：《十三届三中全会"价格闯关"失利后的治理整顿》，《国家人文历史》2013年11月15日。

张新：《王石：商业时代的"乌托邦"》，《企业销售》1998年08月01日。

何三畏、马金瑜：《地产大鳄是这样炼成的》，《晚报文萃》2006年12月01日。

沙子云、戴培仁：《勇攀高峰的传奇人物——王石》，《连环画报》2010 年 11 月 10 日。

郭杰、林菁晶、史可、胡堃：《万科：渐变 2012》，《安家》2012 年 12 月 15 日。

武保卫：《王石：致敬并追逐相似的价值观》，《中国保险报》2014 年 08 月 08 日。

高荣伟：《"异类"的王石：人生 60 始》，《杭州金融研修学院学报》2015 年 02 月 15 日。

丁尘馨：《神往"悠客"》，《发现》2004 年 05 月 15 日。

王石：《我的 M 型人生》，《领导文萃》2015 年 04 月 23 日。

25．王伯庆

王伯庆：《我的麦可思故事》，《中国教育报》2015 年 05 月 04 日。

于先：《王伯庆：在中国创业更有成就感》，《国际人才交流》2012 年 10 月 06 日。

《对话海归王伯庆：今天我们如何创业》，新华网，2010 年 11 月 22 日，http://news.xinhuanet.com/politics/2010-11/22/c_12800915.htm。

彭青秀：《经济视角下的高等教育科类结构发展问题研究——基于河南省状况的分析》，《商丘师范学院学报》2010 年 11 月 15 日。

麦可思：《民间智库：中国的另一半大脑》，凤凰网，2009 年 06 月 19 日，http://finance.ifeng.com/job/zcpl/20090619/816323.shtml。

王理、陈美杏：《王伯庆："我的事业应回到这里"》，《人民日报（海外版）》2010 年 07 月 10 日。

26．王广发

益田、桂小聪：《爱，是他的全部——与王广发聊聊》，《人民政协报》2015 年 03 月 14 日。

《做中国教育接轨国际的开路先锋——记 CCG 副主席、北京王府学校总校长王广发先生》，《中国与全球化智库（月刊）》2015 年第 1、2 期。

《国际教育的先行者——记北京王府学校董事长、校长王广发》，《国际人才交流》2013 年第 03 期。

27．王健林

王健林词条，互动百科：http://www.baike.com/wiki/%E7%8E%8B%E5%81%A5%E6%9E%97。

《王健林：万达智闯文化产业》，《企业研究》2015 年 03 月 15 日。

《王健林：创业初期,3 年被告 222 次》，《名人传记（财富人物）》2015 年 06 月 15 日。

王健林：《关于创业，我有三点体会》，《新华日报》2015年05月20日。

戴维奇、魏江：《创业心智、战略创业与业务演化》，《科学学研究》2015年08月15日。

28. 王俊峰

王慧峰：《王俊峰：法治兴则国家兴》，《人民政协报》2014年10月21日。

李岩：《详解337调查程序及费用——从中国电池企业在美胜诉谈起》，《进出口经理人》2007年06月01日。

《王俊峰：进取无止境》，《中国青年报》2012年11月13日。

王辉耀（主编）：《王俊峰：营造法治的空气与土壤》，《缤纷海归：百位海归谈事业与人生》，中国发展出版社，2007。

《中国最大律所掌门：为中国律师赢得国际尊重》，《人民日报》2009年09月10日。

廖卫华、马丽：《王俊峰：掌舵中国律师业未来》，《法人》2012年09月01日。

29. 王卫

菡涵：《王卫顺丰之路二十年》，《中华儿女》2013年08月05日。

《王卫顺丰掌舵人》，《商业文化（上半月）》2013年08月15日。

杨雪、张迎雪：《顺丰王卫：顺风潜行》，《企业观察家》2013年12月05日。

张东海：《王卫：低调到神秘的快递巨头》，《金融博览（财富）》2012年02月23日。

杨勇：《王卫：顺丰"老大"的创富人生》，《中国民商》2015年03月01日。

何佳艳：《顺丰：快递的逆袭》，《投资北京》2012年07月05日。

苏锡民：《顺丰：打造中国的FedEx》，《上海经济》2011年07月25日。

鲁渝华：《顺丰：追逐联邦快递》，《中国中小企业》2011年10月01日。

王巍栋：《商业不能承受之重》，《现代商业》2011年12月08日。

30. 熊晓鸽

范鑫：《熊晓鸽：创业家背后的男人骨子里的"士魂商才"》，《商场现代》2012年12月30日。

王赫：《麦戈文是熊晓鸽的贵人》，《创业家》2014年04月01日。

刘欣然：《熊晓鸽做风投有点像姑娘找老公》，《南方人物周刊》2008年07月01日。

李万荣：《风险投资风险控制策略研究》，昆明理工大学硕士论文，2008年06月01日。

熊锋：《熊晓鸽士魂商才风投家》，《中国证券报》2012年12月22日。

《IDG 熊晓鸽：带给 90 后创业者希望的人》，《财会信报》2014 年 09 月 22 日。

31. 徐小平

方浩、贾睿：《徐小平真天使》，《创业邦》2011 年 12 月 05 日。

胡柯：《老男孩徐小平淘金记》，《小康（财智）》2012 年 05 月 15 日。

《徐小平：中国合伙人的创业梦》，《商周刊》2013 年 06 月 10 日。

阿闻："新东方"徐小平：人生需要设计》，《心理辅导》2003 年 01 月 01 日。

迟忠波：《该狠还是该软的非典型结局"知名企业家的官司与教训"系列之三》，《中外管理》2014 年 08 月 01 日。

《徐小平：中国合伙人的创业梦》，《商周刊》2013 年 06 月 10 日。

《"创业导师"的创投常识：我为什么要投资你》，2014 年 11 月 27 日，http://www.360doc.com/content/12/1116/10/111369_248157127.shtml。

吴英燕：《两个文艺青年的"天使梦"》，《东方早报·上海经济评论》2013 年 08 月 06 日。

李湛威：《浅谈如何通过股权众筹平台做天使投资》，《现代经济信息》2015 年 01 月 23 日。

方浩、符星晨、贾睿：《天使投资人徐小平：创业者只有一种成功法则》，《创业邦》2011 年第 10 期。

《徐小平：要成事儿必须"动真格"》，中国企业家网，2011 年 01 月 07 日，http://www.iceo.com.cn/renwu/27/2011/0107/206772.shtml。

王芳：《方爱之：人才是创业的核心》，《神州学人》2014 年 08 月 15 日。

杨朝清：《母亲这样为徐小平指明"人生路标"》，《下一代》2013 年 09 月 23 日。

王辉耀（主编）、李政等（著）：《徐小平：一切从心开始》，《叱咤华尔街：10 位海归上市公司领袖》，中国发展出版社，2007。

王辉耀（编）：《徐小平：中国出国签证第一人》，《百年海归创新中国》，人民出版社，2014。

王辉耀（编）：《徐小平：把人生经历"设计"成人生财富》，《那三届：77、78、79 级大学生的中国记忆》，中国对外翻译出版社，2014。

32. 严望佳

谷胜男：《严望佳：找对了创业"根据地"》，《中华儿女》2011 年 09 月 19 日。

晋京：《严望佳：我不是女强人》，《科技创业家》2010 年 10 月 28 日。

宋丽娜、崔光耀：《信息安全十年树木——写在启明星辰公司成立十周年之际》，《信息安全与通信保密》2006 年 05 月 10 日。

《严望佳：温柔女子挑信息安全产业大梁》，《中国民营科技与经济》2007 年

06月15日。

晓燕：《严望佳：网络安全的"启明星"在升起》，《国际人才交流》2010年02月06日。

胡冰：《照亮网络安全的天空》，《神州学人》2008年07月04日。

邢利宇：《构筑企业文化"中西合璧"的严望佳》，《公关世界》2003年02月15日。

王辉耀（主编）胡冰（著）：《严望佳：照亮网络安全的天空》，《创业英雄：10位海归创业先锋》，中国发展出版社，2007。

33. 俞敏洪

《富豪们的第一桶金（十一）俞敏洪》，2012年10月07日，http://www.360doc.com/content/12/1007/11/7214305_240010360.shtml。

《俞敏洪：拆了塔，不过是一堆石头》，《中国中小企业》2011年07月01日。

刘莉：《追求成功的人生》，《中小学心理健康教育》2011年05月15日。

俞敏洪：《在绝望中寻找希望：俞敏洪写给迷茫不安的年轻人》，中信出版社，2014。

张程、三天：《"雅痞"俞敏洪》，《新财经》2008年05月03日。

《俞敏洪：被北大逼上梁山从此走上了不归路》，前瞻网，2013年12月12日，http://www.qianzhan.com/investment/detail/317/131212-2c1b8189.html。

里风：《新东方不败传奇——记新东方教育科技集团董事长兼总裁俞敏洪》，《经济视角（上）》2009年10月10日。

34. 张朝阳

张朝阳词条，互动百科：http://www.baike.com/wiki/%E5%BC%A0%E6%9C%9D%E9%98%B3。

《张朝阳麻省理工学院时的孤独与彷徨》，2010年10月07日，http://blog.sina.com.cn/s/blog_4844935a0100linp.html。

陈海：《竞争让我们更强大——记搜狐公司董事局主席兼首席执行官张朝阳》，《神州学人》2005年09月04日。

黄橙：《第一家商业网站》，《科技日报》2008年12月18日。

牛智超：《中国互联网为啥成了动物园》，《青年博览》2013年08月01日。

于瑞瑞：《隐喻&转喻在产品Logo设计中的应用》，《海外英语》2014年01月23日。

李欣：《张朝阳人心总要有依处》，《中华儿女》2013年10月05日。

王敏：《创业投资机构行为、企业能力与高新技术企业成长研究》，浙江大学博士论文，2009 年 05 月 31 日。

赵涛、杨三喜、王天阳：《中国互联网的那些牛人们》，《中国青年》2015 年 05 月 23 日。

龚寒、郭丽芳、王明：《互联网巨头们的 20 年》，《今日中国（中文版）》2014 年 06 月 15 日。

周洋洋：《张朝阳无与伦比的智慧》，《科技创业家》2012 年 02 月 06 日。

王辉耀（主编）：《张朝阳：国际化病毒》，《缤纷海归：百位海归谈事业与人生》，中国发展出版社，2007。

王辉耀（编）：《张朝阳：中国第一家全中文门户网站的创立者》，《百年海归创新中国》，人民出版社，2014。

35. 张磊

赵俊：《张磊：腾讯、京东背后的百亿美元掌舵者》，《新财富》2015 年 05 月 05 日。

桑晓霓：《张磊：中西合璧的投资推手》，《金融时报》2014 年 07 月 24 日。

张勇：《寻找伟大格局观的坚定实践者》，《21 世纪经济报道》2014 年 03 月 31 日。

王辉耀（编）：《张磊：中国价值投资第一人》，《百年海归创新中国》，人民出版社，2014。

36. 张瑞敏

《张瑞敏：从"适者生存"到"变者生存"》，《中国电子报》2006 年 12 月 12 日。

《图说企业家：海尔 CEO 张瑞敏》，网易财经，2013 年 07 月 30 日，http://money.163.com/photoview/574F0025/8022.html#p=8PLUKHM2574F0025。

《张瑞敏：25 年，锻造海尔神话》，中网资讯，2014 年 05 月 20 日，http://www.cnwnews.com/html/biz/cn_sjrw/rwzj/20140520/598897.html。

陈悦：《青岛海尔多维布局对税负及税务风险影响研究》，财政部财政科学研究所硕士论文，2013 年 05 月 04 日。

积跬：《张瑞敏：我要为祖国奉献世界名牌》，《晚晴》2013 年 10 月 15 日。

刘怀宇：《品牌寿命研究》，北京工业大学硕士论文，2006 年 05 月 01 日。

张艳红：《企业整合过程中的文化整合与构建——以 AHSH 公司为例》，《经营与管理》2015 年 04 月 15 日。

汤洁、张玉：《浅析海尔国际化竞争战略》，《科技视界》2014 年 04 月 25 日。

古德平：《中国家电企业物流模式选择的关键因素分析》，四川大学硕士论文，

2003年04月01日。

张红明：《本土品牌海外征战——得与失》，《大经贸》2007年04月10日。

韩广帅：《全流程用户体验驱动虚实融合家电营销渠道构建研究》，《青岛大学》2013年06月01日。

《海尔集团首席执行官张瑞敏变海尔为互联网时代的企业》，《商学院》2014年04月08日。

李建发：《智能硬件：迎来创客新时代》，《中国电子报》2015年04月03日。

37. 周鸿祎

林艾涛、尚涛：《一个人的"野蛮"战争——周鸿祎奋斗记》，《IT时代周刊》2011年04月20日。

《战争狂人周鸿祎》，《企业软实力》2013年03月26日。

小刚：《周鸿祎：把大公司推翻是我最喜欢干的事》，《新闻晚报》2013年03月25日。

李杨：《网络大亨周鸿祎：性格决定命运》，《劳动保障世界》2007年04月15日。

司马睿：《"战神"周鸿祎》，《沪港经济》2012年09月10日。

闫明：《色彩性格分析系列（一）红色斗牛士——周鸿祎》，《新晋商》2014年01月05日。

38. 朱敏

《朱敏：梦想创造一个"中国硅谷"》，《宁波晚报》2004年07月11日。

《浙大校友朱敏及夫人向母校捐赠1000万美元》，新华网，2007年05月22日，http://education.news.cn/2007-05/21/content_6131998.htm。

周凯：《朱敏：一个梦想接着另一个梦想》，《中国青年报》2007年04月03日。

何伊凡：《朱敏：美国往事——硅谷第一代中国大陆创业家的20年》，《中国企业家》2007年06月20日。

王辉耀（主编），李政等（著）：《朱敏：网讯传奇是这样炼成的》，《叱咤华尔街：10位海归上市公司领袖》，中国发展出版社，2007。

王辉耀（编）：《陈宏、朱敏、邓锋：助推中国新技术创业的华源科技协会创始人》，《百年海归创新中国》，人民出版社，2014。

39. 宗庆后

王珍一：《"独裁老板"宗庆后》，《时代人物》2013年10月05日。

方芳：《宗庆后：白手起家的"吝啬"富豪》，《新闻天地（上半月刊）》2010年11月01日。

张君论:《宗庆后,商业大佬的慈善路》,《现代企业文化(上旬刊)》2014年07月05日。

崔晓林:《宗庆后:25年只做一件事》,《中国经济周刊》2012年12月03日。

钟帆:《娃哈哈品牌发展战略分析》,浙江工业大学硕士论文,2013年12月01日。

宗新建:《以和为贵"娃哈哈"》,《第一财经日报》2006年10月09日。

40. 邹亨瑞

邹亨瑞:《我为什么要"下海"》,人民网,2015年05月27日,http://finance.people.com.cn/n/2015/0527/c1004-27065296.html。

后 记

顺应"大众创业，万众创新"浪潮，选择创业的年轻人越来越多。面对创业，他们有新奇和兴奋，也有困惑与不解。成功企业家，特别是标杆式创业人物的经验与智慧有良好的借鉴意义。本书收录了40位成功企业家的创业故事，他们的成功各有独到之处，但仔细研究，会发现他们的共通之处——敏锐的洞察力、卓越的领导力、顺应趋势的能力、优秀的团队，不一而足。中国与全球化智库（CCG）的创新创业研究课题组梳理了这些成功创业家门的创业历程与创业模式，总结其成功之道，希望予读者以借鉴和启发。

本书得以出版，要感谢社会各界的支持。首先感谢中国与全球化智库的理事及专家们提供帮助；还要感谢中央编译出版社对本书的支持；同时感谢中国与全球化智库创新创业研究小组的李苗苗、任月园、张嘉芮、焦春华、王嫄鑫诸位在编写过程中付出的努力。本书还参考借鉴了一些相关资料，在此一并表示感谢。恳请广大读者批评指正。

王辉耀　苗绿
2015年12月

本书在编写过程中参考使用了网上的相关资料和照片，请相关著作权人与我们联系，我们将按国家相关法律规定支付稿酬。

联系电话：010-65611038-8012

图书在版编目(CIP)数据

那些年，我们怎样创业 / 苗绿，王辉耀主编．
—北京：中央编译出版社，2016.1
ISBN 978-7-5117-2895-1

I.①那… II.①苗… ②王… III.①企业管理－经验－中国 IV.①F279.23

中国版本图书馆CIP数据核字(2015)第309199号

那些年，我们怎样创业

| 出 版 人：刘明清
| 出版统筹：董 巍
| 责任编辑：曲建文
| 责任印制：尹 珺
| 出版发行：中央编译出版社
| 地　　址：北京西城区车公庄大街乙5号鸿儒大厦B座(100044)
| 电　　话：(010) 52612345（总编室）　(010) 52612370（编辑室）
| (010) 52612316（发行部）　(010) 52612317（网络销售）
| (010) 52612346（馆配部）　(010) 66509618（读者服务部）
| 传　　真：(010) 66515838
| 经　　销：全国新华书店
| 印　　刷：北京中兴印刷有限公司
| 开　　本：710毫米×1000毫米 1/16
| 字　　数：323千字
| 印　　张：19.25
| 版　　次：2016年1月第1版第1次印刷
| 定　　价：48.00元

| 网　　址：www.cctphome.com　邮　箱：cctp@cctphome.com
| 新浪微博：@中央编译出版社　微　信：中央编译出版社(ID：cctphome)
| 淘宝店铺：中央编译出版社直销店(http://shop108367160.taobao.com) (010)52612349

本社常年法律顾问：北京嘉润律师事务所律师　李敬伟　问小牛
凡有印装质量问题，本社负责调换，电话：010-55626985